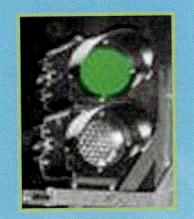

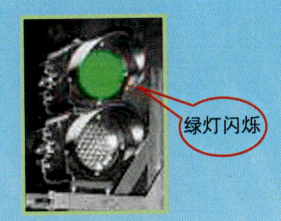

图1.1 一个绿色灯光　　　图1.2 一个绿色闪光（绿灯闪烁）　　　图1.3 一个红色灯光

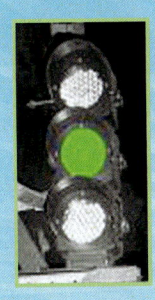

图1.4 一个绿色灯光　　　图1.5 一个黄色灯光　　　图1.6 一个红色灯光

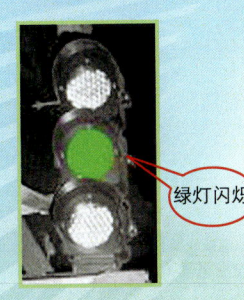

图1.7 一个绿色闪光（绿灯闪烁）　　　图1.8 一个黄色闪光（黄灯闪烁）

图1.9 一个绿色灯光

图1.11 一个红色灯光　　　图1.12 一个红色灯光和一个黄色灯光

图1.13　一个红色灯光　　图1.14　一个绿色灯光　　图1.15　一个红色灯光

图1.16　一个绿色灯光　　图1.17　一个绿色闪光（绿灯闪烁）　　图1.18　一个红色灯光

图1.19　一个绿色灯光　　图1.20　一个绿色闪光（绿灯闪烁）　　图1.21　一个红色灯光

图1.22　一个绿色灯光　　图1.23　一个红色灯光　　图1.24　一个红色和一个黄色灯光

图1.25　一个月白色灯光　　图1.26　一个红色灯光

职业教育城市轨道交通专业教材

城市轨道交通车辆运用

李显川　主　编
丁洪东　副主编

电子工业出版社
Publishing House of Electronics Industry
北京·BEIJING

内 容 简 介

本书是"职业教育城市轨道交通专业教材"之一。通过 7 个项目 29 个任务，比较全面地阐述了城市轨道交通信号的显示及执行、城市轨道交通行车闭塞法的应用及执行、城市轨道交通调车工作的执行、城市轨道交通的列车运行、城市轨道交通列车司机的乘务作业、城市轨道交通列车运行的应急处理、城市轨道交通车辆的运用管理及城市轨道交通车辆运用的有关案例；同时，通过地铁资料介绍了目前我国城市轨道交通在车辆运用方面的特点。

本书可作为职业院校城市轨道交通专业及相关专业的教学用书，也可作为从事城市轨道交通行业职工业务学习的参考书和培训用书。

本书还配有电子教学参考资料包（包括电子教案、教学指南及习题答案等），详见前言。

未经许可，不得以任何方式复制或抄袭本书之部分或全部内容。
版权所有，侵权必究。

图书在版编目（CIP）数据

城市轨道交通车辆运用 / 李显川主编. —北京：电子工业出版社，2012.6
职业教育城市轨道交通专业教材
ISBN 978-7-121-17266-3

Ⅰ. ①城… Ⅱ. ①李… Ⅲ. ①城市铁路－铁路车辆－应用－高等职业教育－教材 Ⅳ. ①U239.5

中国版本图书馆 CIP 数据核字（2012）第 118747 号

策划编辑：徐 玲
责任编辑：李 蕊
印　　刷：北京七彩京通数码快印有限公司
装　　订：北京七彩京通数码快印有限公司
出版发行：电子工业出版社
　　　　　北京市海淀区万寿路 173 信箱　邮编　100036
开　　本：787×1 092　1/16　印张：15　字数：387 千字　彩插：1
版　　次：2012 年 6 月第 1 版
印　　次：2023 年 8 月第 13 次印刷
定　　价：29.80 元

凡所购买电子工业出版社图书有缺损问题，请向购买书店调换。若书店售缺，请与本社发行部联系，联系及邮购电话：(010) 88254888，88258888。
质量投诉请发邮件至 zlts@phei.com.cn，盗版侵权举报请发邮件至 dbqq@phei.com.cn。
本书咨询联系方式：xuling@phei.com.cn。

职业教育城市轨道交通专业教材编审委员会

主 任 委 员： 吴　晓　浙江师范大学工学院系主任
副主任委员： 赵　岚　西安铁路职业技术学院
　　　　　　 张　莹　湖南铁道职业技术学院系主任
常 务 委 员：（排名不分先后）
　　　　　　 施俊庆　浙江师范大学工学院
　　　　　　 王瑞萍　浙江师范大学工学院
　　　　　　 郑丽娟　浙江师范大学行知学院
　　　　　　 李一龙　湖南铁路科技职业技术学院系主任
　　　　　　 程　钢　湖南铁路科技职业技术学院教研室主任
　　　　　　 吴　冰　湖南铁道职业技术学院教研室主任
　　　　　　 唐春林　湖南铁道职业技术学院专业负责人
　　　　　　 刘　奇　西安铁路职业技术学院交通运输系教研室副主任
　　　　　　 王　敏　西安铁路职业技术学院
　　　　　　 魏仁辉　西安铁路职业技术学院
　　　　　　 申　红　西安铁路职业技术学院
　　　　　　 刘婷婷　西安铁路职业技术学院
　　　　　　 奉　毅　柳州铁道职业技术学院系副主任
　　　　　　 蓝志江　柳州铁道职业技术学院教研室主任
　　　　　　 马成正　柳州铁道职业技术学院
　　　　　　 王丽娟　柳州铁道职业技术学院
　　　　　　 卢德培　杭州万向职业技术学院教研室主任
　　　　　　 李殿勋　沈阳铁路机械学校
　　　　　　 丁洪东　沈阳铁路机械学校教研室主任
　　　　　　 李显川　沈阳铁路机械学校
　　　　　　 姬立中　北京铁路电气化学校副校长
　　　　　　 王建立　北京铁路电气化学校科长
　　　　　　 尹爱华　江苏省无锡交通高等职业技术学校系副主任
　　　　　　 陈　波　无锡汽车工程学校专业负责人
　　　　　　 谭　恒　广州市交通运输职业学校
　　　　　　 余鹏程　广州市交通运输职业学校
　　　　　　 宋　锐　武汉市教育科学研究院教研员
　　　　　　 蔡海云　武汉铁路司机学校系主任
　　　　　　 欧阳宁　武汉市交通学校系主任
行 业 委 员：（排名不分先后）
　　　　　　 吴维彪　浙江省杭州市地铁集团有限责任公司高级工程师
　　　　　　 牟振英　上海申通集团运营四公司总工程师
　　　　　　 娄树蓉　南京地铁有限责任公司客运部部长
　　　　　　 吕春娟　浙江省杭州市地铁集团运营分公司高级工程师
秘　书　长： 徐　玲　电子工业出版社

总序 Preface

随着国民经济持续快速发展，人流、物流、信息流以前所未有的密度涌向大城市并向周边辐射。城市化进程加快，城镇人口迅速增长，我国市区常住 100 万人口以上的大城市已达 40 多个，超过 200 万人口的特大城市已有 14 个。目前，我国城镇人口比例已经达到 45%左右，城市规模的扩大、城市人口的增长，带来了城市交通需求的高速增长。为解决大中城市交通紧张问题，我国已有越来越多的城市把发展城市轨道交通列入城市发展计划。截至 2010 年，北京、天津、上海、广州、深圳、南京、重庆、武汉、大连、长春 10 个城市已经开通运营的城市轨道交通线路总长已近 1000 千米，加上正在建设的沈阳、成都、杭州、西安、苏州等城市在建线路总长也超过 1200 多千米。此外，还有青岛、宁波、郑州、厦门、东莞、昆明、长沙、乌鲁木齐、南宁、济南、兰州、太原、福州、厦门、合肥、无锡、贵阳、烟台、石家庄、温州等诸多城市都在进行轨道交通规划或建设工作。中国城市轨道交通建设正在进入快速有序的发展阶段。预计在 2015 年前后，我国将建设 79 条城市轨道交通线路，长达 2260 千米，到 2020 年中国城市轨道交通规模有望突破 3000 千米。城市轨道交通的快速发展，各类城市轨道交通人才需求量急剧增加，从城市轨道交通的专业人才用工需求看，城市轨道交通每公里需要 50~60 人。对于这个技术密集型行业来说，各城市的轨道交通都需要大批应用性人才，才能保证正常的运营和管理。因此，城市轨道交通行业具有广阔的人才需求空间。

城市轨道交通发展给职业教育的人才培养带来良好契机，为适应城市轨道交通人才培养需求，更好地服务国民经济建设，2010 年 5 月，电子工业出版社在武汉组织召开了"职业教育城市轨道交通专业教学研讨会"，成立了"职业教育城市轨道交通专业项目式教材"编审委员会，确定了"职业教育城市轨道交通专业项目式教材"编写方案。根据专业教学研讨会议精神，经过主编、参编老师的共同努力，"职业教育城市轨道交通专业教材"终于与大家见面了。本套教材基本涵盖了"城市轨道交通专业"的主要课程和内容，满足了专业建设与教学需要；为适应职业教育的改革与发展，教材力求体现当代职业教育新理念、新思路；为紧跟城市轨道交通行业发展，尽量使教材保持一定的知识与技术领先。本套教材编写以职业能力为主线，以职业生涯为背景，以工作结构为框架，以岗位能力为依据，以工作情境为支撑，以工作过程为基础。教材体系结构力求从学科结构向职业工种技能结构转变；教材内容组织力求根据城市轨道交通专业学生今后从事职业工作岗位要求及标准

出发，突出典型岗位的工作过程，满足职业标准要求，贯穿主要规章和作业标准。本套教材具有以下特点：

1）教材体例符合职业教育教学改革和发展方向

教材内容选择以《国家职业标准》规定的岗位（群）需求和职业能力为依据，以工作任务为中心，以理论知识为基础，以实践技能为依托，以工作情景为支撑，以案例呈现为特点，以拓展知识为延伸，充分考虑城市轨道交通典型岗位的工作任务的工作过程特点和教学过程特点的有机结合，体现教材的职业性特点。

2）教材内容凸显城市轨道交通专业领域主流应用技术和关键技能

教材内容凸显城市轨道运营、行车组织、客运组织、机车车辆等设备运用与检修及作业组织方法等主体工种的专业知识和技术，包括车站站长、行车调度、车辆维修、客运服务等典型岗位的主流应用技术和关键技能。

3）教材内容涵盖城市轨道交通行业和专业发展的"四新"内容

教材内容组织保持一定的前瞻性，反映行业与专业最新知识、工艺、装备和技术。教材编写从现代教学理念和教学模式出发，体现城市轨道交通前沿的创新成果和经验。

4）教材注重实践性，重视案例和实际动手场景的呈现

教材组织通俗实用，融入和结合了轨道交通专业骨干教师多年的教学经验和体会，合理地取舍和反映城市轨道交通的基本专业知识和基本技能；通过具体模拟训练和情景实操，使学生加深对专业知识和技能的理解以及基本技能和基本方法的掌握，从而可以缩短学生到企业后的上岗时间。

本套教材不仅适用于职业教育各层次教学，也适用于城市轨道交通行业相关人员在职进修提高和培训教学用书。

本套教材由浙江师范大学交通运输系吴晓主任担任主编，西安铁路职业技术学院赵岚、湖南铁道职业技术学院张莹担任副主编。吴晓负责本系列教材编写工作的整体策划与体例结构设计。教材在编写过程中得到了许多城市轨道交通行业专家、电子工业出版社等领导和同仁的大力支持，在此表示衷心感谢！

在本套教材的编写过程中，编者们参考了大量的书籍、文献、论文等，谨在此对他们表示衷心的感谢！ 同时，可能我们因为疏忽，有些资料引用了而没有指出资料出处，若有此类情况发生，深表歉意！由于城市轨道交通正处于快速发展期，资料收集很难达到齐全和最新，再加上编者水平所限，书中错误和疏漏在所难免，敬请大家见谅，也恳请读者在阅读后及时批评指正，我们将十分感谢。

吴　晓
2011 年 6 月于浙江师范大学

前言 Introduction

城市轨道交通是现代城市公共交通的主要形式。城市轨道交通不仅安全、快捷、正点，可以满足日益增长的城市居民出行的需求，而且具有节能、省地、少污染等特点，更是一种节约资源、保护环境的城市公交系统，符合城市可持续发展原则。城市轨道交通运输由列车运行来完成，而城市轨道交通的列车是由车辆编组而成的，因此城市轨道交通的车辆是保障城市轨道交通正常运行的基本设备和主要设备。城市轨道交通车辆的运用主要包括信号及命令的执行、行车凭证的执行、调车作业的执行、列车运行要求的执行、列车的操纵、列车运行中遇特殊情况的应急处理、车辆运用管理及安全管理的有关规定等。

本书为"职业教育城市轨道交通专业教材"之一。教材结合城市轨道交通专业人才培养方案和职业教育现状编写，涵盖城市轨道交通车辆运用的主要内容。为适应职业教育的需要，编者力求体现当代职业教育新理念，为紧跟城市轨道交通行业的发展，尽量使教材保持一定的知识与技术领先。

本书共分 7 个项目 29 个任务，比较全面地阐述了城市轨道交通列车运行及调车作业中信号及命令的执行、列车运行中行车闭塞法的应用及行车凭证的执行、调车作业及列车运行中有关规定的执行、城市轨道交通车辆运用中列车司机的乘务作业及列车的操纵、列车运行中遇特殊情况时的应急处理、城市轨道交通车辆运用管理及运用安全管理的有关规定等，并通过操作运用案例予以强化。同时，通过地铁资料还介绍了有关城市轨道交通车辆运用的特点。

本书在体例设计上突破了传统教材的编写模式，理论与实际相结合，突出职业教育的实践性与动手能力的培养。项目中的每个任务下设有"学习目标"、"学习任务"、"工具设备"、"学习环境"、"基础知识"、"地铁资料"等模块，并配置操作运用案例，以及思考与练习题。教材注重实用性，资料多，观念新，教材内容组织通俗，融入和结合了城市轨道交通专业，尤其是城市轨道交通专业骨干教师多年的教学经验和体会；为了方便教师教学，特别增加了教师教学工作活页，寓专业能力、方法能力和社会能力培养于情景教学；内容编排突出重点，反映城市轨道交通专业的基本专业知识和基本技能；为了使学生能学以致用，特别增加了学生学习实操活页，让学生学习模拟城市轨道交通车辆的具体运用，通过具体知识认知模拟训练、情景实操及教学评价等环节，使学生加深对专业知识和技能的理解，以及对基本技能和基本方法的掌握，从而增强其对城市轨道交通车辆运用的认知，为学生技术能力的资格认定和担任车辆运用工作任务打下坚实的基础。本书适合作为职业院校的城市轨道交通专业及相关专业的教学用书，或作为从事轨道交通行业技术人员的参考资料和员工培训用书，力求能为我国城市轨道交通事业的发展尽一份力量。

为了方便教师教学，本书还配有电子教案、电子版的教学指南及习题答案，请有此需要的教师登录华信教育资源网（www.hxedu.com.cn）下载或与电子工业出版社联系，我们将免费提供（E-mail:hxedu@phei.com.cn）。

本书由李显川担任主编，丁洪东担任副主编，参加编写的还有关秋佳、钟德生。具体编写分工为：李显川编写项目一中的任务一、任务二、任务四、任务五、任务六，项目二中的任务一、任务三、任务四，项目三和项目四，以及项目七中的任务一；丁洪东编写项目五和项目六；关秋佳编写项目二中的任务二与项目七中的任务二、任务三；钟德生编写项目一中的任务三、任务七。全书由李显川负责体例设计，李显川、丁洪东负责统稿。教材在编写过程中得到了许多城市轨道交通行业专家和电子工业出版社等领导和同仁的大力支持，在此表示衷心感谢。

在本书的编写中，我们参考了有关城市轨道交通的车辆运用、车辆管理等方面的规章、规则、规定、规范、标准等实用性资料，在此对提供有关资料并对本教材进行审核的领导及专家表示衷心的感谢！

由于城市轨道交通正处于快速发展时期，技术装备及管理方式日新月异，各城市的轨道交通也有不尽相同之处，因此，教材在内容上很难达到齐全和最新，再者，由于作者及编者的水平有限，书中有关内容会存在问题或不足，疏漏和错误在所难免，在此敬请广大读者见谅，也恳请有关专家或使用者提出宝贵意见并批评指正。

编　者

2012 年 4 月

目录 Contents

项目一　城市轨道交通信号的显示及执行　1

任务一　认知城市轨道交通信号显示及执行的一般要求 1
任务二　城市轨道交通地面信号机的显示及执行 6
任务三　城市轨道交通车载信号装置的显示及执行 16
任务四　城市轨道交通信号表示器、标志的显示及执行 21
任务五　城市轨道交通手信号的显示及执行 28
任务六　城市轨道交通听觉信号的鸣示及执行 37
任务七　城市轨道交通信号显示及执行的操作运用案例 41

项目二　城市轨道交通行车闭塞法的应用及执行　51

任务一　认知城市轨道交通行车闭塞法 51
任务二　城市轨道交通基本闭塞法的应用及执行 56
任务三　城市轨道交通电话闭塞法的办理及执行 60
任务四　城市轨道交通行车闭塞法应用及执行的操作运用案例 64

项目三　城市轨道交通调车工作的执行　70

任务一　认知城市轨道交通调车工作的基本要求 70
任务二　城市轨道交通调车作业的执行 75
任务三　城市轨道交通调车工作执行的操作运用案例 83

项目四　城市轨道交通的列车运行　87

任务一　认知城市轨道交通列车运行的一般要求 87
任务二　城市轨道交通列车运行限制速度的执行 95
任务三　城市轨道交通车站接发列车的执行 99
任务四　城市轨道交通列车运行遇到特殊情况时的处理 105
任务五　城市轨道交通列车运行的操作运用案例 115

项目五 城市轨道交通列车司机的乘务作业　　**121**

任务一　列车司机出退勤与交接班作业的执行..................................121
任务二　列车司机段场整备检查作业的操作..................................125
任务三　城市轨道交通列车的操纵..................................135
任务四　城市轨道交通列车司机乘务作业的操作运用案例..................................149

项目六 城市轨道交通列车运行的应急处理　　**156**

任务一　城市轨道交通车辆故障的应急处理..................................156
任务二　城市轨道交通列车运行突发事件的应急处理..................................171
任务三　城市轨道交通列车运行应急处理的操作运用案例..................................188

项目七 城市轨道交通车辆的运用管理　　**195**

任务一　认知城市轨道交通车辆运用管理的基本知识..................................195
任务二　认知城市轨道交通车辆运用的安全管理..................................207
任务三　城市轨道交通车辆运用管理的操作运用案例..................................224

项目一　城市轨道交通信号的显示及执行

城市轨道交通信号装置是保证行车安全、提高运输效率、改善行车人员劳动强度及降低运输成本的重要设备。城市轨道交通信号的使用是实现城市轨道交通高度集中和统一指挥，指示城市轨道交通列车运行和调车工作的重要手段。

城市轨道交通信号的广泛含义是在城市轨道交通运输系统中用于保证行车安全、提高车站与区间通过能力及调车作业效率的各种控制设备的总称；狭义含义一般是指城市轨道交通中地面上各种信号机、车辆上的车载信号装置、信号表示器、信号标志及手信号等。本项目主要阐述的是后者的显示、确认及执行。

任务一　认知城市轨道交通信号显示及执行的一般要求

学习目标

（1）熟悉城市轨道交通信号的意义及分类；
（2）熟悉城市轨道交通视觉信号的颜色及含义；
（3）熟悉城市轨道交通信号机及表示器的设置、显示距离、信号机的定位、信号的关闭与开放时机；
（4）熟悉城市轨道交通无效信号机的基本处理方法；
（5）掌握城市轨道交通停车信号执行的一般要求。

学习任务

认知城市轨道交通信号显示及执行的一般要求，主要包括城市轨道交通信号的意义、信号的分类、视觉信号颜色的采用、信号机的设置、信号的显示距离、信号的定位、信号机开放与关闭时机、信号机无效处理的基本方法、停车信号的意义及执行基本规定等。

工具设备

城市轨道交通信号机实物或模型、信号表示器实物或模型、信号机无效标实物或模型、多媒体设备课件、图片、示教板、计算机多媒体设备等。

教学环境

城市轨道交通车辆运用演练场或理实一体化教室。

基础知识

信号是用声音、动作、机具、颜色、状态、光或电波等形式传递信息或命令的符号。城市轨道交通信号是指示城市轨道交通运输中列车运行及调车作业的命令，有关行车人员必须严格执行。

城市轨道交通信号通过信号装置或有关人员使用器具（或徒手）产生有规律的音响、颜色、形状、位置、灯光等来表示的命令，它必须符合清晰明了、显示正确、有足够的显示距离及故障导向安全的原则。为了确保行车安全及正常的运输秩序，有关行车人员必须熟练掌握城市轨道交通信号的显示规定，并严格执行。

城市轨道交通信号的显示方式及使用方法，应按城市轨道交通的《技术管理规程》（简称《技规》）或《行车组织规则》（简称《行规》）的规定执行，各种信号机和表示器等信号装置的灯光排列、颜色及外形尺寸，必须符合地铁设计规范的有关规定。

一、城市轨道交通信号的分类

城市轨道交通信号按感觉分为视觉信号和听觉信号两大类。

（一）视觉信号

视觉信号是用颜色、形状、位置、显示数目及灯光状态等表达的信号，如用地面信号机、车载信号装置、信号旗、信号灯、信号牌、信号表示器、信号标志等显示的信号。

（1）视觉信号按信号装置一般分为信号机和信号表示器两类。

① 信号机按类型分为地面信号机、车载信号装置。地面信号机按用途分为进站、出站、防护、通过、预告、调车、阻挡、复示、分界点信号机及引导信号等；车载信号装置又可分为信号机式、速度表与灯光式及屏显式车载信号装置等。

② 信号表示器分为道岔、脱轨、进路、发车、发车线路、调车及车挡表示器等。

（2）视觉信号按使用时间可分为昼间信号、夜间信号及昼夜通用信号，隧道内应只采用夜间信号或昼夜通用信号。

（3）视觉信号按形式或性质还可分为固定信号、移动信号、手信号及临时防护信号。

（二）听觉信号

听觉信号是用不同器具发出的音响次数及长短等表达的信号，按使用形式通常可分为机车、车辆的鸣笛声，以及口笛、电铃发出的音响等。

二、城市轨道交通视觉信号的颜色及基本含义

（1）根据光学原理及长期实践经验，城市轨道交通视觉信号采用红色、黄色、绿色作为基本颜色，它们的基本含义分别为：

① 红色——停车；

② 黄色——注意或减低速度；

③ 绿色——按规定速度运行。

（2）为满足城市轨道交通信号更多的显示要求，以及防止指示城市轨道交通列车运行信号的显示与指示调车作业等其他信号的显示相互影响，从而导致确认错误，视觉信号通常还采用辅助颜色，如月白色、白色、蓝色等。

三、城市轨道交通信号机的采用原则

城市轨道交通信号机在采用上通常有以下原则要求：

（1）城市轨道交通信号机应采用色灯信号机，主要有透镜式、组合式、LED 组合式色灯信号机等。

（2）城市轨道交通的色灯信号机根据需要可采用高柱信号机或矮型信号机。

四、城市轨道交通信号机的设置原则

（1）因城市轨道交通采取右侧行车制，其地面固定信号机均应设在列车运行方向的右侧，在地下部分一般安装在隧道壁上（采用第三轨供电时也可设在所属线路中心上空）。在特殊情况时，如因设备限制、其他建筑物或线路条件等的影响，信号机装在右侧不便于司机瞭望信号，影响行车安全时，也可安装在列车前进方向的左侧或其他位置，但必须经管理部门的批准。

（2）城市轨道交通在确定信号机设置地点时，除必须满足信号显示距离的要求外，还应考虑到该信号机不致被误认为邻线的信号机。

五、城市轨道交通信号机及信号表示器的显示距离

信号机及信号表示器正常情况下的显示距离，是指在不受地形、地物、气候等影响的情况下，司机在驾驶室能确认地面信号机或信号表示器显示状态时，列车或车列前端与信号机或信号表示器之间的最小距离。各种信号机及信号表示器，在正常情况下的显示距离的一般要求如下：

（1）高柱信号机，不得小于 800m；

（2）矮型信号机、移动信号及各种信号表示器，不得小于 200m；

（3）在地形、地物影响视线的地方，高柱信号机的显示距离，在最坏的条件下，不得小于 200m。

六、城市轨道交通信号机的定位

信号机的定位是指规定信号机经常所处的显示状态。信号机定位的一般规定如下：

（1）进站信号机、出站信号机、通过信号机及预告信号机以显示进行信号为定位。

（2）防护信号机（包括起防护道岔作用的进站信号机、出站信号机）、进段信号机、出段信号机、调车信号机及阻挡信号机以显示停车信号为定位。

在实行电话闭塞法时，出站信号机必须变为以显示停车信号为定位。

七、城市轨道交通信号机的关闭与开放时机

1. 信号机的关闭及关闭时机

信号机的关闭是指信号机显示禁止越过的信号显示状态。信号机的关闭时机是指信号机的显示状态由允许信号显示变为禁止信号显示的时机，如列车第一轮对越过信号机或整列越过信号机时关闭。

2. 信号机的开放及开放时机

信号机的开放是指信号机显示进行信号的显示状态。信号机的开放时机是指以显示停车信号为定位的信号机显示进行信号的时机，如进路准备妥当后或设备显示正确后信号机开放。

八、城市轨道交通信号机的无效处理

无效信号机是指新设置但尚未开始使用及应撤除还未撤除而停止使用的信号机。为防止在行车过程中对该信号机产生误认，故对无效信号机一般进行如下处理：

（1）新设置但尚未开始使用及应撤除还未撤除而停止使用的信号机，均应装设信号机无效标，并应熄灭灯光。

（2）信号机无效标为白色的十字交叉板，装在信号机的机柱上或灯位上。

九、城市轨道交通列车运行中停车信号的执行

（1）在列车运行中，信号机显示停车信号时，在任何情况下列车必须按规定在该信号机前停车。信号机前停车是指在信号机的前方停车，信号机的前方是指以信号机机柱为中心线划分能够看到信号机显示的一方（另一方为信号机的后方）。

（2）在特殊情况下，虽然信号机没有直接显示规定的停车信号，但也必须按停车信号执行，如信号机的灯光熄灭、显示不明或显示不正确时，地面信号机与车载信号或手信号显示不一致时等。

地铁资料

【资料1】地铁信号机的一般规定

（一）信号机采用的规定

（1）正线设置的信号机包括：出站信号机、出站兼防护信号机、防护信号机、阻挡信号机、区间分界点信号机。

（2）出站兼防护信号机和防护信号机为黄、绿、红三显示信号机，其余均为绿、红两显示信号机。

（3）车辆段（停车场）设置出段（场）信号机、进段（场）信号机、调车信号机。出段（场）信号机为绿、红两显示信号机；进段（场）信号机为黄、绿、红三显示信号机；

调车信号机为红、月白两显示信号机。

（二）信号机显示距离的规定

（1）各种色灯信号机的直线显示距离不得小于400m。

（2）在曲线区段信号机的显示距离应满足列车在该区段最高允许速度制动距离的要求。

（三）信号机定位的规定

（1）出站信号机、区间分界点信号机及顺向阻挡信号机以显示进行信号为定位；出站兼防护信号机和防护信号机、调车信号机及反向阻挡信号机以显示停车信号为定位。

（2）进段（场）信号机、出段（场）信号机以显示停车信号为定位。

（3）在实行站间自动闭塞法行车时，出站信号机以显示进行信号为定位；但具有防护功能的出站信号机以显示停车信号为定位。

（4）在实行电话闭塞法行车时，以显示进行信号为定位的出站信号机必须变为以显示停车信号为定位。

（四）信号机的关闭与开放时机的规定

（1）符合下列规定时，方准许开放引导信号：

① 确认道岔开通方向正确、状态良好且已锁闭。

② 接车线路空闲。

（2）出站信号机、出站兼防护信号机、防护信号机、区间分界点信号机、顺向阻挡信号机、进段（场）信号机、出段（场）信号机，当列车第一轮对进入该信号机的闭塞区段后，即自动关闭。

（3）车辆段内的调车信号机，当列车整列进入信号机内方以后，即自动关闭。

（4）预定退行或区间有作业的列车出发后，出站信号机或出站兼防护信号机应显示停车信号；确认列车已回到本站或已到达前方站之后，方准显示进行信号。

（五）停车信号执行的规定

（1）信号显示出现下列情况之一时，按停车信号执行。

① 在必须显示手信号的规定位置，手信号没有显示时；

② 应点亮的信号机灯光熄灭或显示不明、不正确时。

（2）信号机和手信号显示意义不同时，须按手信号显示执行。

【资料2】地铁信号机的采用及停车信号的执行

（1）正线地面信号机显示由主显示（红、绿和黄）和辅助显示（蓝色）组成。正线信号机有道岔防护信号机、出战信号机、道岔防护兼出战信号机、阻挡信号机、终端信号机。

（2）车场信号机显示由主显示（红、绿和黄）和辅助显示（月白色）组成。车场信号机有进段信号机、三显示列车阻挡兼调车信号机、两显示调车信号机。

（3）遇到停车信号显示时，列车必须在规定地点停车，在没有显示进行信号或没有得到其他指示之前，不得继续运行。

（4）列车在显示停车信号的信号机（含 ATP 区段分界标）外方停车时，以在该信号机外方不小于 5m 安全距离的位置停车为原则。

任务二　城市轨道交通地面信号机的显示及执行

学习目标

（1）熟悉城市轨道交通地面信号机的种类；
（2）熟悉城市轨道交通地面信号机的作用及设置；
（3）掌握城市轨道交通地面信号机的显示及执行。

学习任务

掌握城市轨道交通地面信号机的显示及执行，主要包括城市轨道交通地面信号机的种类、进站、出站、防护、通过、预告、调车、阻挡、复示、分界点信号机，以及引导信号的作用、设置、显示及执行等。

工具设备

城市轨道交通进站、出站、防护、通过、预告、调车、阻挡、复示、分界点信号机实物或模型、多媒体设备课件、图片、示教板、计算机多媒体设备等。

教学环境

城市轨道交通车辆运用演练场或理实一体化教室。

基础知识

城市轨道交通的地面信号机因装设于规定的固定地点，而且长期起信号作用，所以其显示的信号也通常称为固定信号。按站间区间自动闭塞或闭塞分区自动闭塞行车时，以及在车辆段或车场内运行时，信号机的显示及执行按城市轨道交通《技术管理规程》或《行车组织规则》的规定要求执行。

地面信号机根据作用及性质可分为进站、出站、防护、通过、预告、调车、阻挡、复示、分界点信号机及引导信号等。城市轨道交通各种信号机的作用、设置、显示方式与指示条件，以及执行通常规定如下。

一、进站信号机

1. 进站信号机的作用

（1）作为划分车站与区间的分界，从区间方向防护车站；
（2）指示列车进站条件；
（3）锁闭接车进路上有关道岔及敌对信号，保证在信号开放后进路安全可靠。

2. 进站信号机的设置

进站信号机应设置在车站入口处的适当地点。

3. 进站信号机的显示及执行

（1）一个绿色灯光——准许列车进站停车或按规定速度通过车站，表示接车线路空闲，出站信号机处在开放状态。

执行：列车在出站信号机前规定地点停车或按规定速度通过车站。

（2）一个黄色灯光——准许列车进站停车或根据出站信号机的进行显示按规定速度通过车站，表示接车线路空闲，出站信号机处于关闭状态。

执行：列车在出站信号机前规定地点停车或按规定速度通过车站。

（3）一个红色灯光——不准越过该信号机。

执行：列车必须在该信号机前停车。

二、出站信号机

1. 出站信号机的作用

（1）从车站方面防护区间，当信号开放时作为列车占用区间或闭塞分区的行车凭证；

（2）指示列车在站内停车位置；

（3）锁闭发车进路上有关道岔，保证在信号开放后进路安全可靠。

2. 出站信号机的设置

出站信号机设置在车站正线或到发线出口处适当地点。

3. 出站信号机的显示及执行

（1）一个绿色灯光——准许列车由车站出发，表示发车进路上的有关道岔开通发车方向，区间空闲或发车前方至少有两个闭塞分区空闲。

执行：列车由车站出发。

（2）一个闪动绿色灯光——准许列车由车站出发，表示发车进路上的有关道岔开通发车方向，站间区间空闲。

执行：列车由车站出发。

（3）一个黄色灯光。

① 按自动闭塞方式行车时，表示发车进路上的有关道岔开通发车方向，发车前方至少有一个闭塞分区空闲，准许列车按有关规定由车站或车辆段出发。

执行：列车由车站或车辆段出发。

② 表示发车前方站间区间空闲（当实行电话闭塞方式行车时，该信号机是由行车值班员手动控制的）。

执行：列车可以由车站出发。

（4）一个红色灯光——不准列车越过该信号机。

执行：列车必须在该信号机前停车。

三、通过信号机

1. 通过信号机的作用

（1）作为闭塞分区的分界点，从一个闭塞分区防护下一个闭塞分区；

（2）指示列车运行条件。

2．通过信号机的设置

通过信号机设置在闭塞分区的分界处。

3．通过信号机的显示及执行

（1）一个绿色灯光——准许列车按规定速度运行，表示列车运行前方至少有两个闭塞分区空闲。

执行：列车按规定速度运行。

（2）一个黄色灯光。

① 三显示自动闭塞区间，表示列车运行前方有一个闭塞分区空闲，要求列车注意运行。

执行：列车注意运行，下一个信号机前准备停车。

② 两显示自动闭塞区间，表示列车运行前方至少有一个闭塞分区空闲，列车按规定速度运行。

执行：列车按规定速度运行。

（3）一个红色灯光——表示列车应在该信号机前停车。

执行：列车在该信号机前停车。

四、防护信号机

1．防护信号机的作用

防止交叉运行的列车发生冲突或因道岔故障造成行车事故，确保列车在道岔区段的运行安全。

2．防护信号的设置

防护信号机设置在城市轨道交通线路平面交叉地点前的适当位置。

3．防护信号机的显示及执行

（1）一个绿色灯光——准许列车按规定速度运行，表示所防护的道岔开通直向位置，列车运行前方至少有两个闭塞分区空闲。

执行：列车按规定速度运行。

（2）一个绿色灯光、进路表示器一个白色灯光——准许列车按规定速度通过道岔区段向侧向线路运行，表示所防护的道岔开通侧向位置。

执行：列车按限制速度侧线运行。

（3）一个黄色灯光——要求列车减速运行，准备在下一个信号机前停车，表示列车运行前方至少有一个闭塞分区空闲。

执行：列车减速运行至下一个信号机前停车。

（4）一个黄色灯光、进路表示器一个白色灯光——准许列车按规定速度通过道岔侧向线路运行。

执行：列车侧向通过道岔限速运行。

（5）一个红色灯光——表示列车不能越过该信号机。

执行：列车必须在该信号机前停车。

五、预告信号机

1. 预告信号机的作用

预告其主体信号机的显示，使司机提前掌握预告信号机的主体信号机的显示状态。

2. 预告信号机的设置

预告信号机设置在其主体信号机前方的适当地点。

3. 预告信号机的显示及执行

（1）一个绿色灯光——表示该信号机后方的信号机（主体信号机）显示进行信号。

执行：列车按规定速度运行。

（2）一个黄色灯光——表示该信号机后方的信号机（主体信号机）显示停车信号。

执行：列车注意运行在下一架信号机前准备停车。

（3）一个红色灯光——表示列车须在该信号机前停车。

执行：列车在该信号机前停车。

六、阻挡信号机

1. 阻挡信号机的作用

阻挡调车机车或车辆走上危险地点，以及阻挡调车机车或车辆在该信号机前停车后进行折返作业。

2. 阻挡信号机的设置

阻挡信号机设置在城市轨道交通线路终端前的适当地点或折返线路前的适当地点。

3. 阻挡信号机的显示及执行

阻挡信号机分为反向阻挡信号机和顺向阻挡信号机两种。

（1）反向阻挡信号机显示一个红色灯光——调车机车或车辆不准越过该信号机。

执行：列车在该信号机前停车。

（2）顺向阻挡信号机显示一个红色灯光——调车机车或车辆在该信号机前停车后，进行折返调车。

执行：列车在该信号机前停车后进行折返作业。

七、调车信号机

1. 调车信号机的作用

在调车作业中指示车辆可否越过该信号机进行调车作业。

2. 调车信号机的设置

调车信号机的设置地点应根据调车工作的特点及需要确定。

3. 调车信号机的显示及执行

调车信号机分为车辆段内调车信号机和隧道内调车信号机两大类。

1）车辆段内调车信号机的显示及执行

（1）一个月白色灯光——准许机车或车辆越过该信号机调车，表示调车进路上的有关道岔处于开通状态。

执行：可以越过该信号机进行调车。

（2）一个红色灯光——表示不准机车或车辆越过该信号机进行调车。

执行：不可以越过该信号机进行调车。

2）隧道内调车信号机

（1）一个黄色灯光——准许机车或车辆越过该信号机调车，表示调车进路上的有关道岔处于开通状态。

执行：可以越过该信号机进行调车。

（2）一个红色灯光——表示不准机车或车辆越过该信号机进行调车。

执行：不可以越过该信号机进行调车。

八、复示信号机

1. 复示信号机的作用

在主体信号机因地形、地物影响显示距离时，复示信号机提前复示主体信号机的显示状态。

2. 复示信号机的设置

复示信号机设置在主体信号机前方适当地点。

3. 复示信号机的显示及执行

（1）一个黄色灯光——准许列车按规定速度运行，表示主体信号机显示进行信号。

执行：列车按规定速度运行。

（2）复示信号机无显示——表示主体信号机显示停车信号。

执行：列车注意减速运行，在下一架信号机前准备停车。

九、分界点信号机

1. 分界点信号机的作用及设置

分界点信号机是在实行站间自动闭塞法行车时，为了提高运输效率，在较长的区间内设置或指定的信号机。

2. 分界点信号机的显示及执行

分界点信号机的显示及执行与站间自动闭塞法行车时出站信号机的显示及执行相同。

十、引导信号

1. 引导信号的作用

在主体信号机发生故障仅能显示红色灯光时，人工开放该信号，准许列车在该信号前不停车继续运行。

2. 引导信号的设置

引导信号设置在主体信号机的下方，不单独构成信号。

3. 引导信号的显示及执行

一个红色灯光和一个月白色灯光——准许列车在该信号机前不停车，以不超过15km/h的速度越过这架信号机进站、调车或继续运行。

执行：列车可以不超过15km/h的速度越过该信号机继续运行，并能够随时停车。

地铁资料

【资料1】地铁信号机的显示方式与指示条件

（一）出站信号机的显示及执行

（1）一个绿色灯光——表示信号机内方至少有两个闭塞分区空闲，准许列车按规定速度出站（如图1.1所示）。

（2）一个绿色闪光——表示站间自动闭塞的闭塞条件成立，准许人工驾驶列车按规定速度运行至前方车站或区间分界点信号机前（如图1.2所示）。

（3）一个红色灯光——表示列车必须在该信号机外方停车（如图1.3所示）。

图1.1　一个绿色灯光　　　图1.2　一个绿色闪光　　　图1.3　一个红色灯光

（二）出站兼防护信号机的显示及执行

（1）一个绿色灯光——表示进路开通道岔直向位置，准许列车按规定速度发车（如图1.4所示）。

（2）一个黄色灯光——表示进路开通道岔侧向位置，准许列车按规定限制速度发车（如图1.5所示）。

（3）一个红色灯光——表示列车必须在该信号机外方停车（如图1.6所示）。

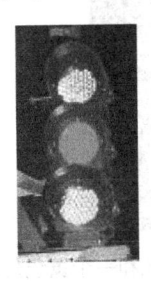

图1.4　一个绿色灯光　　　图1.5　一个黄色灯光　　　图1.6　一个红色灯光

（4）一个绿色闪光——表示站间自动闭塞的闭塞条件成立，发车进路开通道岔直向位置，准许人工驾驶列车按规定速度运行至前方车站或区间分界点信号机前（如图1.7所示）。

（5）一个黄色闪光——表示站间自动闭塞的闭塞条件成立，发车进路开通道岔侧向位置，准许人工驾驶列车按规定速度运行至前方车站或区间分界点信号机前（如图1.8所示）。

图1.7　一个绿色闪光

图1.8　一个黄色闪光

（三）防护信号机的显示及执行

（1）一个绿色灯光——表示进路开通道岔直向位置，准许列车按规定速度越过该架信号机（如图1.9所示）。

（2）一个黄色灯光——表示进路开通道岔侧向位置，准许列车按规定限制速度越过该架信号机（如图1.10所示）。

图1.9　一个绿色灯光

图1.10　一个黄色灯光

（3）一个红色灯光——表示列车必须在该信号机外方停车（如图1.11所示）。

（4）一个红色灯光和一个黄色灯光——表示开放引导信号，准许列车以不大于25km/h的速度越过该架信号机并随时准备停车（如图1.12所示）。

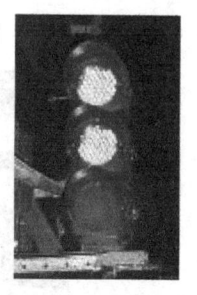

图1.11　一个红色灯光

图1.12　一个红色灯光和一个黄色灯光

（四）阻挡信号机的显示及执行

（1）一个红色灯光——表示列车必须在该信号机外方停车（如图1.13所示）。

（2）一个顺向阻挡信号机定位显示绿色灯光——表示列车运行前方至少有两个超速防护自动闭塞的闭塞区间空闲，准许列车越过该架信号机（如图1.14所示）。

（3）一个顺向阻挡信号机采用人工控制方式，显示一个红色灯光——表示不准列车越过该架信号机进行折返作业（如图1.15所示）。

图1.13 一个红色灯光　　　图1.14 一个绿色灯光　　　图1.15 一个红色灯光

（五）区间分界点信号机的显示及执行

（1）一个绿色灯光——表示列车运行前方至少有两个超速防护自动闭塞的闭塞区间空闲，该信号机兼有通过信号机作用（如图1.16所示）。

（2）一个绿色闪光——表示站间自动闭塞的闭塞条件成立，准许人工驾驶列车按规定速度运行至前方车站（如图1.17所示）。

（3）一个红色灯光——表示列车必须在该信号机外方停车（如图1.18所示）。

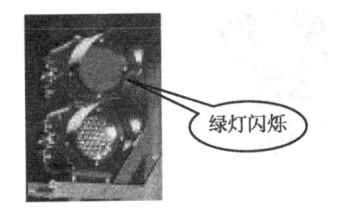

图1.16 一个绿色灯光　　　图1.17 一个绿色闪光　　　图1.18 一个红色灯光

（六）出段（场）信号机的显示及执行

（1）一个绿色灯光——表示列车运行前方至少有两个超速防护自动闭塞的闭塞区间空闲，准许列车按规定速度出段（场）（如图1.19所示）。

（2）一个绿色闪光——表示站间自动闭塞的闭塞条件成立，准许人工驾驶列车按规定速度运行至前方车站（如图1.20所示）。

（3）一个红色灯光——表示不准列车越过该架信号机（如图1.21所示）。

图1.19 一个绿色灯光　　　图1.20 一个绿色闪光　　　图1.21 一个红色灯光

（七）进段（场）信号机的显示及执行

（1）一个绿色灯光——表示前方进路开通，准许列车按规定速度越过该架信号机（如图1.22所示）。

（2）一个红色灯光——表示不准列车越过该架信号机（如图1.23所示）。

（3）一个红色灯光和一个黄色灯光——表示开放引导信号，准许列车以不大于25km/h的速度越过该架信号机并随时准备停车（如图1.24所示）。

图1.22 一个绿色灯光　　图1.23 一个红色灯光　　图1.24 一个红色灯光和一个黄色灯光

（八）调车信号机的显示及执行

（1）一个月白色灯光——表示准许列车按规定速度越过该架信号机（如图1.25所示）。

（2）一个红色灯光——表示不准列车越过该架信号机（如图1.26所示）。

图1.25 一个月白色灯光　　图1.26 一个红色灯光

【资料2】地铁正线与车场信号的显示及执行

（一）正线信号机的显示及执行

地面信号机由主显示（红、绿和黄）和辅助显示（蓝色）组成，其中主显示用于非CBTC列车，辅助显示用于CBTC列车。对于非CBTC列车，使用主显示，当接近地面信号机时，区域控制器发出一个安全的信息给联锁让信号机不显示蓝灯。辅助显示（蓝灯）对于CBTC列车为禁止信号。

1. 道岔防护信号机

每架道岔防护信号机有4个LED灯位，这些LED信号有以下5种显示方式。

（1）一个绿色灯光——进路排列至下一架信号机，进路中的所有道岔都在直向且电锁闭允许列车在线路限速条件下运行。

（2）一个黄色灯光——进路开放至下一架信号机，进路上至少有一个道岔在侧向且电锁闭，允许列车在道岔开通方向按规定在限速条件运行。

（3）一个黄色灯光和一个红色灯光——引导信号，引导运行限速为 25km/h，并随时准备停车，列车安全完全由人工保证。

（4）一个红色灯光——绝对停止信号，不允许越过此信号显示。

（5）一个蓝色灯光——CBTC 列车可越过该信号机，非 CBTC 列车不允许越过该信号机。

2. 出站信号机

每架出站信号机都有 3 个 LED 灯位，出站信号机位于站台终端，出站信号机有以下 3 种显示。

（1）一个绿色灯光——进路排列至下一架信号机，进路中的所有道岔都在直向且点锁闭，允许列车在线路限速条件下运行。

（2）一个红色灯光——绝对停止信号，不允许列车越过此信号显示。

（3）一个蓝色灯光——CBTC 列车可以越过该信号机，非 CBTC 列车不允许越过该信号机。

3. 道岔防护兼出站信号机

每架道岔防护兼出站信号机有 4 个 LED 灯位，共有以下 5 种显示。

（1）一个绿色灯光——进路排列至下一架信号机，进路中的所有道岔都在直向且电锁闭，允许列车在线路限速条件下运行。

（2）一个黄色灯光——进路开放至下一架信号机，进路上至少有一个道岔在侧向且电锁闭，允许列车在道岔开通方向按规定速度的限速条件运行。

（3）一个黄色灯光和一个红色灯光——引导信号，引导运行限速为 25km/h，并随时准备停车，列车安全完全由人工保证。

（4）一个红色灯光——绝对停止信号，不允许越过此信号显示。

（5）一个蓝色灯光——CBTC 列车可越过该信号机，非 CBTC 列车不允许越过该信号机。

4. 阻挡信号机

阻挡信号机位于线路上的折返位置，这些信号机有以下 3 种显示方式。

（1）一个绿色灯光——进路排列至下一架信号机。

（2）一个红色灯光——绝对停止，不允许列车越过此信号显示。

（3）一个蓝色灯光——CBTC 列车可越过该信号机，非 CBTC 列车不允许越过该信号机。

5. 终端信号机

（1）终端信号机设置在线路的终端，每个终端信号机有一个红色灯光显示。

（2）所有列车在此信号机前必须停车，对接近的 CBTC 列车不灭灯。

6. 正线信号显示基本原则

（1）装备有全套车载设备并在 CBTC 控制模式下的列车，定义为 CBTC 列车；出现故障的 CBTC 列车或没有装备车载设备的列车，定义为非 CBTC 列车。非 CBTC 列车按照地面信号机的显示行车。

（2）如果仅有CBTC列车在一段区域运行，那么位于这两个CBTC列车间的信号机均为蓝色灯光。如果是CBTC列车与非CBTC列车混跑的情况，则对于非CBTC列车，地面信号机为"点灯"（除蓝色灯光）；对于CBTC列车，地面信号机为蓝色灯光。

（3）所有CBTC列车前方要接近的信号机均为"点灯"（除蓝色灯光）。

（4）对于"蓝色灯光"信号机，非CBTC列车不允许越过此信号机。

（二）车场信号的显示及执行

1. 进段信号机

（1）一个绿色灯光——允许进段。

（2）一个红色灯光——禁止列车越过该信号机。

（3）一个黄色灯光和一个红色灯光——引导进段。

2. 三显示列车阻挡兼调车信号机（绿灯封闭）

（1）一个红色灯光——禁止越过该信号机。

（2）一个月白色灯光——允许调车。

3. 二显示调车信号机

（1）一个红色灯光——禁止调车或越过该信号机。

（2）一个月白色灯光——允许调车。

任务三　城市轨道交通车载信号装置的显示及执行

学习目标

（1）熟悉城市轨道交通车载信号的意义、作用及类型；

（2）熟悉城市轨道交通车载装置的特点及构成；

（3）掌握城市轨道交通车载信号装置的显示及执行。

学习任务

掌握城市轨道交通车载信号装置的显示及执行，主要包括城市轨道交通车载信号的意义、类型、设备组成、作用及运用特点，以及城市轨道交通车载信号的显示方式与指示条件及执行要求等。

工具设备

城市轨道交通信号系统设备实物或模型、城市轨道交通车载信号演示系统、多媒体设备课件、图片、示教板、计算机多媒体设备等。

教学环境

城市轨道交通车辆运用演练场或理实一体化教室。

基础知识

车载信号装置安装于驾驶室内的固定位置，所以车载信号装置所显示的信号通常也视为固定信号。城市轨道交通车载信号装置通常包括：① 信号机式，复示列车所接近的地面信号机的显示；② 速度表与灯光式，标明列车实际速度和列车运行的限制速度；③ 屏显式，屏显曲线分别表示列车允许速度和实际运行速度。按站间自动闭塞法行车或按自动闭塞分区行车时，通常可采用信号机式车载信号装置；按准移动闭塞法行车或按移动闭塞法行车（或超速防护自动闭塞法行车）时，通常可采用速度表与灯光式车载信号装置或屏显示式车载信号装置。

一、信号机式车载信号装置的显示及执行

1. 信号机式车载信号装置的作用

车载信号机通过复示列车所接近的地面信号机的显示，帮助司机确认地面信号机的显示，改善了司机的工作条件，为安全行车提供有利条件。

2. 信号机式车载信号装置的设置

车载信号机安装在车辆司机室内适当位置。

3. 信号机式车载信号装置的显示及执行

信号机式车载信号通常采用灯列式，一般可按下列规定显示及执行。

（1）一个绿色灯光——表示列车接近的地面信号机显示绿色灯光，准许列车按规定速度运行。

执行：列车按规定速度运行。

（2）一个半绿色半黄色灯光——表示列车接近的地面信号机显示绿色灯光，该信号机后方的信号机显示黄色灯光，要求列车减低速度运行。

执行：列车减低到规定的速度运行。

（3）一个黄色灯光——表示列车接近的地面信号机显示黄色灯光，要求列车注意或减速运行。

执行：列车注意或减速运行。

（4）一个双半黄色灯光——表示列车接近的地面信号机显示黄色灯光，该信号机后方的信号机显示红色灯光，要求列车减速运行。

执行：列车减速运行至下一架信号机前准备停车。

（5）一个半黄色半红色灯光——表示列车接近的地面信号机显示红色灯光，要求列车及时采取停车措施。

执行：采取停车措施，在接近的地面信号机前停车。

（6）一个红色灯光——表示列车已经越过地面上显示红色灯光的信号机。

执行：立即停车或按有关要求执行。

（7）一个白色灯光——不复示地面信号机的显示。

执行：不执行车载信号机。

二、速度表与灯光式车载信号装置的显示及执行

1. 车载信号的显示及对应的速度

速度表可采用双针式，其中一个指针可以表示列车运行的实际速度，另一个指针可以

表示列车最高运行限制速度。通过目标速度灯光的显示表示下一个区间能否进入和进入的最高运行速度。车载信号的显示及对应的速度规定一般可采用下列方式：

（1）73km/h、58km/h、37km/h 和 27km/h 四个目标速度灯显示绿色灯光，表示列车进入下一个闭塞区间的最高速度为 73km/h。

（2）58km/h、37km/h 和 27km/h 三个目标速度灯显示绿色灯光，表示列车进入下一个闭塞区间的最高速度为 58km/h。

（3）37km/h 和 27km/h 两个目标速度灯显示绿色灯光，表示列车进入下一个闭塞区间的最高速度为 37km/h。

（4）27km/h 一个目标速度灯显示绿色灯光，表示列车进入下一个闭塞区间的最高速度为 27km/h。

（5）对应 0km/h 码的目标速度灯显示红色灯光，表示列车必须在本闭塞区间内的规定地点停车。

2. 车载信号的显示及执行

车载信号的显示与运行速度对照及执行通常可按表 1.1 的要求执行。

表 1.1　车载信号的显示与运行速度对照及执行

出口速度 \ 目标速度	73km/h 绿灯	58km/h 绿灯	37km/h 绿灯	27km/h 绿灯	0km/h 红灯	执　行
73km/h	亮	亮	亮	亮	灭	按规定限速运行
58km/h	灭	亮	亮	亮	灭	按规定限速运行
37km/h	灭	灭	亮	亮	灭	按规定限速运行
27km/h	灭	灭	灭	亮	灭	按规定限速运行
0km/h	灭	灭	灭	灭	亮	在规定的地点停车
停止运行	灭	灭	灭	灭	灭	停止

3. 特殊情况的处理

车载信号出现下列情况为不正常显示，通常应按故障处理：

（1）车载信号装置未按表 1.1 的规定显示时；

（2）车载设备故障指示灯显示红色灯光时。

三、屏显式车载信号装置的显示及执行

1. 屏显式车载信号装置的显示

在驾驶室内的列车运行显示屏幕上应分别显示列车允许运行速度及列车实际运行速度，并以动态方式显示。

2. 屏显式车载信号装置的执行

在列车运行中必须严格执行列车实际运行速度不得超过列车允许运行速度的要求。

地铁资料

【资料1】地铁车载信号

车载信号显示形式采用双针速度表，其中橙黄色小针指示目标速度，黄色大针指示实际速度。码有效指示灯为绿色，速度信号指示灯为绿色，目标距离模式指示灯为绿色，BIDI开门允许指示灯为绿色，MA、CM模式指示灯为绿色，0目标速度指示灯为黄色，超速报警灯为蓝色，自动折返指示灯为黄色，ATP故障报警灯为红色，ATO故障报警灯为红色。

【资料2】地铁信号设备的一般规定及ATS、ATP、ATO、CI系统

（一）信号系统

信号系统采用基于多信息无绝缘轨道电路加信标（APR）的"目标—距离"准移动闭塞列车自动控制（ATC）系统，由列车自动监控（ATS）系统、列车自动防护（ATP）系统、列车自动运行（ATO）系统及计算机联锁（CI）系统等组成。

信号系统具有高安全性和可靠性，保证连续不间断工作。凡涉及行车安全的设备或器材必须满足故障—安全原则，主要行车设备的计算机及网络采用有效冗余技术，并做到无干扰切换。

ATC系统具有以下控制等级：

（1）控制中心自动控制；
（2）控制中心自动控制时的人工介入控制；
（3）车站自动控制；
（4）车站人工控制。

控制优先级应遵循车站人工控制优先于控制中心自动控制时的人工介入控制，控制中心自动控制时的人工介入控制优先于控制中心自动控制或车站自动控制的原则。

（二）车载信号设备具有的驾驶模式

（1）自动驾驶模式（MA）；
（2）超速防护下的人工驾驶模式（CM）；
（3）限制人工驾驶模式（RM）；
（4）紧急非限制人工驾驶模式（EUM）；
（5）无人自动折返驾驶模式（AR）。

对设有加锁、加封的信号设备，应加锁、加封，使用人员应对其完整性负责。对加封设备启封使用，必须登记。加封设备启封使用后，应及时通知维修人员加封。

（三）列车自动监控（ATS）系统

（1）ATS系统是保证列车运营效率的重要设备，由控制中心、设备集中站、非设备集中站、车辆段、停车场、备用控制中心、综合维修中心等设备组成。

（2）ATS系统在控制中心集中监督全线和车辆段、停车场信号设备状态，并动态跟踪

列车运行；根据当日时刻表、列车识别号和列车位置等信息自动设置列车进路；根据当日时刻表和列车实际运行情况，自动调整列车停站时间和站间运行等级。

（3）正常情况下，列车运行处于控制中心自动控制模式，需要人工介入时进行控制中心人工控制。

（4）当控制中心 ATS 系统出现故障，设备集中站 ATS 分机可根据当日列车时刻表、列车识别号、列车位置等信息自动进行列车进路控制及发车时机的控制。

（5）当 ATS 系统出现故障或车站作业需要时，经控制中心调度员与车站综控员办理规定的手续后，控制权由控制中心下放至车站。

（6）当 ATS 系统控制中心出现故障或无法使用时，可启用 ATS 培训/备用中心，作为控制中心使用。

（7）ATS 系统进路控制方式与联锁设备的控制方式相适应。

（8）ATS 系统具有良好的实时响应性能，信息采集周期不大于 1s。

（四）列车自动防护（ATP）系统

（1）ATP 系统是保证列车运行安全、提高运营效率的重要设备，由车载设备和地面设备组成。该系统在车辆段（停车场）出入线、区间和车站正线、折返线范围内提供列车运行安全防护控制，满足故障—安全原则。

（2）ATP 地面设备包括 FS2500 无绝缘轨道电路设备、电子发码（TCOM）设备和信标（APR）等设备。

（3）无绝缘轨道电路设备具有防护牵引电流干扰、防护相邻轨道区段和邻线信号干扰的能力。

（4）ATP 地面设备向车载设备发送前方线路的状态信息、列车精确位置信息等。车载设备根据列车速度和当前位置，确定列车允许速度，实现"目标—距离"的控车模式。

① 当车载 ATP 系统无法确定列车当前位置时，列车将从"目标—距离"控车模式转换为"速度编码"控车模式运行。当车载 ATP 系统重新接收到两个连续的 APR 信息后，列车可自动转换为"目标—距离"控车模式运行。

② ATP 车载设备以导致列车停车为最高安全准则。ATP 系统实施紧急制动控制时，切断列车牵引，列车在紧急制动过程中不得中途缓解。

③ "紧急非限"模式按钮应设置铅封。

④ 任何地对车连续通信中断、列车非预期退行、列车超速、车载设备重要故障等情况发生时，列车都将实施紧急制动。

⑤ 车载信号设备与车辆接口电路的布线与车辆主回路的高压布线分开敷设并实施防护；与车辆电气的接口具有隔离措施，并满足有关电磁兼容标准。

⑥ 在 ATP 车载设备出现故障时，准移动闭塞可降级为站间自动闭塞行车，列车按非限制人工驾驶模式行车。

（五）列车自动运行（ATO）系统

（1）ATO 系统由地面设备和车载设备组成。

（2）ATO 系统在 ATP 系统监督下，根据 ATS 指令可完成列车的启动、加速、惰行、制动控制，实现列车自动驾驶。

（3）ATO 系统根据 ATS 指令，自动调整列车在区间的走行时间和站停时间。

（4）在 ATS 监控范围内，通过双向通信（BIDI）设备，可将列车的有关信息传送至 ATS 系统。

（5）在 MA 驾驶模式下，列车在车站站台的定点停车误差不大于±0.3m。ATO 系统停车控制过程应满足舒适性、快捷性和停车精度的要求。

（6）经 ATP 系统允许，ATO 系统可向列车发送开车门和向站台屏蔽门系统发送屏蔽门开门指令。

（7）当 ATO 系统发生故障时，列车可由自动驾驶转换为 ATP 系统防护下的人工驾驶。

（六）计算机联锁（CI）系统

正线及车辆段、停车场均采用 CI 系统。CI 系统由联锁计算机、操作控制台、系统维护计算机、室外设备及驱动接口等设备组成。

（1）CI 系统是保证列车运行安全的基础设备，采用冗余设计和安全技术，满足故障—安全原则。

（2）车站联锁设备与 ATS 系统结合，可实现联锁、车站 ATS 和控制中心 ATS 三级控制。

① 正常情况下，车站联锁设备受 ATS 控制中心的控制和监督。

② 在控制中心 ATS 发生故障的情况下，通过车站 ATS 分机，可实现对联锁设备的控制和监督。

③ 在两台 ATS 设备均失效的情况下，可通过车站控制台实现人工控制或自动进路、自动折返进路等控制。

（3）CI 系统可实现进路建立、进路锁闭、进路解锁、信号机控制、道岔控制等基本联锁功能，保证列车运行安全，对错误操作具备有效防护能力。

（4）CI 系统实时记录系统操作和列车运行情况，系统操作命令及故障记录信息保存时间应不少于 30 天。

（5）联锁道岔第一连接杆处的尖轨与基本轨之间有 4mm 及以上间隙时，道岔不能锁闭，信号不能开放。

（6）信号设备联锁关系的临时变更或停止使用，必须经地铁公司主管部门审核和公司批准。

任务四　城市轨道交通信号表示器、标志的显示及执行

学习目标

（1）熟悉城市轨道交通信号表示器、线路标志、信号标志、列车标志的种类、结构特点；

（2）熟悉城市轨道交通信号表示器、线路标志、信号标志、列车标志的设置及作用；

（3）掌握各种信号表示器、线路标志、信号标志、列车标志的显示及执行。

学习任务

掌握城市轨道交通信号表示器、标志的显示及执行,主要包括城市轨道交通信号表示器、线路标志、信号标志、列车标志的种类、结构特点、设置及作用,以及各种信号表示器、信号标志、列车标志的显示及执行等。

工具设备

城市轨道交通信号表示器实物或模型、信号标志实物或模型、列车标志实物或模型、多媒体设备课件、图片、示教板、计算机多媒体设备等。

教学环境

城市轨道交通车辆运用演练场或理实一体化教室。

基础知识

信号表示器、线路标志、信号标志、列车标志等是城市轨道交通信号不可或缺的重要组成部分。

一、城市轨道交通信号表示器的显示及执行

信号表示器附设在信号机的机柱上或特设在个别处所,是用于表示行车设备的位置、状态、某种含义,或表达行车人员某种意图的设备。城市轨道交通的信号表示器按用途通常分为进路表示器、车挡表示器、列车发车计时表示器等。

(一)进路表示器

1. 进路表示器的作用

进路表示器仅在其主体信号机开放后才能亮灯,用于区别进路的开通方向或双线区段反方向发车,不能独立构成信号。

2. 进路表示器的设置

进路表示器设置在其主体信号机的机柱上。

3. 进路表示器的显示及执行

(1)当主体信号机显示开放状态后,进路表示器显示一个白色灯光——表示进路开通侧向位置。

执行:列车越过该信号机进入侧线运行。

(2)当主体信号机显示开放状态后,进路表示器无显示——表示进路开通直向位置。

执行:列车越过该信号直线运行。

(二)车挡表示器

1. 车挡表示器的作用

车挡表示器用以表示线路的终端。

2. 车挡表示器的设置

车挡表示器设置在线路终端的车挡上。

3. 车挡表示器的显示及执行

昼间：一个红色方牌。

夜间：一个红色灯光，表示线路终端。

执行：与车挡必须保持一定的安全距离。

（三）列车发车计时表示器

1. 列车发车计时表示器的作用

列车发车计时表示器（TDT）表示列车到达车站时间与列车运行图规定的发车时间的时差（单位为秒）。

2. 列车发车计时表示器的设置

列车发车计时表示器通常固定设置于车站发车方向站台侧的侧壁上。

3. 列车发车计时表示器的显示及执行

（1）未到达列车运行图规定的发车时间显示为倒计时；

（2）到达列车运行图规定的发车时间显示为"000"；

（3）超过列车运行图规定的发车时间显示为正计时；

（4）提前发车显示为"000"；

（5）扣车时显示为"H"；

（6）列车通过时显示为"———"。

执行：按规定时间要求执行，保证列车安全正点运行。

二、城市轨道交通标志的显示及执行

标志用以表示线路所在地点状态、列车运行的状态及作业有关要求等，有利于行车有关人员能安全、准确、及时地进行作业。城市轨道交通的标志主要由线路标志、信号标志及列车标志等组成。

（一）线路标志

为了便于司机准确地掌握所经线路的各种情况，根据情况准确地驾驶列车，提高效率和保证行车安全，必须设置线路标志。地铁线路标志通常有百米标、曲线标、圆曲线及缓和曲线的始终点标、坡度标等。

1. 百米标

它是表示正线每百米离该线路起点的长度。将这种长度从起点算起，以百米为单位。通常用数字标在白色方形板上，固定于右侧边墙的上部。

2. 曲线标

曲线标通常设在曲线中点处的右侧边墙上，标明曲线中心里程、曲线及缓和曲线的长度。

3. 圆曲线及缓和曲线的始终点标

通常设在直缓、缓圆、缓直各点处的地面上或右侧边墙上，标明所向方向为直线、圆曲线或缓和曲线。

（1）圆曲线始点、终点标

标明圆曲线的开始与结束，用曲线半径来表示，通常以米为单位。

（2）缓和曲线标始点、终点标

标明缓和曲线的开始与结束，用曲线半径来表示，通常以米为单位。

4. 坡度标

它是设在线路纵断面的变坡点处的标志。它设在右侧边墙上，标明其所向方向的上、下坡度值及其长度，坡度值以××‰来表示。

（二）信号标志

信号标志用来表示线路所在地点的情况和状态，以便行车人员能够及时、正确地进行作业的标志。城市轨道交通信号标志通常有警冲标、限制速度标、列车停车位置标、司机鸣笛标等。

1. 警冲标

警冲标设置在两条线路的会合处，是为防止停留的机车车辆与邻线上的机车车辆发生侧面冲撞而设在两会合线路间距离4m的中间的一种标志。如果线路间距离不足4m，则设在两条线路中心线最大间距的起点处。在线路曲线部分所设道岔附近的警冲标与线路中心线的距离，应按限界的加宽进行相应增加。

执行：列车、机车车辆停留时，不得越过警冲标（必须停留在警冲标的内方）。

2. 限制速度标

为了保证行车安全，限制列车在某一区段的最高时速的一种标志，称为限制速度标（简称限速标）。

限制速度标通常设在区间必须慢行区段、长大下坡道和道岔区段的始端右侧边墙上。

执行：列车运行中严格遵守该标志所规定的限制速度。

3. 列车停车位置标

列车停车位置标是要求列车或机车车辆在车站或终点站折返线内的停车位置的一种标志，通常设在右侧边墙上。设在车站的这种标志是根据站台的有效长度，以及便于疏散客流和组织乘降而选定合适的位置，列车停车时不应越过该标志。

执行：列车头部接近且不越过或对齐停车位置标。

4. 司机鸣笛标

司机鸣笛标用以规定列车或机车车辆鸣笛的地点。

司机鸣笛标通常设在关键地点或视线不良地点前方适当位置。

执行：司机见此标志必须长声鸣笛。

（三）列车标志

列车根据其种类及运行的特点，应显示不同的标志，以便辨认、识别各种列车及运行状态，这种标志称为列车标志。城市轨道交通列车标志的显示方式通常规定如下。

1. 列车的显示方式

（1）列车头部缓冲梁上方两个头灯。

（2）列车尾部缓冲梁上方显示两个红色灯光。

2. 内燃机车标志的显示方式

（1）内燃机车前部两个头灯。

（2）内燃机车后部向后显示两个红色灯光。

执行：按上述规定，根据列车种类及列车运行条件设定列车标志。

地铁资料

【资料1】地铁线路标志及信号标志

线路标志：百米标、曲线标、坡度标、水准基标。

信号标志：限制速度标、分界标、警冲标、列车停车位置标、警示标及预告标。

（一）百米标

百米标设在列车运行方向的线路右侧，是表示正线每百米距离该线路起点的长度（如图1.27所示）。

图1.27 百米标

（二）曲线标

（1）曲线要素标：设在曲线中点处列车运行方向右侧，标明曲线中心里程、半径大小、曲线及缓和曲线长度、超高和加宽等（如图1.28所示）。

图1.28 曲线要素标

（2）曲线始点、终点标：设在直缓、缓圆、圆缓、缓直各点处列车运行方向右侧，标明所向方向为直线、圆曲线和缓和曲线（如图1.29所示）。

图1.29 曲线始点、终点标

（3）竖曲线标：竖曲线标包括竖曲线起点标和竖曲线终点标。分别设在竖曲线起点、终点处的列车运行方向右侧，用以表明竖曲线的起点和终点里程（如图1.30所示）。

图1.30 竖曲线起点标、终点标

（三）坡度标

坡度标设在线路坡度和变坡点处列车运行方向右侧，标明其所向方向的上、下坡坡度值及其长度（如图1.31所示）。

（四）水准基标

水准基标设在线路永久性基标处列车运行方向右侧，标明水准基标编号（如图1.32所示）。

图1.31 坡度标　　图1.32 水基准标

（五）限制速度标

限制速度标设在列车运行方向右侧，用数字标明限速线路地段的最大速度（如图1.33所示）。

图1.33 限制速度标

（六）分界标

分界标设于两个闭塞区间之间，安装在列车运行方向右侧（如图1.34所示）。

（七）警冲标

警冲标设在两会合线路间距离为4m的中间。线间距离不足4m时，设在两线路中心线最大间距的起点处（如图1.35所示）。

项目一　城市轨道交通信号的显示及执行

图 1.34　分界标 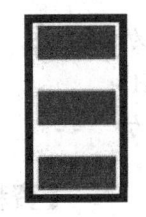　　　　图 1.35　警冲标

在线路曲线部分所设道岔附近的警冲标与线路中心线间的距离,应按限界的加宽进行相应增加。

(八) 列车停车位置标

列车停车位置标设在车站线路一侧或道心处,规定列车停车位置(如图 1.36 所示)。

(九) 警示标

警示标设在列车运行方向右侧,警告、提示司机注意安全、加强措施或指导操作的有关事项(如图 1.37 所示,白色底板,板心为红色警字)。

图 1.36　列车停车位置标 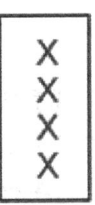　　　　图 1.37　警示标

(十) 预告标

预告标设在列车运行方向右侧。在距离车站站台端头外方 100m 处设第三预告标;200m 处设第二预告标;300m 处设第一预告标(如图 1.38 所示)。

图 1.38　预告标

(十一) 列车出发计时器 (TDT)

TDT 固定于车站列车到发线前上方,显示自列车到达车站距列车运行图规定的发车时刻的时差(单位是 s)。

① 未到达运行图规定的发车时刻显示为倒计时;
② 到达运行图规定的发车时刻显示为"0";
③ 超过运行图规定的发车时刻显示为正计时;

④ 提前发车显示为"000";
⑤ 扣车显示为"H";
⑥ 列车通过显示为"- - -"。

【资料2】地铁信号标志牌

（一）停车标

设于各车站站台端部对开的隧道壁位置和存车线、折返线、线号机前。

（二）站名标

在接近车站300m、200m处分别设置接近车站预告标；在100m位置设置站名标。

（三）一度停车标

设于车场与××站交界处。

任务五　城市轨道交通手信号的显示及执行

学习目标

（1）熟悉城市轨道交通手信号的意义及分类；
（2）熟悉城市轨道交通手信号显示的基本要求；
（3）掌握城市轨道交通手信号的显示及执行。

学习任务

掌握城市轨道交通手信号的显示及执行，主要包括城市轨道交通手信号显示的意义及分类、手信号显示的基本要求、城市轨道交通手信号的显示方式及指示条件，以及执行要求等。

工具设备

城市轨道交通手信号旗实物、手信号灯实物、信号牌实物、多媒体设备课件、图片、示教板、计算机多媒体设备等。

教学环境

城市轨道交通车辆运用演练场或理实一体化教室。

基础知识

城市轨道交通手信号是行车有关人员利用信号旗、信号灯或徒手显示的一种视觉信号，根据需要可以指挥列车运行或调车作业，也可以用于作业人员之间的联系及传达作业有关事项等。

在城市轨道交通中使用的手信号按用途通常可分为指示列车运行的手信号、调车手信号、试验列车制动系统的手信号、联系用的手信号、临时降弓及升弓手信号等。

一、手信号的显示及执行基本要求

（1）显示手信号时，必须严肃认真，做到位置适当、正确及时、横平竖直、灯正圈圆、角度准确、段落清晰。

（2）凡昼间持有手信号旗的人员，应将手信号旗拢起，左手持红旗，右手持绿旗（或黄旗），不持手信号旗的人员徒手按规定方式显示。

（3）确认或执行人员在确认手信号后应及时予以回示。

二、手信号的显示及执行

（一）指示列车运行条件手信号的显示及执行

1. 停车信号：要求列车停车

昼间——展开的红色手信号旗；无红色手信号旗时，两臂高举头上，向两侧急剧摇动。

夜间——红色灯光；无红色灯光时，用白色灯光上下急剧摇动。

执行：采取制动措施在规定地点停车。

2. 紧急停车信号：要求司机紧急停车

昼间——展开红色手信号旗下压数次；无红色手信号旗时，两臂高举头上，向两侧急剧摇动。

夜间——红色灯光下压数次；无红色灯光时，用白色灯光上下急剧摇动。

执行：采取紧急制动措施停车。

3. 减速信号：要求列车降低速度运行

昼间——展开的黄色手信号旗；无黄色手信号旗时，用绿色手信号旗下压数次。

夜间——黄色信号灯光；无黄色灯光时，用白色或绿色灯光下压数次。

执行：将列车降低到规定的速度运行。

4. 发车（或发车指示）信号：要求司机发车

昼间——展开的绿色手信号旗，上弧线向列车方向做圆形转动。

夜间——绿色灯光，上弧线向列车方向做圆形转动。

执行：启动列车，从车站出发。

5. 通过手信号：准许列车由车站通过

昼间——展开的绿色手信号旗。

夜间——绿色灯光。

执行：按规定速度通过车站。

6. 引导信号：准许列车进入车站或车场

昼间——展开的黄色手信号旗，高举头上左右摇动。

夜间——黄色灯光高举头上左右摇动。

执行：列车以引导接车的规定速度进入车站或车场。

7. 降弓信号：要求降下受电弓

昼间——左臂垂直高举，右臂前伸并在水平线上左右重复摇动。

夜间——白色灯光上下左右重复摇动。

执行：降下受电弓。

8. 升弓信号：要求升起受电弓

昼间——左臂垂直高举，右臂前伸并上下重复摇动。

夜间——白色灯光做圆形转动。

执行：升起受电弓。

9. 好了信号：进路开通、某项作业完成的显示

昼间——拢起手信号旗做圆形转动。

夜间——白色灯光做圆形转动。

执行：进路准备妥当，可以进行下一步作业或作业已经完成。

（二）调车手信号的显示及执行

1. 停车信号：要求停车或紧急停车

昼间——展开的红色手信号旗；无红色手信号旗时，两臂高举头上，向两侧急剧摇动。

夜间——红色灯光；无红色灯光时，用白色灯光上下急剧摇动。

执行：采取制动措施在规定地点停车。

2. 减速信号：要求减低运行速度

昼间——展开的绿色手信号旗下压数次。

夜间——绿色灯光下压数次。

执行：将列车降低到规定的速度运行。

3. 指挥列车或车辆向显示人方向来的信号

昼间——展开的绿色手信号旗在下方左右摇动。

夜间——绿色灯光在下方左右摇动。

执行：启动列车或车辆，向显示人方向运行。

4. 指挥列车或车辆向显示人反方向去的信号

昼间——展开的绿色手信号旗上下摇动。

夜间——绿色灯光上下摇动。

执行：启动列车或车辆向显示人反方向运行。

5. 指挥列车或车辆向显示人方向稍行移动的信号

昼间——左手拢起红色手信号旗直立平举，右手展开的绿色手信号旗在下方左右小动。

夜间——绿色灯光下压数次后，再左右小动。

执行：启动列车或车辆向显示人方向稍行移动。

6. 指挥列车或车辆向显示人反方向稍行移动的信号

昼间——左手拢起红色手信号旗直立平举，右手展开的绿色手信号旗在下方上下小动。

夜间——绿色灯光平举上下小动。

执行：启动列车或车辆向显示人反方向稍行移动。

7. 三、二、一车距离的信号：表示连挂车与被挂车之间的距离

昼间——右手展开的绿色手信号旗下压三次（三车距离）、二次（二车距离）、一次（一车距离）。

夜间——绿色灯光平举，下压三次（三车距离）、二次（二车距离）、一次（一车距离）。
执行：根据信号显示的意义，控制列车或车辆运行的速度。

8. 连挂（连接）信号：要求进行连挂作业
昼间——两臂高举头上，拢起的手信号旗水平末端相接。
夜间——红、绿色灯光（无绿色灯光用白色灯光代替）交替显示数次。
执行：根据信号要求严格控制速度进行连挂。

9. 试拉信号：连接后进行试拉
昼间——左手拢起红色手信号旗直立平举，右手展开的绿色手信号旗在下方左右小动。
夜间——绿色灯光下压数次后，再左右小动。
当列车启动后立即显示停车信号。
执行：启动列车或车辆向显示人方向稍行移动，信号停止显示立即停车。

10. 取消信号：通知前发信号取消
昼间——拢起的手信号旗，两臂于前下方交叉后，左右摇动数次。
夜间——红色灯光做圆形转动后，再上下摇动。
执行：前发信号取消不予执行。

（三）列车自动制动机试验手信号的显示及执行

1. 制动：按规定对列车采取制动措施
昼间——拢起手信号旗，高举头上。
夜间——白色灯高举。
执行：对列车制动机采取制动操作。

2. 缓解：按规定对列车进行缓解
昼间——拢起手信号旗，在下方左右摇动。
夜间——白色灯光在下方左右摇动。
执行：对列车制动机采取缓解操作。

3. 试验完了（或其他作业完成的显示）：表示制动机试验结束，或其他作业完成
昼间——拢起手信号旗，做圆形转动。
夜间——白色灯光做圆形转动。
执行：列车自动制动机试验完了，或其他作业完成。

（四）临时降弓与升弓手信号的显示及执行

1. 降弓手信号
昼间——左臂垂直高举，右臂前伸并在水平线上左右重复摇动。
夜间——白色灯光上下左右重复摇动。
执行：按规定进行降弓操作。

2. 升弓手信号
昼间——左臂垂直高举，右臂前伸上下重复摇动。
夜间——白色灯光做圆形转动。
执行：按规定进行升弓操作。

地铁资料

【资料】地铁手信号的显示及执行

1. 列车运行时，有关人员应遵守的信号显示

（1）停车手信号：要求列车停车。

昼间——展开的红色手信号旗；夜间——红色灯光（如图 1.39 所示）。

图 1.39　停车手信号

昼间无红色手信号旗时，两臂高举头上向两侧上下急剧摇动；夜间无红色灯光时，用白色灯光上下急剧摇动（如图 1.40 所示）。

图 1.40　停车手信号（无旗、无灯时）

（2）减速手信号：要求列车降低到要求的速度运行。

昼间——展开的黄色手信号旗；夜间——黄色灯光（如图 1.41 所示）。

图 1.41　减速手信号

昼间无黄色手信号旗时，用绿色手信号旗下压数次；夜间无黄色灯光时，用白色或绿色灯光下压数次（如图 1.42 所示）。

图 1.42　减速手信号（无旗、无灯时）

（3）发车手信号：要求司机发车。

昼间——展开的绿色手信号旗，上弧线向列车方向做圆形转动；夜间——绿色灯光，上弧线向列车方向做圆形转动（如图 1.43 所示）。

图 1.43　发车手信号

（4）通过手信号：在出站信号机故障，而行车凭证具备的条件下，向准许由车站通过的列车显示的信号。

昼间——展开的绿色手信号旗；夜间——绿色灯光（如图 1.44 所示）。

图 1.44　通过手信号

（5）临时停车手信号：必须使列车临时停车时显示的信号，要求列车立即采取停车措施。

昼间——展开的红色手信号旗,高举头上左右摇动;夜间——红色灯光高举头上左右摇动(如图 1.45 所示)。

图 1.45　临时停车手信号

(6)引导手信号:准许列车进入车站或车场。

昼间——展开的黄色手信号旗,高举头上左右摇动;夜间——黄色灯光,高举头上左右摇动(如图 1.46 所示)。

图 1.46　引导手信号

(7)道岔开通手信号:表示进路准备妥当,准许列车通过道岔区段。

昼间——拢起的黄色手信号旗,高举头上左右摇动;夜间——白色灯光,高举头上(如图 1.47 所示)。

图 1.47　道岔开通手信号

2. 调车手信号显示方式

(1)停车手信号:要求列车停车。

昼间——展开的红色手信号旗；夜间——红色灯光（如图1.48所示）。

图1.48　停车手信号

（2）减速手信号：

昼间——展开的绿色手信号旗下压数次；夜间——绿色灯光下压数次（如图1.49所示）。

图1.49　减速信号

（3）指挥机车、车辆向显示人方向来的信号：

昼间——展开的绿色手信号旗在下方左右摇动；夜间——绿色灯光在下方左右摇动（如图1.50所示）。

图1.50　指挥机车车辆向显示人方向来的信号

（4）指挥机车、车辆向显示人方向稍行移动的信号：

昼间——拢起的红色手信号旗直立平举，再用展开的绿色手信号旗左右小动；夜间——绿色灯光下压数次后，再左右小动（如图1.51所示）。

图1.51 指挥机车车辆向显示人稍行移动的信号

（5）指挥机车、车辆向显示人相反方向去的信号：

昼间——展开的绿色手信号旗上下摇动；夜间——绿色灯光上下摇动（如图1.52所示）。

图1.52 指挥机车车辆向显示人相反方向去的信号

显示第（2）、（3）、（4）、（5）项中转信号时，昼间可用单臂，夜间可用白色灯光依次中转。

（6）道岔开通手信号：表示进路准备妥当，准许机车车辆越过道岔区段调车（如图1.53所示）。

图1.53 道岔开通手信号

3. 联系用的手信号显示方式

（1）连接信号：表示连挂作业。

昼间——两臂高举头上，使拢起的手信号旗水平末端相接。

夜间——红、绿色灯光（无绿色灯光的人员，用白色灯光）交互显示数次（如图1.54

所示）。

（2）停留车位置信号：表示车辆停留地点。

夜间——白色灯光左右小摇动（如图1.55所示）。

图1.54　连接信号　　　　　　　图1.55　停留车位置信号

（3）三、二、一车距离信号：表示推进车辆的前端与被连挂车辆之间的距离。

昼间——展开的绿色手信号旗，单臂平伸。

夜间——绿色灯光，在距离停留车三车（约60m）时连续下压三次，二车（约40m）时连续下压两次，一车（约20m）时连续下压一次（如图1.56所示）。

图1.56　三、二、一车距离信号

任务六　城市轨道交通听觉信号的鸣示及执行

学习目标

（1）熟悉城市轨道交通听觉信号设备及信号特点；

（2）熟悉城市轨道交通听觉信号鸣示的基本要求；

（3）掌握城市轨道交通听觉信号中列车、车组、工程车、轨道车，以及车辆内蜂鸣器或电铃的鸣示方式及意义。

学习任务

掌握城市轨道交通听觉信号的鸣示及执行，主要包括城市轨道交通听觉信号设备的特点、鸣示的基本要求，列车、车组、工程车、轨道车及车辆内蜂鸣器或电铃的鸣示方式、意义及执行等。

工具设备

城市轨道交通车辆实物或模拟驾驶装置、车辆风笛实物、蜂鸣器实物、电铃实物、多媒体设备课件、图片、示教板、计算机多媒体设备等。

教学环境

城市轨道交通车辆运用演练场或理实一体化教室。

基础知识

城市轨道交通的听觉信号是通过列车或内燃机车的鸣笛，以及车辆内蜂鸣器、车辆内电铃或车站电铃发出的音响，并根据发出的声音长短、声音的多少等不同音响符号所表示的信号。

一、听觉信号的鸣示及执行基本要求

（1）听觉信号鸣示时的长声为 2s（—），短声为 0.5s（·），音响间隔为 1s。

（2）重复鸣示时，必须间隔 5s 以上。

（3）鸣示听觉信号的人员必须做到节奏分明、长短明确；接收信号人员必须准确辨听、正确领会及执行。

（4）为了减少噪声，在隧道内除遇到危及行车和人身安全的情况外，通常可取消鸣笛；在地面线路上，通常在规定范围内禁止鸣笛。

二、听觉信号的鸣示方式及执行

（一）列车、车组、工程车、轨道车的鸣示方式及执行

1. 启动（通知）注意信号

（1）鸣示方式：一长声（—）。

（2）使用时机：

① 列车启动或机车车辆前进时。

② 列车或机车车辆接近车站、鸣笛标、道口、行人、隧道、施工地点或天气不良时。

执行：按规定及时鸣笛，提请注意。

2. 退行信号

（1）鸣示方式：二长声（— —）。

（2）使用时机：列车或机车车辆开始退行时。

执行：按规定及时鸣笛，按有关规定退行。

3. 召集信号

（1）鸣示方式：三长声（— — —）。

（2）使用时机：要求防护人员撤离时。

执行：按规定及时鸣笛，提请防护人员及时撤离。

4. 呼唤信号

（1）鸣示方式：二短声一长声（··—）。

（2）使用时机：

① 机车车辆或列车要求出、入库时。

② 在车站要求显示信号时。

执行：按规定及时鸣笛，按有关规定出、入库或要求显示信号。

5. 加力信号

（1）鸣示方式：一长声一短声（—·）。

（2）使用时机：列车途中要求补机加力时（补机应以同样的信号回答）。

执行：按规定本机或补机及时鸣笛，补机加力。

6. 断力信号

（1）鸣示方式：二长声二短声（——··）。

（2）使用时机：途中要求补机断力时（补机应以同样的信号回答）。

执行：按规定本机或补机及时鸣笛，补机断力。

7. 警报信号

（1）鸣示方式：一长声三短声（—···）。

（2）使用时机：

① 发现线路有危及行车安全的不良处所时。

② 列车发生重大事故或大事故需要救援时。

③ 列车在区间被迫停车通知有关人员时。

执行：按规定及时鸣笛，采取措施进行停车并按规定处理。

8. 紧急停车信号

（1）鸣示方式：连续短声（·······）。

（2）使用时机：要求操作列车人员采取紧急停车措施时。

执行：按规定及时鸣笛，列车采取紧急停车措施。

（二）车辆内蜂鸣器或电铃通常采用的鸣示方式及执行

1. 发车信号

（1）鸣示方式：一长声一短声（—·）。

（2）使用时机：车长指示司机发车。

执行：确认发车信号及发车条件，按规定发车。

2. 可否发车信号

（1）鸣示方式：三短声（···）。

（2）使用时机：车长与司机相互间询问对方是否可以发车。

执行：按规定鸣示，询问是否可以发车。

3. 请注意信号

（1）鸣示方式：一长声一短声一长声（—·—）。

（2）使用时机：告诉对方注意将要表示的信号。

执行：对方将要显示信号，注意瞭望。

4. 再次表示信号

（1）鸣示方式：二长声二短声（——··）。

（2）使用时机：要求对方再次表示信号。

执行：按规定鸣示，要求再次显示信号。

5. 紧急停车信号

（1）鸣示方式：连续短声（······）。

（2）使用时机：要求对方采取紧急停车措施时。

执行：按规定鸣示，要求对方采取紧急停车措施。

6. 取消信号

（1）鸣示方式：一短声一长声一短声（·—·）。

（2）使用时机：显示信号一方因故取消其所表示的信号时。

执行：对方的信号已取消，不予执行。

7. 离车信号

（1）鸣示方式：一短声一长声（·—）。

（2）使用时机：车长因防护或其他事由离开列车时。

执行：车长已离开列车，注意瞭望。

此外，在车内蜂鸣器或电铃因故不能使用时，可使用指示灯用同样方式表示，以亮灯的长短来代替，但在事先必须有明确的约定。

（三）特殊情况时的鸣示方式及执行

（1）在有些地点和情况下，如司机不能凭听觉信号发车，必须根据有关规定依据车长的发车信号或以对讲机通知的方式进行发车，如列车由车站或车辆段发车、列车在区间被迫停车、已通知车长防护列车或听到车长离车信号后发车等。

（2）设置于始发站站台一侧的电铃，主要是用于通知车长及警告乘客关闭车门的信号，通常用为一长声（—）表示。此外，发车指挥人在必要时也可操纵此电铃用一长声（—）督促司机发车。

地铁资料

【资料】地铁音响信号的鸣示方式及使用时机

（1）音响信号，长声为2s，短声为0.5s，间隔为1s。重复鸣示时，必须间隔5s以上。

（2）电客车、车组、工程车、轨道车等列车的鸣示方式如表1.2所示。

项目一　城市轨道交通信号的显示及执行

表1.2　列车鸣示方式

序号	名　称	鸣示方式	使用时机
1	启动注意信号	一长声 —	① 调试列车在正线或工程车启动及机车车辆前进时。 ② 电客车接近没有屏蔽门的车站，工程车及调试列车接近车站，工程车进、出隧道口前或施工地点，列车看到黄色手信号、引导手信号或天气不良时。 ③ 电客车在检修及整备中，准备降下或升起受电弓
2	退行信号	二长声 — —	电客车、机车车辆、单机开始退行
3	召集信号	三长声 — — —	要求防护人员撤回时
4	报警信号	一长声三短声 — ...	① 发现线路有危及行车安全的不良处所时。 ② 列车发生重大事故或大事故及其他需要救援情况时
5	试验自动制动机复示信号	一短声 .	① 试验制动机开始减压时。 ② 接到试验制动结束的手信号，回答试验人员时。 ③ 调车作业中，表示已接受调车员所发出的信号时
6	缓解信号	二短声 ..	试验制动机缓解时
7	紧急停车信号	连续短声	司机发现邻线发生故障，向邻线上运行的列车发出紧急停车信号，邻线列车司机听到后，应立即紧急停车

任务七　城市轨道交通信号显示及执行的操作运用案例

【操作运用案例1】城市轨道交通地面信号机的显示及执行

1. 实训项目教师工作活页

实训项目教师工作活页　　　　　　　　　　NO:＿＿＿

实训项目	城市轨道交通地面信号机的显示及执行		
学　时	2	班级	略
实训场所	城市轨道交通专业实训场或城市轨道交通信号实训室		
实训设备	信号旗、信号灯、信号牌		
教学目标	专业能力	（1）能说出城市轨道交通信号机的结构组成 （2）能说出城市轨道交通信号机的种类 （3）能说出城市轨道交通进站信号机的作用、设置、显示及执行 （4）能说出城市轨道交通防护信号机的作用、设置、显示及执行 （5）能说出城市轨道交通分界点信号机的作用、设置、显示及执行	
	方法能力	（1）能综合运用专业知识，通过专业书籍、多媒体课件和图片资料获得帮助信息 （2）能根据实训项目学习任务确定实训方案，从中学会表达及展示活动过程和成果	
	社会能力	（1）能在实训活动中保持积极向上的学习态度 （2）能与小组成员和教师就学习中的问题进行交流和沟通 （3）能与他人共享学习资源，具有较好的合作能力和团队协作精神	
教学活动	略（详见教学活动设计）		

续表

教学评价	学生活动：以 8～10 人小组为单位开展实训活动，根据本组同学在实训过程中的能力表现及结果进行自评及组内互评；根据其他小组同学在成果展示活动中的表现及结果进行互评 教师活动：教师组织学生开展评价活动和总结；对学生本实训项目单元的成绩做出综合评价				
教学资料	（1）城市轨道交通车辆运用教材 （2）城市轨道交通专业有关参考书 （3）实训项目学生学习活页（附页）				
指导教师		教学时间		年　月　日	

2. 实训项目学生学习活页

实训项目学生学习活页　　　　　　　　NO：_____

实训项目 1　城市轨道交通地面信号机的显示及执行

班级：_____　姓名：_____　学号：_____　时间：_____

一、实训目标

　1. 专业能力目标

（1）能说出城市轨道交通信号机的结构组成；

（2）能说出城市轨道交通信号机的种类；

（3）能说出城市轨道交通进站信号机的作用、设置、显示及执行；

（4）能说出城市轨道交通防护信号机的作用、设置、显示及执行；

（5）能说出城市轨道交通分界点信号机的作用、设置、显示及执行。

　2. 方法能力目标

（1）能综合运用专业知识，通过专业书籍、多媒体课件和图片资料获得帮助信息；

（2）能根据实训项目学习任务确定实训方案，从中学会表达及展示活动过程和成果。

　3. 社会能力目标

（1）能在实训活动中保持积极向上的学习态度；

（2）能与小组成员和教师就学习中的问题进行交流和沟通；

（3）能与他人共享学习资源，具有较好的合作能力和团队协作精神。

二、知识总结

　1. 简要说出城市轨道交通地面信号机的种类

　2. 说出城市轨道交通信号机的作用、设置、显示及执行

　3. 说出城市轨道交通引导信号的作用、特点、显示及执行

三、操作运用

　1. 根据下列图片，填写信号的指示条件及执行

项目一　城市轨道交通信号的显示及执行

（1）调车信号机 　　　　　（2）防护信号机

（3）调车信号机 　　　　　（4）阻挡信号机

（1）＿＿＿＿＿＿＿＿＿＿＿＿＿＿＿＿＿＿＿＿＿＿＿＿＿＿＿＿＿＿＿＿＿＿＿＿＿＿＿
（2）＿＿＿＿＿＿＿＿＿＿＿＿＿＿＿＿＿＿＿＿＿＿＿＿＿＿＿＿＿＿＿＿＿＿＿＿＿＿＿
（3）＿＿＿＿＿＿＿＿＿＿＿＿＿＿＿＿＿＿＿＿＿＿＿＿＿＿＿＿＿＿＿＿＿＿＿＿＿＿＿
（4）＿＿＿＿＿＿＿＿＿＿＿＿＿＿＿＿＿＿＿＿＿＿＿＿＿＿＿＿＿＿＿＿＿＿＿＿＿＿＿

2．画图并说明出站信号机的显示及执行

3．画图并说明分界点信号机的显示及执行

四、实训小结
＿＿
＿＿
＿＿

五、成绩评定
1．学生评价

评价等级	A—优	B—良	C—中	D—及格	E—不及格
学生自评					
组内互评					
他组互评					

2．教师评价

评价等级	A—优	B—良	C—中	D—及格	E—不及格
专业能力					
方法能力					
社会能力					
评价结果					

续表

3. 综合评价

评价等级	A—优	B—良	C—中	D—及格	E—不及格
评价结果					

注：按照学生自评占 10%、组内互评占 10%、他组互评占 20%、教师评价占 60%的比例计分。其中，A—100 分，B—85 分，C—75 分，D—60 分，E—50 分。

4. 评价量规

等　级	行为表现描述
A	能圆满高效地完成任务的全部内容
B	能顺利完成实训任务的全部内容
C	能完成实训任务的全部内容，但需要一些帮助和指导
D	自己只能完成实训任务的部分内容，但在现场的指导下，已经能完成任务的全部内容
E	不能完成实训任务的全部内容

【操作运用案例2】城市轨道交通车载信号的显示及执行

1. 实训项目教师工作活页

实训项目教师工作活页　　　　　　　　　　　　　NO：_____

实训项目	城市轨道交通车载信号的显示及执行		
学　时	2	班　级	略
实训场所	城市轨道交通专业实训场或城市轨道交通信号实训室		
实训设备	信号旗、信号灯、信号牌		
教学目标	专业能力	（1）能说出城市轨道交通信号机式车载信号装置的特点 （2）能说出城市轨道交通速度表与灯光式车载信号装置的特点 （3）能说出城市轨道交通屏显式车载信号装置的特点 （4）能说出信号机式车载信号显示一个红色灯光的指示条件及执行 （5）能说出信号机式车载信号显示白色灯光的指示条件及执行 （6）能说出速度表与灯光式车载信号装置的显示与运行速度对照	
	方法能力	（1）能综合运用专业知识，通过专业书籍、多媒体课件和图片资料获得帮助信息 （2）能根据实训项目学习任务确定实训方案，从中学会表达及展示活动过程和成果	
	社会能力	（1）能在实训活动中保持积极向上的学习态度 （2）能与小组成员和教师就学习中的问题进行交流和沟通 （3）能与他人共享学习资源，具有较好的合作能力和团队协作精神	
教学活动	略（详见教学活动设计）		
教学评价	学生活动：以 8~10 人小组为单位开展实训活动，根据本组同学在实训过程中的能力表现及结果进行自评及组内互评；根据其他小组同学在成果展示活动中的表现及结果进行互评 教师活动：教师组织学生开展评价活动和总结；对学生本实训项目单元的成绩做出综合评价		
教学资料	（1）城市轨道交通车辆运用教材 （2）城市轨道交通专业有关参考书 （3）实训项目学生学习活页（附页）		
指导教师		教学时间	年　月　日

2. 实训项目学生学习活页

实训项目学生学习活页　　　　　　　　　　　　NO:_____

实训项目2　城市轨道交通车载信号的显示及执行

班级：_____ 姓名：_____ 学号：_____ 时间：_____

一、实训目标

1. 专业能力目标

（1）能说出城市轨道交通信号机式车载信号装置的特点；
（2）能说出城市轨道交通速度表与灯光式车载信号装置的特点；
（3）能说出城市轨道交通屏显式车载信号装置的特点；
（4）能说出信号机式车载信号显示一个红色灯光的指示条件及执行；
（5）能说出信号机式车载信号显示白色灯光的指示条件及执行；
（6）能说出速度表与灯光式车载信号装置的显示与运行速度对照。

2. 方法能力目标

（1）能综合运用专业知识，通过专业书籍、多媒体课件和图片资料获得帮助信息；
（2）能根据实训项目学习任务确定实训方案，从中学会表达及展示活动过程和成果。

3. 社会能力目标

（1）能在实训活动中保持积极向上的学习态度；
（2）能与小组成员和教师就学习中的问题进行交流和沟通；
（3）能与他人共享学习资源，具有较好的合作能力和团队协作精神。

二、知识总结

1. 说出城市轨道交通车载信号装置的类型及特点

2. 说出城市轨道交通信号机式车载信号装置的显示及执行

三、操作运用

1. 填写信号灯光显示与速度对照表

列车目标速度 本区段出口速度	73km/h 绿灯	58km/h 绿灯	37km/h 绿灯	27km/h 绿灯	0km/h 红灯	执　行
73km/h						
58km/h						
37km/h						
27km/h						
0km/h						
停止运行						

续表

2. 画图并说明双针速度表的显示及执行

3. 画图并说明屏显式车载信号的显示及执行

四、实训小结

五、成绩评定

1. 学生评价

评价等级	A—优	B—良	C—中	D—及格	E—不及格
学生自评					
组内互评					
他组互评					

2. 教师评价

评价等级	A—优	B—良	C—中	D—及格	E—不及格
专业能力					
方法能力					
社会能力					
评价结果					

3. 综合评价

评价等级	A—优	B—良	C—中	D—及格	E—不及格
评价结果					

注：按照学生自评占 10%、组内互评占 10%、他组互评占 20%、教师评价占 60%的比例计分。其中，A—100 分，B—85 分，C—75 分，D—60 分，E—50 分。

4. 评价量规

等级	行为表现描述
A	能圆满高效地完成任务的全部内容
B	能顺利完成实训任务的全部内容
C	能完成实训任务的全部内容，但需要一些帮助和指导
D	自己只能完成实训任务的部分内容，但在现场的指导下，已经能完成任务的全部内容
E	不能完成实训任务的全部内容

【操作运用案例3】城市轨道交通手信号的显示及执行

1. 实训项目教师工作活页

实训项目教师工作活页 NO：＿＿＿

实训项目	城市轨道交通手信号的显示及执行				
学　时	2		班　级		略
实训场所	城市轨道交通专业实训场或城市轨道交通信号实训室				
实训设备	信号旗、信号灯、信号牌				
教学目标	专业能力	（1）能说出城市轨道交通手信号及其作用 （2）能说出城市轨道交通手信号的分类 （3）能认识城市轨道交通手信号使用的器具 （4）能说出显示城市轨道交通手信号的基本要求 （5）能说出持有手信号旗人员的持旗要求 （6）能说出城市轨道交通车辆车体长度			
	方法能力	（1）能综合运用专业知识，通过专业书籍、多媒体课件和图片资料获得帮助信息 （2）能根据实训项目学习任务确定实训方案，从中学会表达及展示活动过程和成果			
	社会能力	（1）能在实训活动中保持积极向上的学习态度 （2）能与小组成员和教师就学习中的问题进行交流和沟通 （3）能与他人共享学习资源，具有较好的合作能力和团队协作精神			
教学活动	略（详见教学活动设计）				
教学评价	学生活动：以8～10人小组为单位开展实训活动，根据本组同学在实训过程中的能力表现及结果进行自评及组内互评；根据其他小组同学在成果展示活动中的表现及结果进行互评 教师活动：教师组织学生开展评价活动和总结；对学生本实训项目单元的成绩做出综合评价				
教学资料	（1）城市轨道交通车辆运用教材 （2）城市轨道交通专业有关参考书 （3）实训项目学生学习活页（附页）				
指导教师			教学时间		年　月　日

2. 实训项目学生学习活页

实训项目学生学习活页 NO：＿＿＿

实训项目3　城市轨道交通手信号的显示及执行

班级：＿＿＿＿　姓名：＿＿＿＿＿　学号：＿＿＿＿＿＿　时间：＿＿＿＿＿

一、实训目标

1. 专业能力目标

（1）能说出城市轨道交通手信号及其作用；
（2）能说出城市轨道交通手信号的分类；
（3）能认识城市轨道交通手信号使用的器具；
（4）能说出显示城市轨道交通手信号的基本要求；
（5）能说出持有手信号旗人员的持旗要求；
（6）能说出城市轨道交通车辆车体长度。

2. 方法能力目标

(1) 能综合运用专业知识,通过专业书籍、多媒体课件和图片资料获得帮助信息;

(2) 能根据实训项目学习任务确定实训方案,从中学会表达及展示活动过程和成果。

3. 社会能力目标

(1) 能在实训活动中保持积极向上的学习态度;

(2) 能与小组成员和教师就学习中的问题进行交流和沟通;

(3) 能与他人共享学习资源,具有较好的合作能力和团队协作精神。

二、知识总结

1. 说出城市轨道交通减速手信号的显示及执行

2. 说出城市轨道交通降弓手信号的显示及执行

3. 说出城市轨道交通三、二、一车距离手信号的显示及执行

三、操作运用

1. 根据下列图片,填写手信号名称

图 1

图 2

图 3

图 4

(1) _____ (2) _____

(3) _____ (4) _____

2. 画图并说明停留车位置手信号的显示及执行

续表

3. 画图并说明道岔开通手信号的显示及执行

四、实训小结

_____
_____
_____

五、成绩评定

1. 学生评价

评价等级	A—优	B—良	C—中	D—及格	E—不及格
学生自评					
组内互评					
他组互评					

2. 教师评价

评价等级	A—优	B—良	C—中	D—及格	E—不及格
专业能力					
方法能力					
社会能力					
评价结果					

3. 综合评价

评价等级	A—优	B—良	C—中	D—及格	E—不及格
评价结果					

注：按照学生自评占 10%、组内互评占 10%、他组互评占 20%、教师评价占 60%的比例计分。其中，A—100 分，B—85 分，C—75 分，D—60 分，E—50 分。

4. 评价量规

等　　级	行为表现描述
A	能圆满高效地完成任务的全部内容
B	能顺利完成实训任务的全部内容
C	能完成实训任务的全部内容，但需要一些帮助和指导
D	自己只能完成实训任务的部分内容，但在现场的指导下，已经能完成任务的全部内容
E	不能完成实训任务的全部内容

思考与练习

1. 什么是城市轨道交通信号？
2. 城市轨道交通信号如何分类？
3. 视觉信号采用的颜色及含义是什么？
4. 什么是信号的显示距离？一般规定为多少？

5. 什么是信号的关闭时机和开放时机?
6. 城市轨道交通地面信号机通常有哪些?
7. 进站信号机的显示及执行是如何规定的?
8. 出站信号机的显示及执行是如何规定的?
9. 防护信号机的显示及执行是如何规定的?
10. 阻挡信号机的显示及执行是如何规定的?
11. 引导信号的显示及执行是如何规定的?
12. 画出车载信号的显示与运行速度对照表。
13. 城市轨道交通信号表示器的作用是什么?通常有哪些?
14. 城市轨道交通列车标志的作用及种类是什么?通常有哪些?
15. 城市轨道交通线路标志的作用是什么?通常有哪些?
16. 城市轨道交通手信号显示的基本要求是什么?
17. 城市轨道交通手信号有哪几类?
18. 试述轨道交通手信号的昼间显示方式。
19. 城市轨道交通听觉信号的基本要求。

项目二 城市轨道交通行车闭塞法的应用及执行

在城市轨道交通列车运行中,通过采用行车闭塞设备或人工控制的方式,使运行的各列车之间保持一定的空间间隔或时间间隔,防止一个区间内同时进入两列车或同一方向两列车的安全距离不足而发生冲突(事故列车正面冲突事故或列车追尾冲突事故等)。或者说,在区间或闭塞分区已经被列车占用的情况下,该区间或闭塞分区处于闭塞状态,而已经处于闭塞的区间或闭塞分区在设备或作业方法上都应保证该列车没有离开或该区间、闭塞分区没有开通前,其他列车不得进入;或当两列车之间的安全距离不足时,必须降低后续列车的运行速度直至停车,从而保证列车运行的安全。因此,城市轨道交通在行车管理上设置了一套完整的行车技术装备和相应的行车组织制度及方法,保证列车安全有效的运行。

任务一 认知城市轨道交通行车闭塞法

学习目标

(1)熟悉城市轨道交通行车闭塞法的定义及意义;
(2)熟知城市轨道交通区间及闭塞分区的划分;
(3)掌握城市轨道交通行车闭塞法的种类及特点。

学习任务

认知城市轨道交通行车闭塞法,主要包括城市轨道交通行车闭塞法的定义、意义,区间及闭塞分区的划分,基本闭塞法与代用闭塞法的特点及区别,城市轨道交通行车闭塞法的种类及特点,以及列车占用区间行车凭证的意义等。

工具设备

城市轨道交通行车闭塞演示系统及车辆模拟驾驶系统。

教学环境

城市轨道交通车辆运用演练场或理实一体化教室。

基础知识

一、城市轨道交通行车闭塞法的概念

为防止运行的列车在区间内发生冲突或追尾事故，在同一区间或闭塞分区中只允许有一列列车运行；或在一个区间内同方向运行的两列车保持足够的安全距离，为保证这种列车运行的技术方法称为行车闭塞法。为实行闭塞而采用的设备称为闭塞设备。

为了保证列车运行的安全，必须设法将两列车分开，通常采用的方法是隔离法。隔离法行车有两种基本形式，一种是空间间隔法，即以分界点为间隔，或同区间同方向两列车以足够的安全距离为间隔；另一种是时间间隔法，即将运行的列车按规定的时间间隔开。在正常情况下只采用空间间隔法。

二、城市轨道交通列车间隔的方法

（一）空间间隔法

1. 分界点空间间隔法

城市轨道交通行车以车站所划分的站间区间和以自动闭塞区间的通过信号机（或防护信号机）划分的闭塞分区为间隔，所以，这种情况的空间间隔法也称区间间隔法。站间区间及自动闭塞分区的界限通常按下列规定划分。

1）站间区间

（1）单线站间区间：以进站信号机机柱或出站信号机机柱的中心线为车站与区间的分界线。

（2）双线站间区间：分别以各线的进站信号机、出站信号机机柱的中心线或站界标的中心线为车站与区间的分界线。

2）闭塞分区

自动闭塞区间车站站界标（出站信号机）与同方向相邻的通过信号机间（防护信号机），同方向通过信号机（防护信号机）与通过信号机间（防护信号机），同方向通过信号机（防护信号机）与进站信号机间，各以信号机机柱（或站界标）的中心线为闭塞分区的分界线。

2. 安全距离空间间隔法

安全距离空间间隔法，即在同一线路上同一方向运行的两列车之间，以足够的安全距离为间隔，为保证行车安全而采取的技术方法。

安全距离空间间隔法，是通过列车运行控制系统来完成的。列车运行控制系统是对列车实现自动控制的系统，列车运行控制就是列车通过获取地面信息和命令，控制列车的运行速度，并调整与前行列车之间的距离。在列车运行中，地面设备不断将速度控制命令、运行地段的实时参数等信息通过信息传输媒体传送给车载设备。车载设备根据从地面设备接收到的信息，实时计算得出列车运行的最大允许速度，并根据此信息实时监控列车运行。若列车运行速度超过最大允许速度，车载设备将自动实施不同等级的制动，迫使列车降速或停车，保证列车始终在安全速度下运行。因此，通常将此方法称为列车超速防护法。

空间间隔法的优点是将城市轨道交通线路划分为若干区间或闭塞分区，在同一区间或闭塞分区内都可以开行一列列车，并可以按规定的速度运行，或控制后续列车的速度，从而保证两列车之间有足够的安全距离，这样既可以保证行车的安全，又可以提高列车运行速度及效率，加快列车的周转。

（二）时间间隔法

时间间隔法（又称隔时续行法）实际上是一种不确切的空间间隔法。在一个区间内，使用规定的时间将同方向运行的两列车之间间隔开来运行，以达到保证两列车之间规定安全距离的空间间隔的目的。

时间间隔法由于在应用时没有相应的闭塞设备或列车运行控制系统等的控制，而只是靠有关行车人员人为保证行车安全，行车安全性相对较差，所以在办理行车时在原则上不被采用。只有在特殊情况下（如临时性缓和列车堵塞、事故起复后的车流疏散、战时行车、一切电话中断时等）必须使用时方可采用，因此时间间隔法的行车办法必须有极为严格及特殊的规定。

三、城市轨道交通行车闭塞法的采用

城市轨道交通通常采用的行车闭塞法有基本闭塞法和代用闭塞法两种。

1. 基本闭塞法

基本闭塞法的特点是使用闭塞设备办理闭塞，由于办理闭塞的设备不同，通常分为区间（站间区间、闭塞分区）自动闭塞法、准移动闭塞法、移动闭塞法等。在城市轨道交通中，各运营线路具体采用何种闭塞法应在城市轨道交通《技术管理规程》或《行车组织规则》中予以明确。通常情况下，在一条线路内原则上应采用同一类型的闭塞方式。

2. 代用闭塞法

代用闭塞法，又称电话闭塞法，是当基本闭塞设备发生故障或其他原因不能使用时，为保证列车运行的连续性，并实现一个站间区间只有一列列车运行的目的，在停止基本闭塞法后行车而采用的代用闭塞法。

当实行电话闭塞法时，因没有机械、电气控制设备或自动控制设备保证行车安全，而完全靠行车联系制度来保证列车运行的安全，所以必须根据行车调度员所下达的命令，由两端站的行车值班员通过电话按照有关规定严格办理闭塞手续。

四、城市轨道交通列车占用区间的行车凭证

运行的列车进入任何一个区间，都必须取得该区间的行车凭证，否则不得进入该区间。列车占用区间的行车凭证因行车闭塞法的不同而不同，但是要求的条件是一致的，那就是必须保证在同一区间、同一时间内只允许一列列车占用，或两列车必须保证足够的安全距离间隔。

地铁资料

【资料1】地铁行车闭塞法的采用

（1）运营线路及段、场与正线间联络线上的基本闭塞法为超速防护自动闭塞法。

① 运营线路上为双线单向超速防护自动闭塞法。

② 段、场与正线间联络线上为单线双向超速防护自动闭塞法。

③ ×号线与其他运营线间联络线上基本闭塞法为电话闭塞法。

（2）站间自动闭塞法和电话闭塞法是当超速防护自动闭塞法不能使用时，所采用的代用闭塞法。

（3）按超速防护自动闭塞法行车时的主体信号为车载信号，按站间自动闭塞法或电话闭塞法行车时的主体信号为地面信号。

（4）闭塞区间以信号机或分界标的中心线作为分界点。

（5）在一个闭塞区间内不得有两列及以上列车进入（向有列车的闭塞区间开行救援列车时除外）。

（6）遇下列情况之一时，按站间自动闭塞法行车：

① ATP车载设备发生故障时；

② 未安装ATP车载设备的列车运行时；

③ 需要超过ATP允许速度进行试验时；

④ 列车推进救援时。

【资料2】地铁行车闭塞方式的实行

1. 超速防护自动闭塞法的实行

（1）双线单向超速自动闭塞的实行，是两条地铁线路分别规定列车的运行方向，一条称为上行线，另一条称为下行线。使上、下行列车分别在两条线路上运行，并根据规定的使用方向设置进站、出站、阻挡、防护信号机，用以构成双线单向超速防护自动闭塞。

（2）单线双向超速自动闭塞的实行，是让上、下行列车共同运行在一条线路上，进站、出站、阻挡、防护信号机分别设置在线路两侧的两个不同方向，从而构成单线双向自动闭塞。

2. 通常在遇到下列情况时，应停止使用自动闭塞法，改用电话闭塞法行车

（1）各条线路按相应《技术管理规程》执行办理。

（2）开往区间折回的列车，在区间作业完毕之后，是按原路线反方向折回车站的，在未折回车站之前，整个站间区间被这列列车占用，不得向该区间开行列车。为了保证安全，必须停止使用基本闭塞法。

（3）列车反方向运行，直接违反线路规定的使用方向，为了保证行车安全，防止与正

方向开来的列车发生正面冲突，必须停止使用基本闭塞法。

（4）因绝缘轴的轻型轨道车不能使所轧过的出站、通过、防护、进站等信号机显示列车占用的信号，因此无法确认其所处的位置及运行状态，如按自动闭塞法行车，则会使后续列车或机车发生追尾事故，不能保证安全。为了保证行车安全，必须停止自动闭塞法。

3. 遇下列情况之一时，按电话闭塞法行车

（1）列车反方向运行时。

（2）遇ATP地面设备发生故障，且行车调度员、综控员同时与列车间的无线通信中断时。

（3）未安装ATP车载设备且无线通信设备故障的施工列车遇到出站信号机故障时。

（4）×××车辆段与×××、×××间的东、西连线间都实行的是单线双向超速防护自动闭塞。

① 当作为基本闭塞法的超速防护自动闭塞法因故障或其他原因不能使用时，可使用电话闭塞法组织行车。尽管电话闭塞法是在没有机械、电气设备保证的条件下，仅凭人为的联系来实现的一种代用闭塞法，但只要办理人员严格按有关规定办理，是能够保证列车运行安全及满足一定的运输效率的。当车站一切电话中断（包括行车调度电话），电话闭塞法也不能使用时，为了维持列车运行，使用时间间隔法行车。

② 当行车调度员或行车值班员（信号楼值班员）收到列车脱线、轧人、火灾等事故或车辆、接触轨、线路、主水管、电缆等设备故障危及行车安全的报告，以及列车在区间停车3分钟及其以上时，均应视为站间阻隔状态。在此情况下，直到能保证后续列车在该区间安全通过之前，不得向该区间开行列车。

③ 由代用闭塞法恢复为基本闭塞法的时机：按代用闭塞法行车的末次列车已驶出前方站。

【资料3】地铁变更闭塞法的权限

当由基本闭塞法改为代用闭塞法或恢复基本闭塞法时，均按调度命令办理。但当调度电话等不通时，闭塞法的变更或恢复由该区间两端站行车值班员（信号楼值班员）确认区间空闲后，直接以电话、电报记录办理，以保证行车安全和运输效率。

（1）当按调度命令变基本闭塞法为代用闭塞法之前，行车调度员必须会同车站行车值班员确认闭塞变更区间内有无列车，确定实行电话闭塞的首列。

（2）行车闭塞法的临时变更或恢复时的联系工作，直接关系到列车运行的安全，车站行车值班员和信号楼值班员是车站和车辆段行车组织工作的直接办理者，所以规定行车闭塞法的变更和恢复时的联系工作，必须由车站行车值班员或信号楼值班员亲自办理。其他人员不一定完全清楚行车业务、行车设备和当时的具体情况，所以不能代替此项行车工作的办理。即使完全具备值班员条件，也存在着责任问题，所以非当班值班员未经允许也不能担当此项工作。

任务二　城市轨道交通基本闭塞法的应用及执行

学习目标

（1）熟知城市轨道交通行车基本闭塞法的种类、行车特点；
（2）掌握各种基本行车闭塞法在正常情况下行车时的行车凭证；
（3）掌握各种基本行车闭塞法在特殊情况下的行车办法。

学习任务

掌握城市轨道交通基本闭塞法的应用及执行，主要包括城市轨道交通行车基本闭塞法种类、行车特点，采用固定区间自动闭塞法、准移动闭塞法和移动闭塞法时的行车凭证、行车安全的保证等。

工具设备

进站信号机实物或模型、通过信号机实物或模型、机车信号装置、车载信号装置、调度命令、路票、图片、多媒体演示系统等。

教学环境

城市轨道交通车辆运用演练场或理实一体化教室。

基础知识

基本闭塞法是使用行车闭塞设备办理闭塞的行车技术方法。在城市轨道交通中，正常情况下基本闭塞法作用的实现均由列车自动完成，故均为自动闭塞。由于采用的行车闭塞设备不同，通常有固定区间自动闭塞法、准移动闭塞法和移动闭塞法。对于列车司机来说，应掌握在正常情况下，列车在不同的行车闭塞法运行条件下的行车凭证，以及在特殊情况下（非正常情况）的行车办法，从而做到正确执行，保证列车运行的安全正点。

一、固定区间自动闭塞法的应用及执行

1. 站间区间自动闭塞法

站间区间自动闭塞法是以车站与车站之间为固定区间，使用闭塞设备保证列车运行安全而采取的行车技术方法。

（1）列车安全保证：列车运行以车站为安全间隔保证行车安全，车站与区间以进站信号机、出站信号机的机柱中心线或站界标的中心线为分界点。

（2）列车占用区间的行车凭证：使用站间区间自动闭塞法行车时，列车占用区间的行车凭证为出站信号机的规定显示（如绿色灯光），或车载信号机与出站信号机显示的进行信号所规定的相应显示。

（3）列车司机的确认及执行：列车司机要认真确认行车凭证，按出站信号机显示的进行信号进入站间区间。

2. 闭塞分区自动闭塞法

闭塞分区自动闭塞法是以出站信号机与区间通过信号机机柱中心线之间、通过信号机与通过信号机机柱中心线之间、通过信号机与进站信号机机柱中心线之间为固定的闭塞分区区间，使用自动闭塞设备保证列车运行安全而采取的行车技术方法。

（1）列车安全保证：列车运行以车站及区间通过信号机为安全间隔保证行车安全，闭塞分区以进站信号机、出站信号机、通过信号机的机柱中心线或站界标的中心线为分界点。

（2）列车占用闭塞分区的行车凭证：使用闭塞分区自动闭塞法行车时，列车占用区间的行车为出站信号机或通过信号机（防护信号机）显示的进行信号（如绿色或黄色灯光），或车载信号机与出站信号机或通过信号机（防护信号机）显示的进行信号所规定的相应显示。

（3）列车司机的确认及执行：列车司机要认真确认行车凭证，按出站信号机或通过信号机显示的进行信号或车载信号机（与出站信号机或通过信号机显示的进行信号所规定的相应显示）规定的显示进入闭塞分区。

二、准移动闭塞法的应用及执行

准移动闭塞法根据列车自动防护系统和列车的运行而自动完成闭塞的一种行车方法，即将站间区间划分为若干个分区，并安装轨道电路，借助轨道电路发出的速度码自动控制列车运行的行车方法。准移动闭塞法是一种预先设定列车安全追踪距离，根据前方目标状态设定列车的行车安全距离和最高运行速度，介于固定闭塞和移动闭塞之间的一种行车闭塞方式。

1. 列车安全保证

列车通过与前方停车目标的距离限制列车运行速度来保证列车运行的行车安全。闭塞分区是以进站信号机、出站信号机机柱中心线、分界点或分界标中心线为分界点来划分的。

2. 列车的行车凭证

使用准移动闭塞法行车时，列车的行车凭证为车载信号的进行信号显示。

3. 列车司机的确认及执行

正常情况下，列车司机要认真确认行车凭证，按车载信号的绿色灯光显示及列车目标速度指示（速度码）显示执行。行车时如果遇到特殊情况，可按下列规定执行。

（1）车载信号显示红色灯光或灭灯时，若预告信号机显示红色灯光，则列车在该信号机前等候规定的时间（如20s）按以下规定执行：

① 如车载信号仍显示红色灯光或灭灯，预告信号机仍显示红色灯光时，司机必须与行车调度员或相关站行车值班员联系，按调度命令执行。

② 如车载信号仍显示红色灯光或灭灯，预告信号机显示黄色灯光时，列车凭该信号机的黄色灯光运行。

（2）车载信号显示红色灯光或灭灯时，若进站信号机显示红色灯光，则列车在该信号机前停车后，按如下规定执行：

① 若引导信号开放，则凭开放的引导信号运行。

② 若引导信号不能开放，则凭行车值班员的引导手信号运行。

（3）车载信号显示红色灯光或灭灯时，防护信号机显示红色灯光或灯光熄灭，则列车在该信号机前停车，按下列规定执行：

① 若引导信号开放，司机确认道岔位置正确，状态良好后，凭开放的引导信号以规定的限速（如不超过 20km/h）越过该道岔区段。

② 若引导信号不开放，司机必须与行车调度员或相关站行车值班员联系，得到允许后，司机确认道岔位置正确，状态良好后，以规定的限速（如不超过 20km/h）越过该道岔区段。

三、移动闭塞法的应用及执行

移动闭塞法是同一条线路、同一运行方向的两列车之间，利用 ATP 设备，根据安全距离限制列车运行速度，为保证行车安全而采用的行车技术方法。

移动闭塞法的特点是前后两列车都采用移动式定位方式，不存在固定的闭塞分区，列车之间的安全追踪随着列车的运行而不断移动且变化。

1. 区间的划分

区间以车站为分界点划分，车站通常以进站信号机或出站信号机（或站界标志）划分。

2. 列车安全保证

运行的列车安全，即以车站为间隔、以信号机为间隔，又以设备限制的运行速度所控制的距离为间隔来保证。同时，实现了闭塞办理的自动化及列车运行的自动化。

3. 列车的行车凭证

使用移动闭塞法行车时，列车的行车凭证为车载信号显示的进行信号。

4. 列车司机的确认及执行

列车司机要认真确认行车凭证，确认车载信号的显示（屏显限制速度或列车运行指示灯显示等），监督列车运行。

地铁资料

【资料】地铁基本闭塞法的执行

（一）超速防护自动闭塞

超速防护自动闭塞的闭塞区间为信号机或分界标与同方向相邻的信号机或分界标间。列车凭车载信号的目标速度显示及"码有效"灯显示的绿色灯光运行。

（1）遇 ATP 车载设备发生故障时，列车在车站无法发车，改按站间自动闭塞法行车。

（2）遇ATP车载设备发生故障时，列车在区间迫停，司机必须与行车调度员或相关站综控员联系，行车调度员会同相关站综控员共同确认停车位置至前方站出站信号机及其第一离去区段间线路空闲、道岔位置正确且锁闭后，准许列车继续运行。司机须使列车在道岔前方一度停车，确认道岔位置正确后，方可通过该道岔区段。列车运行至前方站后，改按站间自动闭塞法行车。

（3）遇ATP地面设备发生故障时，通过中心表示盘或车站控制台，可以确认故障区段时，按以下规定办理：

① 列车在区间时，司机须与行车调度员或相关站综控员联系，行车调度员会同相关站综控员确认故障区段及其前方两个闭塞区间（如含站线，只需确认至站线）空闲、道岔位置正确且锁闭后，准许列车继续运行。司机须使列车在道岔前方一度停车，确认道岔位置正确后，方可通过该道岔区段。列车采用RM驾驶模式越过故障区段后，司机须及时恢复CM驾驶模式。列车运行至前方站，司机须恢复MA驾驶模式。

② 列车在车站时，司机须与行车调度员或相关站综控员联系，行车调度员会同相关站综控员确认故障区段及其前方两个闭塞区间空闲、道岔位置正确且锁闭后，准许列车发车。司机须使列车在道岔前方一度停车，确认道岔位置正确后，方可通过该道岔区段。列车采用RM驾驶模式越过故障区段后，司机须及时恢复CM驾驶模式。列车运行至前方站，司机须恢复MA驾驶模式。

遇ATP地面设备发生故障，通过中心表示盘或车站控制台无法确认故障区段时，列车在区间迫停，行车调度员会同相关站综控员确认列车停车位置至前方站出站信号机间线路空闲、道岔位置正确且锁闭后，准许列车继续运行。司机须使列车在道岔前方一度停车，确认道岔位置正确后，方可通过该道岔区段。列车采用RM驾驶模式越过故障区段后，司机须及时恢复CM驾驶模式。列车运行至前方站，司机须恢复MA驾驶模式。

③ 列车越过故障区段后，司机须及时报告行车调度员。行车调度员根据司机的报告可以确认故障区段时，按有关规定办理。

④ 当ATO车载设备发生故障时，司机须及时将驾驶模式转换为CM驾驶模式。

（二）站间自动闭塞

1. 站间自动闭塞的闭塞区间

（1）正线相邻站间：出站信号机或区间分界点信号机与同方向相邻区间分界点信号机及其第一离去区段，或相邻前方站出站信号机及其第一离去区段间。

（2）段、场与相邻站间：对于出段（场）方向为出段（场）信号机至相邻站出站信号机及其第一离去区段，或阻挡信号机及其第一离去区段间；对于回段（场）方向为段（场）相邻出站信号机至段（场）内方第一架调车信号机及其第一离去区段间。

2. 站间自动闭塞的闭塞条件

（1）站间自动闭塞的闭塞区间空闲且进路锁闭。

（2）接车站屏蔽门关闭且锁紧，或虽未关闭且锁紧但互锁解除信息已传至信号系统。

（3）接车站未办理紧急关闭作业。

站间自动闭塞确认区段范围按《行车组织规则》执行。

列车凭出站信号机（含出站兼防护信号机）、区间分界点信号机或兼有反向出站功能的防护信号机闪动的绿色灯光或闪动的黄色灯光进入闭塞区间。

遇到上述信号机因故障不能开放时，行车调度员会同相关站综控员确认站间自动闭塞的闭塞区间空闲、道岔开通方向正确且锁闭后，准许列车运行。

若行车调度员或相关站综控员预先知道区间分界点信号机发生故障，在确认站间自动闭塞的闭塞区间空闲、道岔开通方向正确且锁闭后，可以预先通知司机，准许列车继续运行。

列车出清发车道岔区段后，即可对后续列车办理非追踪方向的进路。

遇到进段（场）信号机发生故障时，列车凭引导信号进段（场）。若引导信号无显示，则司机须与行车调度员或相关段（场）信号楼值班员联系，行车调度员或相关段（场）信号楼值班员在确认站间自动闭塞的闭塞区间空闲、道岔开通方向正确且锁闭后，准许列车进段（场）。

遇到防护信号机发生故障时，列车凭开放的引导信号运行。若引导信号无显示，则司机须与行车调度员或相关站综控员联系，行车调度员会同综控员确认道岔位置正确且锁闭后，准许列车越过该信号机继续运行。司机须使列车在道岔前方一度停车，确认道岔位置正确后，方可通过该道岔区段。区间顺向阻挡信号机停用。

任务三　城市轨道交通电话闭塞法的办理及执行

学习目标

（1）熟知城市轨道交通电话闭塞法的特点；
（2）熟悉城市轨道交通电话闭塞法的办理；
（3）掌握城市轨道交通电话闭塞法的行车凭证及执行；
（4）熟悉城市轨道交通电话闭塞解除法的特点及应用。

学习任务

认知城市轨道交通电话闭塞法的办理及执行，主要包括城市轨道交通电话闭塞法及电话闭塞解除法的特点、城市轨道交通电话闭塞法及电话闭塞解除法办理的有关规定，以及城市轨道交通电话闭塞法行车时的行车凭证及执行等。

工具设备

城市轨道交通行车闭塞演示系统及车辆模拟驾驶系统。

教学环境

城市轨道交通车辆运用演练场或理实一体化教室。

基础知识

城市轨道交通行车方法中的电话闭塞法，是当行车基本闭塞设备不能使用时（包括行车闭塞设备发生故障时和行车闭塞设备不能办理行车时）所采用的代用行车闭塞法。

一、城市轨道交通电话闭塞法的特点

电话闭塞法是当基本闭塞设备发生故障或不能办理时，在行车调度员同意或行车制度规定的条件下，由两端车站行车值班员使用站间行车电话，以电话记录的方式办理闭塞的方法。

（1）电话闭塞法不论单线或双线，均按站间区间办理行车。

（2）电话闭塞法由于没有机械、电气设备的控制来保证安全，所以办理闭塞时手续必须完善，而且对办理电话闭塞的过程要有极为严格的规定，对车站值班员也要有极为严格的规定和要求。

二、城市轨道交通电话闭塞法的办理

在办理电话闭塞法时，必须得到列车调度员的命令，由两端站值班员以电话记录的方式按有关规定进行办理。遇到有调度电话不通时，可由该区间两端站的车站值班员确认区间空闲后，直接以电话记录的方式办理。调度电话恢复正常后，值班员应及时向调度员报告。

三、列车占用区间的行车凭证

实行电话闭塞法行车时，列车占用区间的行车凭证为路票，如图 2.1 所示。

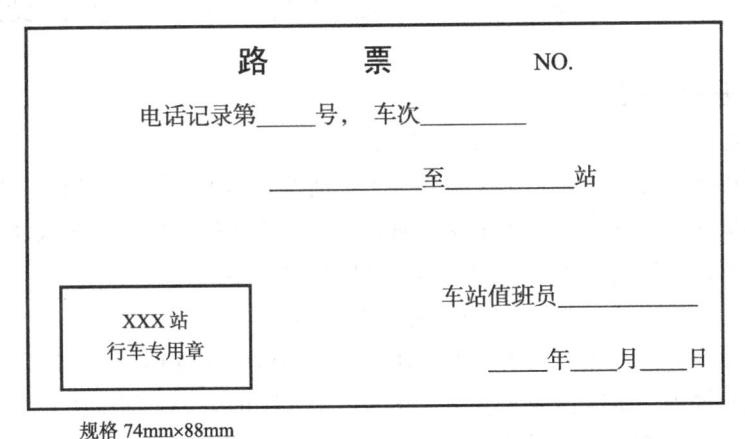

```
            路    票      NO.
   电话记录第____号，车次_____
         _____至_____站


                 车站值班员_____
   XXX站
   行车专用章      ____年___月___日
```

规格 74mm×88mm

图 2.1　路票

四、列车司机的确认及执行

列车司机在接到路票后，要进行认真确认，包括电话记录号码、车次、运行区间、车站值班员姓名、车站行车专用章及年、月、日必须齐全、正确清晰，确认无误后方可将列车开入区间，并按电话闭塞法行车的有关规定执行，保证列车的行车安全。

五、行车凭证的保管与交付

路票是列车进入区间的行车凭证，在列车进入区间前取得。在列车进入区间运行后，列车司机一定要妥善保管，并在列车到达接车站时将路票交付车站值班员（或由车站接车人员转交车站值班员）。

六、电话闭塞解除法的应用

电话闭塞解除法，是根据城市轨道交通闭塞设备及运输组织的实际情况，在电话闭塞法的基础上所制定的电话闭塞简便法。

1. 电话闭塞解除法的使用范围

在使用电话闭塞法行车时，通常除最初列车、反方向运行的列车、规定的站与站区间运行的列车、车辆段与相邻站相互间运行的列车及绝缘轴的轻型轨道车，接车站行车值班员以电话、电报记录号码承认闭塞外，其余列车均可实行电话闭塞解除法，不需要发/收电话、电报号码。

2. 电话闭塞解除法的特点

电话闭塞解除法的特点是把双线区段运行的绝大部分列车由原来的发车站每发一次列车都要向接车站请求一次闭塞，接车站每接一次列车都要向发车站承认闭塞，改为接车站在一定条件下主动向发车站承认闭塞，从而大大减少了办理闭塞时不必要的烦琐手续，是一种在保证列车运行安全的基础上，提高运输效率的方法。实行电话闭塞解除法，接车站通告发车站前次列车闭塞解除的条件通常应符合以下规定：

（1）接车站接到发车站通知，向本站开来的列车已到达本站并已由本站发出（或已进入折返线）。

（2）接车进路已准备妥当。

3. 实行电话闭塞解除法时闭塞的承认

实行电话闭塞解除法时，发车站收到接车站前次列车闭塞解除的通告，即接车站对后一次列车闭塞的承认。此时，发车站发车后，须及时通知接车站发车车次及时刻，以便接车站掌握接车车次，同时掌握开来的列车在区间的运行情况。

4. 双线区间列车反方向运行必须使用路票作为行车凭证

由于列车是反方向运行的，区间无任何信号供司机确认各种情况，所以列车反方向进入区间时要特别谨慎，不能仅凭调度命令作为占用区间的凭证，而是用路票来作为占用区间的凭证，以确保反方向运行时的行车安全。

地铁资料

【资料】地铁电话闭塞的采用及执行

（1）电话闭塞的闭塞区间如下所述。

① 正线相邻站间：两相邻站出站信号机之间。

② 段、场与相邻站间：对于出段（场）方向为出段（场）信号机至相邻站出站信号机；对于回段（场）方向为段（场）相邻出站信号机至段（场）内方第一架调车信号机之间。

③ ×××站×信号机至×××停车场或×信号机之间；×××站×信号机至×××车辆段或×信号机之间。

（2）列车凭出站信号机的稳定绿色灯光或稳定黄色灯光发车。

（3）按电话闭塞法行车，遇到下列情况之一时采用电话、电报记录号码承认闭塞，其余列车均实行电话闭塞解除法。

① 最初列车。

② 反方向运行的列车。

③ 跨调度区段运行的列车。

④ ×××车辆段与×××站间相互运行的列车。

⑤ ×××停车场与×××站间相互运行的列车。

（4）实行电话闭塞解除法，凡符合下列规定，接车站即可通告发车站前次列车闭塞解除：

① 接车站接到发车站通知，向本站开来的列车已到达本站并已由本站发出或已进入折返线。

② 接车进路已准备妥当。

实行电话闭塞解除法，发车站收到接车站前次列车闭塞解除的通告，即接车站对后一次列车闭塞的承认。此时，发车站发车后，必须及时通知接车站发车车次及时刻。

（5）列车反方向运行时，占用区间的行车凭证为路票，综控员使用手信号发车，引导手信号接车。

路票须在查明闭塞区间空闲并取得接车站闭塞承认后，方可填发。

综控员对于填写后的路票，应与电话、电报记录进行核对，确认无误并签名后，方可送交司机。

（6）实行电话闭塞法，行车日志内应正确记录列车车次、到达、发出时刻及承认闭塞的电话、电报号码。

（7）取消闭塞（包括以电话、电报承认的和以闭塞解除法承认的闭塞），按下列规定办理：

① 因故不能接车或发车时，由提出一方发出电话、电报号码，作为闭塞取消的依据。

② 列车由站间的途中退回到发车站时，由发车站发出电话、电报号码，作为闭塞取消的依据。

③ 恢复基本闭塞法行车时，自动取消。

④ 每日最终列车经过后，自行取消。

（8）电话、电报记录簿所使用的号码，必须符合下列要求：

① 以站为单位，每满20个号（非顺序的号码）循环一次。

② 相邻站不能使用相同的号码。

③ 每个号码在本循环内只准使用一次，号码一经发出无论生效与否，不得重复使用。

④ 电话、电报号码及闭塞用语的编排制定工作，由×号线公司负责。

（9）遇到出站信号机发生故障时，应发给司机绿色许可证作为列车占用区间的凭证，手信号发车。

（10）遇到防护信号机发生故障时，列车凭开放的引导信号显示运行。若引导信号无显示，则司机须与行车调度员或相关站综控员联系，行车调度员会同综控员确认该信号机至前方站出站信号机之间的区段空闲、道岔位置正确且锁闭后，准许列车越过该信号机继续运行。司机在得到准许后，列车越过该信号机在道岔前方一度停车，确认道岔位置正确，通过该道岔区段。

（11）遇到进段（场）信号机发生故障时，列车凭引导信号进段（场）。若引导信号无显示，则司机须与行车调度员或相关段（场）信号楼值班员联系，得到准许后进段（场）。

（12）顺向阻挡信号机停用。

任务四　城市轨道交通行车闭塞法应用及执行的操作运用案例

【操作运用案例1】城市轨道交通基本闭塞法的应用及执行

1. 实训项目教师工作活页

实训项目教师工作活页　　　　NO：_____

实训项目	城市轨道交通基本闭塞法的应用及执行		
学　时	2	班　级	略
实训场所	城市轨道交通专业实训场或城市轨道交通模拟驾驶实训场		
实训设备	信号机、车载信号装置、模拟驾驶装置、调度命令等		
教学目标	专业能力	（1）能说出城市轨道行车闭塞法的概念 （2）能说出城市轨道行车闭塞法的种类 （3）能说出城市轨道交通区间闭塞法的执行 （4）能说出城市轨道交通准移动闭塞法的执行 （5）能说出城市轨道交通移动闭塞法的执行	
	方法能力	（1）能综合运用专业知识，通过专业书籍、多媒体课件和图片资料获得帮助信息 （2）能根据实训项目学习任务确定实训方案，从中学会表达及展示活动过程和成果	
	社会能力	（1）能在实训活动中保持积极向上的学习态度 （2）能与小组成员和教师就学习中的问题进行交流和沟通 （3）能与他人共享学习资源，具有较好的合作能力和团队协作精神	
教学活动	略（详见教学活动设计）		
教学评价	学生活动：以8~10人小组为单位开展实训活动，根据本组同学在实训过程中的能力表现及结果进行自评及组内互评；根据其他小组同学在成果展示活动中的表现及结果进行互评 教师活动：教师组织学生开展评价活动和总结；对学生本实训项目单元的成绩做出综合评价		
教学资料	（1）城市轨道交通车辆运用教材 （2）城市轨道交通专业有关参考书 （3）实训项目学生学习活页（附页）		
指导教师		教学时间	年　月　日

2. 实训项目学生学习活页

实训项目学生学习活页	NO：_____

实训项目 1 城市轨道交通基本闭塞法的应用及执行

班级：_____ 姓名：_____ 学号：_____ 时间：_____

一、实训目标

1. 专业能力目标
(1) 能说出城市轨道行车闭塞法的概念；
(2) 能说出城市轨道行车闭塞法的种类；
(3) 能说出城市轨道交通区间闭塞法的执行；
(4) 能说出城市轨道交通准移动闭塞法的执行；
(5) 能说出城市轨道交通移动闭塞法的执行。

2. 方法能力目标
(1) 能综合运用专业知识，通过专业书籍、多媒体课件和图片资料获得帮助信息；
(2) 能根据实训项目学习任务确定实训方案，从中学会表达及展示活动过程和成果。

3. 社会能力目标
(1) 能在实训活动中保持积极向上的学习态度；
(2) 能与小组成员和教师就学习中的问题进行交流和沟通；
(3) 能与他人共享学习资源，具有较好的合作能力和团队协作精神。

二、知识总结

1. 说出城市轨道交通行车闭塞法的概念

2. 说出城市轨道交通站间区间闭塞法行车的安全保证

3. 说出城市轨道交通闭塞分区闭塞法行车的安全保证

三、操作运用

1. 写出列车司机在采用不同行车闭塞法行车时的确认及执行
(1) 站间区间闭塞法：_____
(2) 闭塞分区闭塞法：_____
(3) 准移动闭塞法：_____
(4) 移动闭塞法：_____

2. 画图并说明准移动闭塞法行车的安全保证及行车凭证

3. 画图并说明移动闭塞法行车的安全保证及行车凭证

续表

四、实训小结

_____
_____
_____

五、成绩评定

1. 学生评价

评价等级	A—优	B—良	C—中	D—及格	E—不及格
学生自评					
组内互评					
他组互评					

2. 教师评价

评价等级	A—优	B—良	C—中	D—及格	E—不及格
专业能力					
方法能力					
社会能力					
评价结果					

3. 综合评价

评价等级	A—优	B—良	C—中	D—及格	E—不及格
评价结果					

注：按照学生自评占10%、组内互评占10%、他组互评占20%、教师评价占60%的比例计分。其中，A—100分，B—85分，C—75分，D—60分，E—50分。

4. 评价量规

等级	行为表现描述
A	能圆满高效地完成任务的全部内容
B	能顺利完成实训任务的全部内容
C	能完成实训任务的全部内容，但需要一些帮助和指导
D	自己只能完成实训任务的部分内容，但在现场的指导下，已经能完成任务的全部内容
E	不能完成实训任务的全部内容

【操作运用案例2】城市轨道交通电话闭塞法的应用及执行

1. 实训项目教师工作活页

实训项目教师工作活页　　　　　　　　　　　NO:_____

实训项目	城市轨道交通电话闭塞法的应用及执行		
学　时	2	班　级	略
实训场所	城市轨道交通专业实训场或城市轨道交通模拟驾驶实训场		
实训设备	信号机、模拟驾驶装置、路票、调度命令等		
教学目标	专业能力	（1）能说出将列车隔开的方法 （2）能说出电话闭塞法行车的安全保证 （3）能说出电话闭塞法的办理 （4）能说出城市轨道交通电话闭塞法的行车凭证 （5）能说出电话闭塞解除法及特点	

项目二　城市轨道交通行车闭塞法的应用及执行

续表

	方法能力	（1）能综合运用专业知识，通过专业书籍、多媒体课件和图片资料获得帮助信息 （2）能根据实训项目学习任务确定实训方案，从中学会表达及展示活动过程和成果
	社会能力	（1）能在实训活动中保持积极向上的学习态度 （2）能与小组成员和教师就学习中的问题进行交流和沟通 （3）能与他人共享学习资源，具有较好的合作能力和团队协作精神
教学活动	略（详见教学活动设计）	
教学评价	学生活动：以8～10人小组为单位开展实训活动，根据本组同学在实训过程中的能力表现及结果进行自评及组内互评；根据其他小组同学在成果展示活动中的表现及结果进行互评 教师活动：教师组织学生开展评价活动和总结；对学生本实训项目单元的成绩做出综合评价	
教学资料	（1）城市轨道交通车辆运用教材 （2）城市轨道交通专业有关参考书 （3）实训项目学生学习活页（附页）	
指导教师		教学时间　　　　年　月　日

2．实训项目学生学习活页

实训项目学生学习活页　　　　NO：_____

实训项目2　城市轨道交通电话闭塞法的应用及执行

班级：_____　姓名：_____　学号：_____　时间：_____

一、实训目标
　1．专业能力目标
（1）能说出将列车隔开的方法；
（2）能说出电话闭塞法行车的安全保证；
（3）能说出电话闭塞法的概念及办理；
（4）能说出城市轨道交通电话闭塞法的行车凭证；
（5）能说出电话闭塞解除法及特点。
　2．方法能力目标
（1）能综合运用专业知识，通过专业书籍、多媒体课件和图片资料获得帮助信息；
（2）能根据实训项目学习任务确定实训方案，从中学会表达及展示活动过程和成果。
　3．社会能力目标
（1）能在实训活动中保持积极向上的学习态度；
（2）能与小组成员和教师就学习中的问题进行交流和沟通；
（3）能与他人共享学习资源，具有较好的合作能力和团队协作精神。
二、知识总结
　1．说出城市轨道交通将列车隔开的方法及特点

　2．说出城市轨道交通电话闭塞法的概念及办理

续表

3. 说出城市轨道交通电话闭塞法行车的安全保证及行车凭证

三、操作运用

1. 画图并写出路票必须确认的内容

（1）_____ （4）_____
（2）_____ （5）_____
（3）_____ （6）_____

2. 画图并说明电话闭塞法行车的安全保证

3. 画图并说明电话闭塞解除法行车的特点及行车凭证

四、实训小结

_____
_____

五、成绩评定

1. 学生评价

评价等级	A—优	B—良	C—中	D—及格	E—不及格
学生自评					
组内互评					
他组互评					

2. 教师评价

评价等级	A—优	B—良	C—中	D—及格	E—不及格
专业能力					
方法能力					
社会能力					
评价结果					

3. 综合评价

评价等级	A—优	B—良	C—中	D—及格	E—不及格
评价结果					

注：按照学生自评占 10%、组内互评占 10%、他组互评占 20%、教师评价占 60%的比例计分。其中，A—100 分，B—85 分，C—75 分，D—60 分，E—50 分。

续表

4. 评价量规

等级	行为表现描述
A	能圆满高效地完成任务的全部内容
B	能顺利完成实训任务的全部内容
C	能完成实训任务的全部内容，但需要一些帮助和指导
D	自己只能完成实训任务的部分内容，但在现场的指导下，已经能完成任务的全部内容
E	不能完成实训任务的全部内容

思考与练习

1. 什么是城市轨道交通行车闭塞法？闭塞法的意义是什么？
2. 什么是城市轨道交通区间？区间及闭塞分区如何划分？
3. 城市轨道交通行车闭塞法有哪两类？各有什么特点？
4. 城市轨道交通行车基本闭塞法有哪些？各有何特点？
5. 固定区间行车闭塞法在正常情况下行车的行车凭证是什么？
6. 准移动行车闭塞法在正常情况下行车的行车凭证是什么？
7. 移动行车闭塞法在正常情况下行车的行车凭证是什么？
8. 各种基本行车闭塞法在特殊情况下行车有何规定？
9. 什么是城市轨道交通电话闭塞法？电话闭塞法行车有何特点？
10. 城市轨道交通电话闭塞法行车闭塞如何办理？
11. 城市轨道交通电话闭塞法的行车凭证是什么？列车司机的执行有何要求？
12. 什么是城市轨道交通电话闭塞解除法？有何特点？

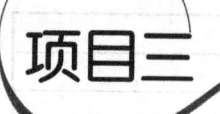

项目三　城市轨道交通调车工作的执行

在城市轨道交通行车工作中，除了列车在车站（车场）到达、出发、通过及在区间内运行外，其他列车、机车车辆在车站内或站外进行的一切有目的的移动，统称为调车。

调车工作是城市轨道交通行车工作中的一个重要组成部分，也是车站（车辆段或车场）工作的主要内容。城市轨道交通的调车工作主要有车辆段内的调车、按列车运行图规定出入段场的调车、车站（车场）内的调车及越出站界进入区间的调车等形式。

城市轨道交通的调车工作具有工作条件不同、工作较为频繁、作业相对复杂、作业对象不固定性、技术性要求强、涉及工作人员较多等特点。如果调车工作稍有不慎就可能引发调车冲突、脱轨、挤道岔等，甚至造成人身伤亡等事故的发生。在车辆段内的行车工作主要就是调车，它是车辆段为完成各种修程、确保机车车辆的质量、合理运用列车的重要手段。由此可见，提高调车组织工作水平，严格遵守规章制度，提高调车人员的技术水平，采用先进的调车工具和设备，提高调车效率，保证调车人身安全和行车安全，对全面完成城市轨道交通运输任务等方面意义重大。

任务一　认知城市轨道交通调车工作的基本要求

学习目标

（1）熟知城市轨道交通调车的概念及意义；
（2）熟悉城市轨道交通调车作业的主要形式；
（3）熟悉城市轨道交通调车工作的领导与指挥原则；
（4）熟悉城市轨道交通调车作业计划的制订、传达及变更；
（5）掌握城市轨道交通调车作业中对司机的基本要求。

学习任务

认知城市轨道交通调车工作的基本要求，主要包括城市轨道交通调车的概念，调车的意义，调车作业的主要形式，调车工作统一领导与单一指挥的原则，调车作业计划的制订、传达及变更，对参加调车作业人员的基本要求，调车作业中对司机的基本要求等。

工具设备

城市轨道交通站场及车辆段平面布置图、城市轨道交通技术管理规程或行车组织实物、多媒体设备课件、图片、示教板、计算机多媒体设备等。

教学环境

城市轨道交通车辆运用演练场或理实一体化教室。

基础知识

调车作业计划是车站（车辆段或车场）作业计划的重要组成部分，是调车作业人员工作的依据，必须认真制订和传达并严格执行。为了安全正点、及时高效地完成调车任务，参加调车作业的有关人员必须按照各自的职责要求做好调车准备、认真实施作业计划，在确保调车作业等各项工作任务按时完成的同时，保证调车作业的安全。

一、调车工作的领导与指挥

为了安全、迅速、高质量地完成调车任务，调车工作必须实行统一领导、单一指挥的原则。

统一领导就是在同一时间内，一个区域（车站、车辆段或车场）只能由值班员统一领导调车工作。单一指挥就是在同一时间内，一台机车或列车的调车作业计划的执行、作业方法的拟定和布置，以及调车作业的行动，只能由调车指挥人单一指挥。根据城市轨道交通调车作业的区域不同，通常规定如下：

（1）车辆段（车场）内的调车由值班员根据车场线路条件、生产计划、内燃机车或列车的情况制订统一的调车作业计划。而调车作业的调车指挥人要根据值班员制订的调车计划进行，必须遵循不影响列车运行图规定的列车正常出、入段的原则，如果确有影响时，应提前向调度员报告，得到同意后方准实施。

（2）按运行图规定或调度命令要求进、出车辆段（车场）的调车作业，必须根据进、出站（车辆段或车场）信号机显示的进行信号进出、车站（车辆段或车场）。值班员不得改变运行图或调度员制订的临时计划规定的接、发车顺序。

（3）站内调车由值班员根据列车运行图和调度员的命令进行指挥，司机按进行信号的显示（或指令）完成调车作业。

（4）越出站界调车必须凭调度命令，由车站行车值班员具体组织实施。

二、调车作业计划的制订及变更

1. 调车作业计划的制订

调车作业计划应由调车领导人（或值班员）负责编制。为了保证调车作业的安全和提高调车效率，调车作业开始前，值班员必须根据调车工作的任务和调车的工具、设备及站场线路的配置等条件来制订切实可行的调车计划。

调车作业计划可采用书面形式（调车通知单）或口头方式，无论采用何种方式，均必须按有关规定执行。书面计划应符合规定的标准格式及要求、内容完整齐全；口头计划应用语规范、清晰准确。

因调车作业的区域不同，在不同区域进行的调车作业对调车作业计划的制订通常还应有如下要求：

（1）车辆段（车场）调车作业由值班员根据生产计划制订调车作业计划，制订计划时不得影响列车运行图的正常执行。如果制订调车计划和行车调度员的临时运行计划有抵触时，必须报告行车调度员，得到调度员允许后方可实施。

（2）从车辆段（车场）出发至运行线担当运营任务或执行完运营任务的列车返回车辆段（车场）的调车，应由列车运行图编制及执行人根据客流、车辆检修作业等具体情况进行综合考虑，妥善安排。但在运营时，运营线上发生突发情况，必须改变列车运行图规定的列车出、入段情况时，由行车调度员制订临时性计划并下达实施。

（3）站内调车应由运行图编制及执行人在运营时间内，根据调车作业程序和作业时间，在编制列车运行图时统一进行安排。

（4）越出站界调车必须由行车调度员制订计划。

2. 调车计划的传达

调车作业计划应由调车领导人（或值班员）与调车指挥人亲自交接。调车指挥人应及时将调车作业计划连同调车作业方法、注意事项等亲自向调车有关人员（如扳道员、司机等）传达。对于调车作业执行人的要求是，要对接收的调车作业计划认真确认，并签认或复诵以示确认。

3. 调车计划的变更

调车计划的变更主要指调车作业中变更轨道、辆数、作业方法及作业区域或线路。

调车计划在制订后，应认真贯彻执行，不得轻易更改。调车作业计划的变更易引起调车作业的混乱，如果处理不当极易造成行车事故。但遇到必须变更原调车计划的情况时，应立即停止调车作业，由调车计划领导人重新做出计划，并以书面或口头形式重新下达，调车执行人必须按新的调车计划实施作业。

三、调车作业前的准备

做好调车作业前的准备，是确保安全、高效地进行调车工作的前提，所以做好准备是完成调车作业的重要环节。调车作业前的准备工作主要有以下内容：

（1）在调车作业开始前，应核对调车作业计划，做到准确无误。

（2）提前对车辆及内燃机车等进行技术检查，确保机车车辆性能良好，并对其他调车设备和备品进行检查。

（3）确认调车进路，检查线路、道岔、停留车位置等，确认线路空闲，如连挂作业应确认停留车位置，保证线路、车辆符合调车作业的要求。

四、对调车作业人员的要求

1. 对参加调车人员的基本要求

（1）及时取、送列车，保证按列车运行图的规定时刻发车，不得影响列车运行。

（2）及时取、送检修的车辆或列车。
（3）充分运用一切技术设备，采用先进的工作方法，用最少的时间完成调车任务。
（4）认真执行作业标准，保证调车有关人员的人身安全和行车安全。

2. 对调车司机的要求

（1）正确、及时地完成调车工作任务。
（2）负责操纵，保证车辆良好的技术状态。
（3）时刻不间断地进行瞭望，认真执行相应制度，正确、及时地执行信号显示（作业指令）的要求。做到没有信号（指令）不准动车，信号（指令）不清立即停车。
（4）负责调车作业的安全。

五、调车作业的固定性

为了确保调车作业的安全、作业人员的熟练性及作业效率，调车作业应固定作业区域、线路的使用、机车车辆、作业人员、交接班时间、交接班地点、工具数量和存放地点。

地铁资料

【资料】地铁调车工作的基本要求

（一）调车指挥及要求

（1）车场调车工作由车场调度员统一领导，车场调度员根据机车车辆、线路、设备检修计划和现场作业情况，合理、科学、正确地编制调车作业计划，组织调车人员安全、及时地完成调车任务。调车作业人员应按本手册和调车作业计划单执行。

（2）进行调车作业的司机应根据调度员的信号准确、平稳地操纵机车车辆，时刻注意确认信号，不间断地进行瞭望，正确、及时地按照信号显示进行调车作业。

（3）信号楼值班员根据调车作业计划单和现场作业情况、机车车辆停放轨道，正确、及时地排列调车进路、开放调车信号，随时监控机车车辆的运行，严格执行调车作业程序和联控用语，确保调车进路安全。

（二）调车计划

1. 编制调车作业计划资料来源

（1）轮值工程师提供的车辆检修计划及签认的临时维修计划；
（2）工程车运行计划；
（3）相关各中心、室提报的设备检修配合计划；
（4）未交付使用的机车车辆厂家的动车计划；
（5）车辆室扣修计划和工程车故障报修单；
（6）需要动车的其他情况。

2. 调车、调试作业计划的提交和实施规定

（1）轮值工程师根据车辆的定检计划及临时性抢修计划，应认真确认转线机车车辆状

态符合动车条件后,以书面形式及时向车场调度员提报转轨计划。机车车辆转轨计划提报时间的要求:对计划性维修、调试和改造的调车作业至少提前4h;对临时维修或调试的调车作业至少要提前2h;对需工程车调动的车辆的调车作业至少要提前2h。

(2)车场调度员在接到有关调车作业申请后,应尽快组织有关岗位在要求的时间内完成。原则上(受列车出入车场、其他调车作业或施工作业影响时除外),从车场调度员发出调车作业单开始,若采用工程车调动电客车,则整列电客车转线须在 1h 内调到位。若电客车凭自身动力转线,则整列电客车应在车场调度员发出调车作业单后45min 内调到位。调车作业单未能及时发出时,车场调度员应通知有关部门未能及时调车的原因。

(3)在库内解钩、挂钩或短距离动车作业时,检修人员准备妥当后报告轮值工程师,并向车场调度员提出动车申请。

(4)轮值工程师应按规定认真填写《车辆转轨(试车)申请单》,由车场调度员组织转轨作业。

(5)车场调度员应当面以书面形式向调车人员下达调车计划,根据作业计划制定安全防范措施及其他注意事项,司机和调车人员共同确认调车计划内容,确保无误。

(6)车场调度员用书面(通过传真)或电话(口头计划)向信号楼值班员传达计划时,信号楼值班员接收口头计划时应复诵核对。变更作业计划应停车传达,确认有关人员复诵清楚。

(三)调车作业前的准备

(1)调车作业前,调车人员应充分做好准备(按规定着装、佩戴防护用品,确认车载电台和手持电台良好),并认真检查其他调车人员(司机、协助作业的电客车司机或检修人员)的准备情况。

(2)对线路进行检查,确认进路、车辆底部和上部无障碍物。

(3)对车辆进行检查,内容包括电客车、工程车、调车机的制动试验,车辆防溜措施情况,是否进行技术作业,是否有侵限物搭靠,装载加固是否良好,是否插有禁动牌(红灯)等。

(四)参与调车作业的各岗位人员的职责与流程

1. 车场调度员

(1)负责监控车场内调车作业的进行情况和监督司机按章作业,确保车场内运作的安全。

(2)接到《车辆转轨(试车)申请单》后,与轮值工程师明确车辆的状态及运行速度要求等。

(3)无《车辆转轨(试车)申请单》或轮值工程师提供的车辆状态不具备调车条件时,严禁安排调车作业。

(4)向司机或调车人员布置转线调车、调试计划时,必须当面传达,并强调安全注意事项。

（5）调车作业完毕后，向司机或调车人员确认车辆是否施加停放制动，是否放置铁鞋（位置及数量），并做好记录。

2．调车人员

（1）接到车场调度员利用工程车调动电客车转线的调车计划时，主动询问电客车的状态，并听取车场调度员布置的相关安全注意事项。

（2）负责向协助作业的电客车司机布置、强调安全注意事项，对所调动电客车轨道线路和车辆走行部进行检查确认。

（3）连挂前负责现场检查、确认已做好防溜措施。

（4）调动电客车出库时，调车人员与信号楼值班员联系并确认现场进路信号已开放后，在地面指挥工程车司机以5km/h的牵引速度出库，并注意车辆运行状态。列车完全出库后，调车人员指挥工程车司机停车，登乘前端工程车驾驶室后，指挥工程车司机继续进行调车作业。推进运行出库时，调车人员登乘客车，在前端驾驶室负责确认进路状况，指挥工程车司机行车，发现异常立即通知工程车司机停车，查找相关标准。

（5）调动电客车入库时，调车人员指挥工程车司机在库门前一度停车，调车人员下车检查库内线路安全后，在机车车辆运行前端步行引导，限速5km/h入库，指挥工程车司机对位停车。

（6）调动电客车到规定的轨道位置停车后，调车人员检查确认电客车对好位、做好防溜措施，进行解钩，指挥工程车司机离钩。

（7）负责对所调动电客车停放轨道限界、车辆走行部进行检查，缓解和施加电客车的停放制动。

（8）推进运行出库时，应由电客车司机到前端司机室（运行方向）协助瞭望进路情况，发现异常时及时通知工程车司机停车。

（9）调车作业完毕后，报告信号楼值班员电客车的防溜措施情况，同时信号楼值班员及时将防溜措施情况报告车场调度员。

任务二　城市轨道交通调车作业的执行

学习目标

（1）掌握城市轨道交通调车信号执行的基本要求；

（2）熟知城市轨道交通调车进路确认执行的要求；

（3）掌握城市轨道交通调车限制速度及安全距离执行的要求；

（4）熟悉城市轨道交通出站调车的有关规定及执行要求；

（5）熟知城市轨道交通调车的特殊情况及禁止调车的执行要求。

学习任务

掌握城市轨道交通调车作业的执行，主要包括城市轨道交通调车进路的确认执行、出站调车有关规定的执行、调车特殊情况,以及禁止调车的执行、调车信号的执行、调车限制速度及安全距离的执行等。

工具设备

城市轨道交通站场及车辆段平面布置图、城市轨道交通技术管理规程或行车组织实物、调度命令、多媒体设备课件、图片、示教板、计算机多媒体设备等。

教学环境

城市轨道交通车辆运用演练场或理实一体化教室。

基础知识

根据调车作业计划,在完成调车作业前的各项准备工作后,调车作业开始进行。为保证调车作业的安全进行,必须按有关规定严格执行。

一、调车信号的显示及执行

1. 调车信号显示及确认的基本要求

调车作业时,调车信号显示人员必须正确、及时地显示信号。调车信号的确认及执行人员要认真确认信号,并按规定予以回示。

2. 推进连挂时信号显示及确认的要求

推送车辆连挂时,要显示"三、二、一车"距离信号。对于司机来说,没有"三、二、一车"距离信号不准挂车;对于信号显示人来说,没有司机的回示应立即向司机显示停车信号。

(1)"三、二、一车"距离信号是表示连挂车辆的前端与被连挂车辆之间的距离。通常规定,三车距离约为60m,二车距离约为40m,一车距离约为20m。司机应根据信号的显示掌握调车速度,保证作业的安全。

(2)"三、二、一车"距离信号的显示:

① 在连挂车辆与被挂车辆距离为三车、二车、一车时,昼间调车指挥人员展开绿色手信号旗,单臂平伸;夜间用绿色灯光,连续下压三次、二次、一次。

② 若连挂车辆与被挂车辆距离不足60m时,则显示"二、一车"信号;不足40m时,则显示"一车"信号;若不足20m时,仅显示连挂信号。

③ 为了避免司机误认,当调车指挥人在距离停留车不足60m时,不再显示减速信号,只显示距离信号。

(3)推送车辆时,要先试拉(为防止车辆在推进或牵引走行中脱钩,在连挂后先进行一次牵引与制动试验),确认车辆的连挂状态,车辆前部应有人进行瞭望,及时显示信号。

(4)当调车指挥人确认停留车位置有困难时,应派人在停留车地点显示停留车位置信号,以便确认推送车辆前端与停留车之间的距离。

3. 调车司机的执行

调车司机必须认真确认调车指挥人所显示的调车信号,并在每次确认后,均应立即回示（使用鸣笛方式或其他方式），按规定严格控制调车运行速度，与调车指挥人密切配合，安全、迅速地进行调车作业。

二、调车进路的确认及执行

调车作业进路是指调车车辆或机车单机运行方向的前端至本次运行方向目的地（或指定地点）或防护设备之间的一段线路。

1. 调车进路确认的责任

在调车作业中，调车进路的确认应明确责任，通常分工如下：

（1）机车单机运行或牵引车辆运行时（司机在运行方向的前方时），前方进路的确认由司机负责。

（2）推进车辆运行（司机在运行方向的后方时），前方进路的确认由调车指挥人负责（或指派调车组其他人员确认）。

2. 要道还道制度的执行

在非集中区调车作业或集中设备发生故障等由人工准备进路时，要执行要道还道制度。

要道还道制度是在人工准备进路时保证调车进路正确的制度，既有准备进路、相互检查进路，又有对进路妥当、正确的确认，从而保证调车进路的正确，保证调车作业的安全。

3. 调车司机的执行

为了保证调车作业的安全，调车作业启动前及调车作业过程因故停止后再启动时，除了要认真确认调车进路的正确外，在没有确认调车指挥人的启动信号时，司机不准擅自动车进行调车作业。

三、调车作业限速的执行

1. 调车作业的限制速度

调车作业要做到安全、迅速、准确，掌握调车速度对调车作业的安全和效率至关重要。调车作业中超速运行会严重威胁作业的安全，但过分地降低速度运行则会影响调车作业的效率。因此，调车作业必须准确地掌握速度，通常规定如下：

（1）在空线上牵引运行时，不得超过 30km/h；

（2）在空线上推进运行时，不得超过 20km/h。

（3）调动载有乘客的车辆时，不得超过 15km/h。

（4）接近被连挂车辆时，不得超过 3km/h。

（5）遇到天气不良（如雨、雪、霜、雾等）或地形、地物影响，造成瞭望条件不良时，由调车指挥人根据具体情况，适当降低调车作业的速度。

此外，在调车作业时，为了能有效控制调车速度，无论是以内燃机车为动力的调车作业，还是车辆自身动力的调车作业，一般均要在整列通风、制动良好的条件下进行。

2. 调车司机的执行

在调车作业中，调车司机必须严格执行各种条件下的限制速度，遇到特殊情况必须降低速度直至停车，保证安全。

四、调车安全距离的执行

1. 调车作业的安全距离

保证调车安全距离也是调车作业做到安全的关键，通常规定如下：

（1）在尽头线上调车时，距离线路终端（车挡）应保证有 10m 的安全距离。

（2）电力牵引在有接触网终点的线路上调车时，距接触网终点标应保证有 10m 的安全距离。

上述调车遇到特殊情况必须接近 10m 时，调车指挥人应通知司机，严格控制速度。

（3）在进行调试列车试验时，严禁向线路尽头做动态调试。

2. 调车司机的执行

调车司机要认真确认线路终端标志（车挡表示器）或接触网终端标志（接触网终端标）的显示，严格执行调车作业速度限制的规定。根据调车作业计划及执行调车指挥人的指示进行作业，并确保作业的安全。

调车速度及安全距离是根据调车作业的特点、调车时经过的线路、道岔的允许速度、调动车辆的特点要求，以及保证调动车辆的运行安全而制定的。调车作业还应根据调车车辆的数量多少、制动力的大小及距离的远近等条件，由调车司机和调车指挥人共同判断掌握。

五、越出站界调车的执行

越出站界调车是指因受调车设备限制，利用列车占用区间的间隔时间，调车车辆越过站界（进、出站信号机或站界标）从车站进入区间的调车作业。由于越出站界调车作业比站内（段场内）调车复杂，并影响到邻站及区间的使用，因此为了保证作业的安全，越出站界调车必须在行车调度员允许的同时，严格遵守以下规定：

（1）双线区间正方向出站调车时，因占用区间的权限归本站所有，只要车站值班员确认区间或第一闭塞分区空闲，口头准许并通知司机后，即可出站调车。

（2）双线区间反方向出站调车时，因占用区间的权限归对方站所有，所以必须请求调度员发布停止使用基本闭塞法的调度命令，车站值班员再与对方站值班员办理电话闭塞，发给司机调度命令后，方可出站调车。

（3）单线区间出站调车时，闭塞系统必须在发车位置，区间或第一闭塞分区空闲，经车站值班员口头准许并通知司机后，方可出站调车。

出站调车时，应在限定的时间内返回站内，不影响列车运行。出站调车虽然属于调车作业范畴，但由于它是占用区间进行作业的，所以通常可按列车办理。

六、调车作业特殊要求的执行

（1）在城市轨道交通的调车作业中，严禁使用溜放调车。所谓溜放调车是指利用机车推送车辆达到一定的速度，在推进过程中将车组提钩，使摘离的车组利用所获得的动能自动溜向指定地点的调车方法。

（2）在区间正线上禁止使用手推调车。在车站（车辆段、车场）内使用手推调车，必须得到运用部门及安全管理部门的准许，并确认车辆制动机作用良好，能确保随时停车的条件下方准进行。所谓手推调车是调移车辆的辅助形式，一般只在缺乏动力的情况下，短距离移动车辆时采用的调车方法。

（3）调车作业的机车车辆或列车在停留时，必须停在警冲标的内方。在 2‰及以上的坡道或露天线路上停留的车辆应连挂在一起，并拧紧两端车辆的人力制动机或以止轮器、防溜枕木等防溜器具固定牢靠；对不能连挂在一起的车辆，必须分别采取有效的防溜措施。

（4）在调车作业中按作业计划已经办理的调车进路，原则上不得取消。但是，遇到特殊情况必须取消调车进路时，应在确认调车作业还没有启动并通知调车指挥人或调车司机后，先关闭信号机，方可取消调车进路。

（5）线路两旁堆放物品应稳固，防止倒塌。线路两旁堆放物品距离钢轨头部外侧必须保证足够的安全距离（不得少于 1.5m）；站台上（无屏蔽门的车站）堆放物品距离站台边缘必须保证足够的安全距离（不得少于 1m）。不能满足上述规定的安全距离时，不得进行调车作业。

（6）禁止调车情况的执行：由于受到调车设备、机车车辆、线路、作业人员等条件的影响或限制，为了保证调车作业的安全，在一些特殊情况下应禁止调车。

① 设备或障碍物（如物品、维修线路用的材料、机具等）侵入线路限界及建筑限界时，禁止调车作业。

② 车辆故障（如转向架横向减震器被拆除、空气弹簧无气）时，禁止调车作业。

③ 当机车车辆制动系统故障影响到行车安全时，禁止调车作业。

④ 有维修人员正在机车车辆上作业、影响行车或机车车辆两端车钩处挂有"禁止动车"警示牌时，禁止调车作业。

⑤ 机车车辆停放线路上的接触网挂有接地线时，禁止调车作业。

⑥ 凡有影响调车作业安全的情况时，禁止调车作业。

地铁资料

【资料 1】地铁调车及调车凭证的执行

调车指除列车在正线运行，车站（车场）到发以外的一切机车、车辆或列车有目的的移动。

（1）在正线的调车作业，司机、车站凭行车调度员的口头命令作为调车作业计划凭证。

（2）调车动车凭证：

① 按照调车计划的地面信号。

② 车站按照调车计划，通过车站 AST 工作站操作道岔单锁后，向司机发出道岔开通位置及动车的指令。

③ 车站按照调车计划，需要现场人工办理进路时，向司机发出道岔开通位置的手信号为动车命令。

有关工程车在车场内或正线的调车作业的规定在《车场运作手册》中规定。

【资料2】地铁调车作业有关规定及执行

（一）调车作业

（1）遇下列情况禁止调车作业：

① 设备或障碍物侵入线路设备限界时，禁止调车作业；

② 禁止溜放调车作业；

③ 电客车转向架横向减震器被拆除且空气弹簧无气时，禁止调车作业；

④ 机车车辆制动系统故障影响到行车安全时，禁止调车作业；

⑤ 有维修人员正在机车车辆上作业、影响行车或机车车辆两端车钩处挂有"禁止动车"警示牌时，禁止调车作业；

⑥ 电客车停放轨道接触网挂有接地线时，禁止调车作业；

⑦ 其他情况影响到调车作业安全时，禁止调车作业。

（2）在尽头线上调车时，进入尽头线车挡前25m应限速3km/h进入。距线路终端应有10m安全距离。遇特殊情况接近并小于10m时，严格控制速度，做好随时停车准备。

（3）组织两列电客车或机车在同一轨道作业时，应通知一列电客车或机车在指定位置停车（电客车降弓）待令，向另一列电客车或机车司机布置安全注意事项及存车位置情况后，再开放信号放行该电客车或机车到指定位置。

（4）调车作业连挂后，应进行试拉。

（5）调车信号机故障开放不了，必须越过该信号机时，调车员得到信号楼值班员准许，确认进路开通后，方可领车越过该信号机。如果信号机开放后熄灭（或瞬间熄灭）、信号显示错误或不清，要立即停车向信号楼值班员汇报，待重新开放，信号正常后或按照信号楼值班员的命令动作。

（6）出入车场线是坡度为29‰的坡道，禁止办理越出车场界调车。

（7）机车车辆在车场内通过平交道前，应一度停车，瞭望平交道是否有障碍物或行人，确认安全后方可继续通过平交道。

（8）调车信号机开放后，需要取消时，信号楼值班员应通知司机或调车员，并得到应答确认列车停车或未动车后，方可关闭信号机。

（9）单机或牵引运行时，前方进路由司机确认；推进运行时，由调车员确认。

（10）连挂车辆规定：

① 机车带车连挂时，调车员应在列车最前端显示连挂信号和距离信号三、二、一车（三车约60m，二车约40m，一车约20m）。没有显示连挂信号和距离信号时不准挂车。

② 机车接近被连挂车辆3m时一度停车，确认车钩位置正确后再连挂。

③ 单机连挂车辆，不用显示距离信号，但在距被连挂车辆3m时，应一度停车，凭调车员手信号挂车。

（11）进出车库作业规定：

① 机车车辆需要进出车库前应提前检查车库内线路情况，停止影响调车作业的工作和撤销防护标志牌，确保符合机车车辆进出条件。

② 进入车库取送车辆时，应在车库平交道口外一度停车，确认库门开启状态及平交道口是否有障碍物或行人，限速5km/h进出。

③ 司机在动车前检查车辆装载货物的加固状态，确认有无异物侵入限界及防溜措施是否已撤销。

（12）机车车辆调车转线进入牵出线，司机换端后必须先向信号楼值班员询问进路情况，确认信号、道岔正确后方可动车。

（13）往有车轨道调车或原路折返前，信号楼值班员必须通过接通光带确认进路道岔位置正确并加锁该进路有关道岔后，方可允许司机动车。

（14）调车作业前，信号楼值班员与调车作业司机或调车员应核对计划，并严格执行呼唤制度。

（15）电客车在车场内采用RM模式驾驶（试车线调试作业除外）。特殊情况下需采用NRM模式时，必须得到车场调度员的同意。

（16）调动无动力电客车时，应确认气制动和停放制动全部缓解，司机与调车员加强联系，共同确认制动状态。

（17）车辆停留、防溜措施设置的规定：

① 牵出线、洗车线、试车线、咽喉道岔区，禁止存放机车车辆。其他线路存放车辆时，应经车场调度员同意方可占用。机车车辆应停在线路两端信号机内方。

② 工程车停放在带电区时，应在上车顶扶梯处挂上"高压电，禁止攀爬"标志牌。

③ 平板车停放在线路上不再调车时，必须拧紧两端手制动机，并放置铁鞋。

④ 调车作业，摘车时，应做到先做好防溜后再摘车；连挂时，挂妥后再撤除防溜。

⑤ 防溜措施的撤除应本着谁设置谁撤除的原则。对于铁鞋发放的数量和使用情况，工程车司机要做好记录并在交接班时交接清楚。撤除防溜后，铁鞋应及时放回原位。

⑥ 需要镟轮作业的电客车运行至×信号机前要一度停车，待信号开放后并得到镟轮作业人员的许可后方可限速5km/h动车入库，按镟轮作业人员指示到规定位置停车后，交由镟轮作业人员进行镟轮作业。

（二）调车速度

（1）调车速度不得超过表 3.1 的规定。

表 3.1　调车作业限制速度

序号	项目	速度（km/h）
1	空线牵引运行	25
2	空线推进运行	15
3	调动装载超限货物的车辆时	10
4	在尽头线调车时	10
5	在维修线调车时	10
6	在库内调车时	5
7	接近被连挂车辆三、二、一车时	8、5、3
8	接近被连挂车辆时	3

（2）调车作业要准确掌握速度，在瞭望条件差、天气不良等情况下应适当降低速度。

（三）调车安全

（1）工程车司机办理交接班作业内容包括：

① 机车状态、手持电台数量及状态、调车工具和备品情况；

② 铁鞋使用情况及存放地点、存放数量；

③ 安全及其他行车指示。

（2）在带电区段调车作业时，严禁调车人员攀登机车车辆或装载货物顶上。

（3）上、下车时，应停车并选好地点，注意地面有无障碍物。

（4）在机车车辆移动中，禁止下列行为：

① 在平板车的侧板或端板、支架上坐立；

② 与运行中的车辆前抢行；

③ 在装载易于窜动货物的车辆间和货物空隙间站立或坐卧；

④ 骑坐车帮，跨越车辆；严禁在机车前后端坐立；

⑤ 进入线路内摘管或调整钩位；

⑥ 紧贴运行中的车辆行走；

⑦ 飞乘、飞降机车车辆；

⑧ 上、下车或横越车厢时背手关门；

⑨ 抛掷物品、材料或工具。

（5）作业中禁止吸烟，班前 8h 内禁止饮酒。

（6）车辆解编或连挂作业时：

① 摘车时，应执行一关（关折角塞门）、二摘（摘风管）、三提钩的作业程序。

② 摘接风管、调整钩位、处理钩销时，应与司机确认车辆停妥后再进行作业。

③ 调整钩位、处理钩销时，禁止探身到两钩之间。

(7) 在线路上行走规定：

① 调车员应在两线路之间显示信号，并注意邻线的机车车辆动态。严禁在钢轨上、车底下、道心、枕木头上行走，不准脚踏钢轨面、道岔连接杆、尖轨等处。

② 横越线路时，应一站、二看、三通过，注意左右机车车辆的动态及脚下有无障碍物。

③ 横越停有机车车辆的线路时，应先确认该机车车辆暂不移动，然后在该机车车辆较远处通过。严禁在运行中的机车车辆前面抢越。

④ 严禁跳越地沟或障碍物。

任务三　城市轨道交通调车工作执行的操作运用案例

【操作运用案例】城市轨道交通调车作业的执行

1. 实训项目教师工作活页

实训项目教师工作活页　　　　NO:_____

实训项目	城市轨道交通调车作业的执行			
学　时	2	班　级	略	
实训场所	城市轨道交通信号实训室			
实训设备				
教学目标	专业能力	（1）能说出城市轨道交通调车的意义及分类 （2）能说出城市轨道交通调车作业计划及变更规定 （3）能说出城市轨道交通调车信号的显示及确认要求 （4）能说出城市轨道交通调车进入确认的责任分工 （5）能说出城市轨道交通调车限速及安全距离规定 （6）能说出城市轨道交通车辆防溜措施		
	方法能力	（1）能综合运用专业知识，通过专业书籍、多媒体课件和图片资料获得帮助信息 （2）能根据实训项目学习任务确定实训方案，从中学会表达及展示活动过程和成果		
	社会能力	（1）能在实训活动中保持积极向上的学习态度 （2）能与小组成员和教师就学习中的问题进行交流和沟通 （3）能与他人共享学习资源，具有较好的合作能力和团队协作精神		
教学活动	略（详见教学活动设计）			
教学评价	学生活动：以8~10人小组为单位开展实训活动，根据本组同学在实训过程中的能力表现及结果进行自评及组内互评；根据其他小组同学在成果展示活动中的表现及结果进行互评 教师活动：教师组织学生开展评价活动和总结；对学生本实训项目单元的成绩做出综合评价			
教学资料	（1）城市轨道交通车辆运用教材 （2）城市轨道交通专业有关参考书 （3）实训项目学生学习活页（附页）			
指导教师		教学时间		年　月　日

2. 实训项目学生学习活页

实训项目学生学习活页　　　　　　　　　　　　　　NO：_____

实训项目　城市轨道交通调车作业的执行

班级：_____　姓名：_____　学号：_____　时间：_____

一、实训目标

1. 专业能力目标

（1）能说出城市轨道交通调车的意义及分类；

（2）能说出城市轨道交通调车作业计划及变更规定；

（3）能说出城市轨道交通调车信号的显示及确认要求；

（4）能说出城市轨道交通调车进入确认的责任分工；

（5）能说出城市轨道交通调车限速及安全距离规定；

（6）能说出城市轨道交通车辆防溜措施。

2. 方法能力目标

（1）能综合运用专业知识，通过专业书籍、多媒体课件和图片资料获得帮助信息；

（2）能根据实训项目学习任务确定实训方案，从中学会表达及展示活动过程和成果。

3. 社会能力目标

（1）能在实训活动中保持积极向上的学习态度；

（2）能与小组成员和教师就学习中的问题进行交流和沟通；

（3）能与他人共享学习资源，具有较好的合作能力和团队协作精神。

二、知识总结

1. 简要说出城市轨道交通调车的概念、意义及主要方式

2. 简要说出城市轨道交通调车进入确认的责任分工

3. 简要说出城市轨道交通调车限速及安全距离的规定

三、操作运用

1. 填写城市轨道交通调车限速表

序号	项目	限速（km/h）
1	空线牵引运行	
2	空线推进运行	
3	调动装载超限货物的车辆时	
4	在尽头线调车时	
5	在维修线调车时	
6	在库内调车时	
7	接近被连挂车辆三、二、一车时	
8	接近被连挂车辆时	

续表

2. 画图并写出城市轨道交通出站调车的方式、限制及执行

3. 显示城市轨道交通"三、二、一"车距离信号，并写出其意义及执行

四、实训小结

_____
_____
_____

五、成绩评定

1. 学生评价

评价等级	A—优	B—良	C—中	D—及格	E—不及格
学生自评					
组内互评					
他组互评					

2. 教师评价

评价等级	A—优	B—良	C—中	D—及格	E—不及格
专业能力					
方法能力					
社会能力					
评价结果					

3. 综合评价

评价等级	A—优	B—良	C—中	D—及格	E—不及格
评价结果					

注：按照学生自评占 10%、组内互评占 10%、他组互评占 20%、教师评价占 60%的比例计分。其中，A—100 分，B—85 分，C—75 分，D—60 分，E—50 分。

4. 评价量规

等级	行为表现描述
A	能圆满高效地完成任务的全部内容
B	能顺利完成实训任务的全部内容
C	能完成实训任务的全部内容，但需要一些帮助和指导
D	自己只能完成实训任务的部分内容，但在现场的指导下，已经能完成任务的全部内容
E	不能完成实训任务的全部内容

思考与练习

1. 城市轨道交通调车的概念及意义是什么？
2. 城市轨道交通调车作业的主要形式有哪些？
3. 城市轨道交通调车工作领导与指挥的原则是什么？

4. 城市轨道交通调车作业计划的制订、传达及变更有何规定?
5. 城市轨道交通调车信号的显示及确认有什么要求?
6. 城市轨道交通调车作业中对司机的基本要求是什么?
7. 城市轨道交通调车信号执行的基本要求是什么?
8. 城市轨道交通调车进入确认有什么要求?
9. 城市轨道交通调车限制速度及安全距离执行有什么要求?
10. 城市轨道交通出站调车有什么规定及执行要求?
11. 城市轨道交通调车特殊情况及禁止调车有什么要求?
12. 城市轨道交通车辆防溜措施有什么要求?

项目四 城市轨道交通的列车运行

列车运行是完成城市轨道交通运输的重要环节，是行车组织的主要内容。城市轨道交通运输的最终目标是通过列车运行来实现的。列车运行是由城市轨道交通各部门、各工种互相配合、协调动作，并正确、合理地使用城市轨道交通技术设备来完成的。列车运行关系到行车安全和城市轨道交通的运输效率，有关行车人员必须严格执行各项规章制度，确保列车运行安全、正点。

任务一 认知城市轨道交通列车运行的一般要求

学习目标

（1）熟悉城市轨道交通列车及列车编组的要求；
（2）熟知城市轨道交通对列车司机的要求；
（3）熟知城市轨道交通对登乘列车司机室人员的要求；
（4）熟知城市轨道交通列车驾驶模式。

学习任务

掌握城市轨道交通列车运行的一般要求，主要包括城市轨道交通列车及列车编组的要求、对列车司机的要求、对登乘列车司机室人员的要求，以及对列车驾驶模式的要求等。

工具设备

城市轨道交通列车模拟驾驶装置、城市轨道交通技术管理规程或行车组织实物、多媒体设备课件、图片、示教板、计算机多媒体设备等。

教学环境

城市轨道交通车辆运用演练场或理实一体化教室。

基础知识

列车是指以城市轨道交通正线运行为目的、按有关规定编成并挂有规定列车标志的车组。根据城市轨道交通运输的需要，机车、轨道车开往区间时，虽未完全具备列车条件，但进入区间后同样对区间的行车安全和使用效率有重要的影响，因此机车、轨道车的运行也应按列车办理。由此，列车也可以定义为按城市轨道交通规定编组的并有车次号的客车车组、工程车、轨道车、单机等。

一、列车运行的指挥原则

行车有关人员必须服从行车调度员指挥，执行行车调度员的命令，行车调度员应严格按《地铁运营时刻表》指挥行车。

指挥列车运行的命令和口头指示，只能由行车调度员发布。行车调度员发布命令前应详细了解现场情况，听取有关人员意见。调度命令（见图4.1）的发布通常规定如下。

1. 口头调度命令的发布

（1）临时加开或停开列车时（包括客车、工程车及救援列车）。
（2）列车推进运行、退行，工程车退行时。
（3）停站客运列车临时变为通过时。
（4）改变列车驾驶模式时。
（5）发布书面命令的内容时（可先使用口头命令，事后补发书面命令）。
（6）发布线路限速或取消限速时。
（7）封锁及开通线路时。
（8）行车调度员认为有必要记录的命令时。

2. 调度命令的传达

行车调度员发布命令时，在车场由车场调度员或派班员负责传达；在正线由车站值班站长（行车值班员）或正线派班员负责传达。传达给司机或其他有关人员的书面命令应盖有车站（车场）行车专用章。

3. 其他规定

（1）同时向几个单位或部门发布调度命令时，行车调度员应指定其中一人复诵，其他人核对，确保无误。书面命令填写《调度命令登记簿》。
（2）行车调度员应掌握工程车的运行，了解装卸作业进度，检查工程车进出工程领域的情况，确保行车安全。

调　度　命　令

年　月　日　时　分

受令处所		命令号码	行车调度员姓名
命令内容			

行车专用章：　　　　　　　　　　　　　　　　　　　　　车站值班站长：

图4.1　调度命令

二、对列车编组的基本要求

列车编组辆数的多少，即编组长度，原则上应按照车站站台有效长度及折返线的有效长度来确定。城市轨道交通的客运列车通常采用固定编组，即列车长度固定。在特殊情况下，列车编组必须超过上述规定长度时，应由城市轨道交通管理部门批准，并提出相应的运行及作业方法，以确保列车运行的安全。

列车一般分为客运列车、其他列车两类。

1. 客运列车

客运列车是指以运送乘客为目的按规定编组而成的客车车组（包括专列）。

2. 其他列车

其他列车是指除客运列车以外的列车，包括空驶列车、工程列车、调试列车、救援列车及开行的单机等。

（1）工程列车：因运营生产的需要开行的由机车与按规定编组的车辆（包括客车、单元车、单节车、平板车等）连挂而成的列车。

（2）调试列车：因对运营设备进行调整、试验需开行的列车。

（3）救援列车：因需要处理运营生产中发生的事件，担任救援任务而开行的列车。

（4）单机：因运营生产的需要开行的带有车次号的机车。

三、对列车乘务人员的要求

1. 对列车乘务组组成的要求

为了完成列车运行中的各项作业，及时处理列车运行中发生的各种情况或问题，根据列车的任务、要求和运行条件等应配备列车乘务组。城市轨道交通列车乘务组一般可由司机、副司机或司机、车长组成，在实行列车自动驾驶模式下通常可由司机一人值乘，直接服务于乘客。列车乘务组除负责列车运行及乘客乘降安全之外，还应尽可能为乘客创造良好的乘车条件。对于担当特殊任务的列车，除有列车乘务组服务以外，应指派有关领导、技术人员、业务管理人员添乘或服务人员服务添乘，并按城市轨道交通有关规定执行。

2. 对列车司机的要求

列车司机是完成列车运输任务的主要工作人员，担当着列车操纵、监控列车运行、保证列车运行安全等重要职责。列车司机在乘务作业中必须以高度负责任的工作态度，高度集中的精力，严格遵守并执行各项规章制度和各项作业要求及标准。

（1）列车司机在操纵列车时必须认真执行行车确认制度及呼唤应答制度。

行车确认制度，即：

① 确认信号及凭证——动车前要确认信号显示及各种行车凭证无误后，方可按规定动车。

② 确认线路及道岔——驾驶中应做到不间断瞭望，确认线路无人员及障碍物，并认真确认道岔的开通方向。

③ 确认车门状态——列车运营中随时确认车门状态无误（可通过站台车门监视器、门指示灯、TMS 的显示等）。

④ 确认操纵设备——列车始发前及折返时（包括库内动车前），必须全面确认司机室各操纵按钮、开关及手柄位置。特别是在换端操纵时，确保两端司机室的操纵部件位量的正确。

⑤ 确认方向及车次——动车前要认真确认规定开行的车次、运行时刻与终到站。由车辆段出发时还要特别注意运行方向的正确。

呼唤应答制度，即：

① 彻底瞭望——做到车动集中看，瞭望不间断。

② 确认信号——做到听不清就问，看不清就停。

③ 高声呼唤——做到声音洪亮，紧密联系，用语正确。

（2）列车司机在操纵列车时必须严格按信号显示要求行车，并做到列车运行不超速、区间运行不运缓，不盲目抢点运行，确保列车安全、正点。

① 按信号（命令）行车、按规章制度行车是确保列车运行安全的基本要求。按列车运行图行车是保证列车正点运行及行车秩序良好的基本要求，同时也是充分体现城市轨道交通整体服务水平的重要环节。因此，在列车司机乘务作业中必须严格遵守列车运行图规定的运行时刻和列车运行各项容许速度及限制速度，熟记列车在各区间的运行时间标准、各中间站的站停时间标准及终点站折返作业时间标准。同时，要求司机准确掌握线路情况，牢记限制速度的要求。

② 遇有信号显示不明或危及行车和人身安全时，应立即采取减速或停车措施。列车司机应具备车辆常见故障判断及应急处理的知识和能力，以及遇突发事件应急处理的知识和能力。

（3）列车司机在操纵列车时应做到启动稳，加速快，精心操纵，停车位置准确，按规定鸣笛，防止列车冲动，确保列车运行平稳。司机的平稳操纵是防止因列车冲动而造成乘客伤害或车辆损坏等事故的有效方法，是对司机的基本要求。为此，司机应做到在操纵时合理调速、采取制动措施适当、停车位置准确、按规定及时鸣笛。

（4）列车司机在操纵列车时应时刻注意司机室操纵台上各仪表或屏显的显示状态，注意车辆状态及其他各种装置的工作状态。

（5）列车司机在区间内遇到有列车停车进行防护、因故停车、车长离车后再开车时，司机必须在接到车长的发车信号并检查列车具备开车条件后，方可启动列车。

（6）列车司机发现信号机及其他有关行车设备故障时，应将故障有关情况及时通知前方站值班员转报行车调度员。

3. 对车长的要求

（1）加强瞭望，注意列车运行状态。

（2）正确记录列车始发、到达时刻及晚点原因。

（3）确认列车全部车门关闭状态。

（4）列车在车站启动后应监视列车运行前方，在区间监视列车运行后方，发现危及行车安全或人身安全时，应及时通告司机或采取紧急措施，如：

① 列车运行中夹人、夹物时；

② 列车发生火灾时；

③ 有人从列车上坠落或线路内有人死亡时；

④ 车辆或线路等设备的重要部件损坏，危及行车安全时；

⑤ 遇到其他危及行车和人身安全时。

在没有实行司机、车长乘务制时，通常可由副司机按上述要求执行。

4. 对登乘司机室人员的要求

登乘司机室是指在列车运营时间内，因工作需要进入列车司机室进行检查、了解和观察相关的行车设备、作业程序及列车运行情况等的行为。

为了保证司机、副司机、车长在值乘中有良好的工作条件，以便精神集中地驾驶列车，瞭望信号和列车运行的前后方状况，必须严格控制值乘司机、副司机、车长以外的人员登乘司机室。对领导添乘检查工作及工务、电务等人员巡检设备需要登乘司机室人员，在不妨碍司机、车长正常工作的前提下可以登乘，但必须遵守以下要求：

（1）登乘司机室的人员必须凭管理部门签发的登乘司机室证或调度员发放的登乘司机室的命令登乘。

（2）登乘司机室的人员在登乘之前，应主动出示登乘证（见图4.1）或调度命令，经司机、车长认真查验准许后方可登乘。

（3）登乘司机室的人数最多不能超过规定的人数，通常不得超过4人。

```
┌─────────────────────────────────────────────┐
│              登  乘  证                      │
│  ┌─────────┐                                │
│  │         │  姓  名：_____             │
│  │         │  部  门：_____             │
│  │  照     │  线  别：_____             │
│  │  片     │  有效期：  年 月 日             │
│  │         │  至        年 月 日             │
│  │         │  编  号：_____             │
│  └─────────┘                                │
│ 1. 登乘人员进入司机室后，不得影响司机作业，不得与值乘人员聊天、说笑、打闹、擅自触动车上设备等； │
│ 2. 每次登乘司机室人员不得超过4人（含司机）；  │
│ 3. 登乘时，只能从安全门端门进出司机室，安全门、车门打开后方可下车，并负责关好安全门端门； │
│ 4. 遇故障或紧急情况时，须积极、主动配合司机处理，发现危及安全的，及时提醒司机采取措施； │
│ 5. 登乘须服从司机指挥，否则司机有权终止登乘人员登乘； │
│ 6. 登乘人员应穿工作服。                      │
└─────────────────────────────────────────────┘
```

图 4.1　登乘证

四、对列车运行中遇到伤亡情况处理的基本要求

列车在区间发生人身伤亡事故或发现线路上有死伤人员时，均应本着救死扶伤的人道主义精神妥善处理，并尽快开通线路。

（1）对受伤者，无论伤势轻重，均应抬至车内送到前方站。

（2）对死亡者，均应将其尸体或尸体的主要部分放置在车辆限界之外，防止再次撞轧或耽误其他列车正常运行。

（3）司机应及时将情况报告调度员或到前方站后将情况报告值班员转报行车调度员。

五、对列车驾驶模式的要求

在城市轨道交通列车运行中,因行车设备的情况不同,列车运行可采用如下驾驶模式。

1)自动驾驶模式(AM)

自动驾驶模式,即用于正线上列车的正常运行模式,也可以称为ATO驾驶模式。

2)超速防护下的人工驾驶模式(CM)

超速防护下的人工驾驶模式,即在ATP监督下的人工驾驶模式,是一种受保护的人工驾驶模式,也称为编码人工驾驶模式。

3)限制人工驾驶模式(RM)

限制人工驾驶模式,即在ATP限制允许速度下的人工驾驶模式,这是一种受约束的人工操作,必须"谨慎运行"。此时,车载ATP将给出一个限制速度,通常为25km/h。

4)非限制人工驾驶模式(URM)

非限制人工驾驶模式是不受限制的人工驾驶(无ATP监督)模式,使用这种模式时列车运行安全完全由司机负责,列车运行不超过限制速度(通常为25km/h)。非限制人工驾驶模式通常分为正常非限制人工驾驶模式(NUM)和紧急非限制人工驾驶模式(EUM)两种。

5)折返驾驶模式

列车折返作业是列车在终端车站调转行车方向改变运行线路的作业。折返作业通常在折返轨道或折返线路上进行,根据设备条件一般使用不同的驾驶模式进行折返:

① ATP模式下的人工折返模式;
② ATO有人自动折返模式;
③ ATO无人自动折返模式。

地铁资料

【资料1】地铁列车运行的一般规定

列车是指以站外运行为目的而按规定辆数编成的电动车组,并具备规定的列车标志。各种内燃机车,虽未完全具备列车条件亦按列车办理。

电动列车及内燃机车的标志,由使用单位负责按规定设置和使用。

电动列车编组长度不得超过站台有效长度和进行调车作业的折返线长度。

担任特殊任务的电动列车是否需要添乘人员,由地铁公司有关领导决定。

凡在运营时间内进入运营线运行的列车均应保证ATP、ATO车载设备及通信设备处于良好状态。

列车司机室应备能与区间电话插销接通的电话机和规定的信号器具。

列车每一节车厢(包括内燃机车)内的固定位置配备灭火器及标明灭火器所设位置的标志。灭火器效能的定期检验工作由×号线公司会同消防部门进行。灭火器的设置与更换工作由×号线公司负责。

在列车运行中，司机应做到：

（1）坚持安全第一的原则，严格按列车运行图规定的运行时刻操纵列车，发现问题及时报告，妥善处理有关事宜，服从行车调度员的指挥。

（2）采用人工驾驶列车时，认真执行"呼唤确认"制度，严格按信号显示要求行车，确保列车安全、正点，平稳操纵列车。

列车在车站停车，应停于规定的停车位置。

因特殊情况需要变更列车运行线路时，必须得到行车调度员的准许。

列车在区间被迫停车后，司机应立即报告行车调度员，并尽快采取措施恢复运行。

遇到列车故障，经判明能短距离运行，不致危及行车安全时，应继续运行至有存车条件的处所，以防阻塞正线。

列车在车站停车后，司机监视乘客乘降情况，确认车门、屏蔽门关好后，方可给出发车指令。

在区间的正线上不得停留列车。在站线、存车线、折返线上停留列车，除列车运行图规定者外，必须得到行车调度员的准许。

车辆溜动或有可能溜出站（段、场）外时，司机应设法使溜动车辆停车，并尽快向行车调度员或综控员、信号楼值班员报告。接到此项报告的人员，必须按下列规定办理：

（1）采取措施阻止溜动车辆运行；

（2）有条件的车站可将溜动车辆引向无列车、车辆的线路；

（3）设法扣留有可能与溜动车辆冲突的列车或使其停车。

如（1）、（2）两项办法均无可能时，必须尽快通知前方站。

有关人员登乘司机室时，必须凭地铁公司签发的登乘证或调度命令登乘。登乘人员在不影响司机工作的前提下，经验明身份并得到准许后方可登乘。

列车或车辆发生脱线、冲突等事故后，必须经地铁公司有关部门做技术鉴定后，方准许编入列车或继续运行。

电动客车的客室内应装设报警对话装置，以备在客室内发生非常事情时乘客使用。在其周围的明显位置，还应张贴使用说明。

因列车故障或施工等原因必须中断接触轨供电时，司机或施工负责人应就停电位置、线别等事宜向相关站综控员、信号楼值班员或行车调度员提出请求。接受停电请求的人员应按要求尽快采取停电措施。停电后须将停电时间、位置、线别，通知请求停电人员。接到停电通知的人员经验电确认确已停电，对接触轨安装接地设施后，方可开始作业。

作业完毕后，司机或施工负责人，应负责拆除接地设施、清点人员，然后向接受停电请求的人员报告。

相关站综控员、信号楼值班员接到请求停电的报告时，须立即上报行车调度员，并按有关规定办理。

【资料2】地铁列车运行模式的规定

（1）×号线××站至××站采用双线单方向运行。客车从××站经上行线运行到××站，经××站折返后进入下行线，再由××站经下行线到××站下行站台，经折返线到上行线，如此循环运行。

（2）根据信号系统提供的条件确定列车的运行模式。

① 正线信号系统实现ATP功能时，司机凭车载信号显示行车。信号机信号显示异常时，司机停车后报告行车调度员，按照行车调度员的指示动车。

② 具备ATP功能时，凭信号机显示及车载信号组织行车。

③ 在信号系统只实现联锁功能的情况下，列车凭信号机显示行车，一个区间只能有一列车。

④ 联锁故障的区段采用电话闭塞法组织行车，列车进入区间的凭证为路票，司机采用NRM模式驾驶。

【资料3】地铁登乘司机室管理的规定

（1）属正常维修、巡检、施工等需进入在线列车司机室时，应在每周施工协调例会上提出，列入一周作业计划安排，并且规定时间、地点、车号，由乘务中心通知司机。

（2）在线列车发生故障时，由当班司机报告控制中心行车调度员。需立即抢修，由行车调度员通知修理人员，同时通知司机，配合修理人员进入列车司机室工作。

（3）指挥部、运营分公司领导或其他来宾登乘列车司机室，应事先通知控制中心做好安排；需临时进入，由运营公司相关人员通知控制中心后，陪同进入。

（4）登乘人员一般不得超过3人，应主动出示证件，司机应认真核查证件；无证件者严禁登乘司机室；对擅自强行登乘的人员，经劝阻无效，司机立即报告控制中心，得到同意后，可暂停开车，由客运部和安保部联合处理。

【资料4】地铁调度命令的发布与传达

行车有关人员必须服从行车调度员的指挥，执行行车调度员的命令，行车调度员应严格按列车运行图指挥行车。

指挥列车运行的命令和口头指示，只能由行车调度员发布。小行基地内不影响正线运行及接发列车的命令可由信号楼调度员发布。发布命令前应详细了解现场情况，听取有关人员意见。调度命令的发布规定如下：

1）发布口头命令的内容

（1）临时加开或停开列车（包括客车、工程车及救援列车）；

（2）客车推进运行、退行，工程车退行；

（3）停站客车临时变通过；

（4）采用RM/URM列车驾驶模式时；

（5）列车救援时；
（6）列车中途清客时；
（7）变更列车进路时；
（8）反方向运行时。
2）发布书面命令的内容（特殊情况下可先用口头命令，事后补发书面命令）
（1）发布线路限速或取消限速；
（2）封锁、开通线路；
（3）行车调度员认为有必要记录的命令。
3）调度命令号码
（1）值班主任：101～199。
（2）行车调度：201～299。
（3）信号楼调度：301～399。
（4）电力调度：变电所倒闸命令401～499；接触网倒闸命令501～599；施工作业令601～699；
（5）环控调度：701～799。

行车调度员发布命令时，在小行基地由派班员、检查调度员或信号楼调度员负责传达；在正线（辅助线）由车站值班站长（值班员）负责传达。传达给司机或其他有关人员的书面命令应盖有行车专用章。

同时向几个车站或单位发布调度命令时，行车调度员应指定其中一人复诵，其他人核对，确保无误。书面命令填写《调度命令登记簿》。

行车调度员应掌握工程车的运行，了解装卸作业进度，检查工程车进出工程领域的情况，确保安全。

必须取消列车进路或关闭信号时，应先通知司机，在确认列车尚未启动时方可取消列车进路或关闭信号。

任务二　城市轨道交通列车运行限制速度的执行

学习目标

（1）熟悉城市轨道交通列车运行限速的意义；
（2）熟悉城市轨道交通车辆允许的最大运行速度及线路容许的最大运行速度；
（3）掌握城市轨道交通闭塞法条件的最大运行速度的限制；
（4）掌握城市轨道交通信号显示或运行条件速度的限制；
（5）掌握城市轨道交通道岔侧向通过速度的限制。

学习任务

掌握城市轨道交通列车运行限制速度及执行，主要包括城市轨道交通列车运行限速的意义，车辆允许的最大运行速度、线路容许的最大运行速度、闭塞法条件的最大运行速度的限制、信号显示或运行条件速度的限制、道岔侧向通过速度的限制等。

工具设备

城市轨道列车模拟驾驶装置、道岔实物或模型、城市轨道交通技术管理规程或行车组织实物、多媒体设备课件、图片、示教板、计算机多媒体设备等。

教学环境

城市轨道交通车辆运用演练场或理实一体化教室。

基础知识

完成城市轨道交通列车运行图所规定数量的列车任务,是通过保证列车运行的正点来实现的,而列车按规定的速度运行是保证正点的重要环节,但为了保证列车运行的安全,列车在任何情况下均不得超过规定的限制速度。列车运行速度的限制是保证行车安全的主要技术手段。根据信号显示方式及指示条件、列车运行方式、接车线路的特点等不同要求,应分别规定在不同情况下,列车运行速度通常按列车运行最大安全速度、容许速度及限制速度的规定严格执行。

一、车辆允许最大运行速度的执行

我国城市轨道交通车辆允许的最大运行速度一般依据城市轨道交通车辆结构所规定的限制速度,通常按 80km/h 执行。

二、线路容许最大运行速度的执行

城市轨道交通线路容许速度主要取决于线路曲线半径的大小,曲线半径越小,列车通过时的速度要求越低。线路容许速度执行各区段线路条件所规定的限制速度,通常可按表 4.1 的规定执行。

表 4.1　线路容许的最大运行速度

线 路 条 件	限制速度（km/h）
直线及曲线半径大于 600m	80
曲线半径为 395～600m	70
曲线半径为 295～396m	60
曲线半径为 195～295m	50
曲线半径为 150～195m	35

三、闭塞法条件限制最大运行速度的执行

在实行移动闭塞法行车时,最大安全速度执行列车 ATP（或司机室屏显运行限制速度曲线）所限制的速度;在实行准移动闭塞法时,最大安全速度为列车在该超速防护自动闭塞轨道区段运行的最高速度,限速执行指示灯所对应的速度表显示的速度一般按表 4.2 执行;在人工闭塞法行车时,最大安全速度执行调度命令所规定的速度。

表 4.2 运行指示灯所对应的限制速度

指示灯显示	4个绿灯	3个绿灯	2个绿灯	1个绿灯	1个红灯
限制速度（km/h）	74	59	38	28	0

四、信号显示或运行条件限制速度的执行

信号显示或运行条件限制速度的执行，通常按列车所接近的信号显示或列车运行有关条件所规定的限制速度执行，通常可按表 4.3 的规定执行。

表 4.3 信号显示或运行条件限制的运行速度

项　目	速度（km/h）
通过显示黄色灯光的信号机	在下一信号机前能停车的速度
列车通过车站	40
列车反方向运行	35
推进运行	30
退行运行	15
接入站内尽头线，自进入该线起	15

五、道岔侧向通过限制速度的执行

列车侧向通过道岔的最高速度，主要取决于道岔的转辙角与导曲线半径的大小，转辙角越大，导曲线半径越小，辙岔号越小，列车侧向通过道岔的限制速度也越小。当列车侧向通过道岔的速度超过其规定限速时，就有脱轨的危险。道岔侧向通过限制速度按列车通过道岔的辙岔号所规定的侧向限制速度执行，通常可按表 4.4 的规定执行。

表 4.4 道岔侧向通过的限制速度

辙 岔 号	速度（km/h）
9（曲线尖轨）	35
9（直线尖轨）	30
7	25
6	20

地铁资料

【资料1】地铁列车运行允许及限制速度

地铁列车运行允许及限制速度按下列各表的规定执行。
（1）线路允许速度如表 4.5 所示。

表 4.5　线路允许速度

线 路 条 件	速度（km/h）
直线及曲线半径大于 600m	80
曲线半径为 395～600m	70
曲线半径为 295～395m	60
曲线半径为 195～295m	50
曲线半径为 150～195m	35

（2）运行限制速度如表 4.6 所示。

表 4.6　运行限制速度

项　目	速度（km/h）
轧道车运行	40
列车通过车站	50
列车反方向运行	35
推进运行	30
退行运行	15
接入站内尽头线，自进入该线起	15

（3）道岔侧向通过限制速度如表 4.7 所示。

表 4.7　道岔侧向通过限制速度

道岔型号	速度（km/h）
9#（直线尖轨）	30
7#	25

列车运行时不得超过速度限制标所标定的速度。

【资料 2】地铁电客车运行速度

电客车司机在运行中要按照规定速度驾驶，运行速度规定见表 4.8。

表 4.8　电客车司机驾驶限制速度

项　目	说　明				
	ATO	ATP/IATP	RM	NRM	
正线运行	设定正常速度	低于设定正常速度 5km/h	25	60	最高限速。各地段具体速度需按线路、设备允许的限速规定
通过车站	40	40	25	40	客车头部离开头端墙的速度
进站停车	57.5	50	25	50	客车头部进入尾端墙的速度
推进运行	—	—	25	25	救援列车在被救援列车尾部推进时为 25km/h，在前端牵引运行时为 45km/h
退行	—	—	10/25	10/35	因故在站间退回发车站时（推进/牵引）
引导信号	—	25	25	25	
进入终点站	设定速度	35/25	25	35	—

续表

项 目	说 明			
	ATO	ATP/IATP	RM	NRM
载客在辅助线上运行	—	15	15	15	经过存车线、折返线（不载客时为30km/h，联络线为25km/h）
车场内运行	—	—	25	25	停车库内5km/h

任务三　城市轨道交通车站接发列车的执行

学习目标

（1）熟悉城市轨道交通接发列车作业的意义；
（2）熟悉城市轨道交通接发列车基本要求；
（3）熟知城市轨道交通无空闲线路接车规定；
（4）熟悉城市轨道交通引导接车规定；
（5）掌握城市轨道交通接发列车司机的作业要求。

学习任务

掌握城市轨道交通车站接发列车的执行，主要包括城市轨道交通车站接发列车作业的意义、接发列车的基本要求、无空闲线路接车规定、引导接车规定、接发列车中司机的作业要求等。

工具设备

城市轨道交通列车模拟驾驶装置、城市轨道交通站场平面布置图、城市轨道交通技术管理规程或行车组织实物、多媒体设备课件、图片、示教板、计算机多媒体设备等。

教学环境

城市轨道交通车辆运用演练场或理实一体化教室。

基础知识

车站接发列车工作是组织列车运行的重要环节，接发列车作业是车站主要工作，只有做好接发列车工作，才能保证列车运行的安全，保证城市轨道交通运输的畅通，保证列车按运行图正点运行。同时，车站接发列车也是列车司机操纵列车的重要环节。车站接发列车工作主要包括列车进站、车站停车、开闭车门（屏蔽门）、车站发车等环节。这些作业不仅关系到列车出入车站的安全、正点，同时也是列车在区间运行安全、正点的基础。为此，车站有关人员及列车司机应认真做好列车在车站的作业。

一、车站接发列车的基本要求

1. 对车站值班员办理的要求

（1）车站应不间断地接发列车，严格按列车运行图组织行车。接发列车时，车站值班员应亲自办理闭塞、开通进路、开闭信号、交付凭证、接送列车及显示信号。

（2）车站值班员在承认或解除闭塞前，应确认接车区间及接车线路空闲，接车进路道岔位置正确，状态良好，没有影响接车进路的调车作业；发车前，应核对接车站承认闭塞的电话、电报号码或解除闭塞时间及车次无误，确认发车进路道岔位置正确，状态良好，没有影响发车进路的调车作业后方可交付凭证，开放出站信号机或显示发车手信号。

（3）车站值班员应随时注意了解列车运行情况，发现列车运行中早点或晚点，偏离列车运行图规定的列车运行间隔时间（如2min）及以上时，应及时报告调度员，调度员应及时采取措施调整列车运行间隔，以保证行车安全。

（4）由于列车进入区间次序变化或列车运行的调整等必须取消发车进路时，首先必须确认列车尚未启动，并通知司机，关闭信号机后，才取消进路。

2. 对列车司机执行的要求

列车司机应根据列车进站信号的指示条件或列车车站出发指示条件进出车站，做到运行稳、停车位置准。同时，加强瞭望，呼唤应答，严格控制列车运行速度，随时注意车站接发车人员的信号显示，遇到有危及行车安全、人身安全或车站接发车人员显示停车信号等特殊情况时，应立即采取减速或停车措施。

二、特殊情况下接发列车的执行

（一）车站内无空闲线路接车的执行

1. 车站内无空闲线路接车的规定

（1）在车站内无空闲线路接车（或虽有接车线路，但接车线路末端与停留车失去了隔开作用）的情况下，对必须接入的列车，应使其在进站信号机外停车后，用调车手信号，以不超过5km/h的速度接入车站内。如列车尾部停于进站信号机外方时，应通知后方站值班员。在用此种办法接车时，必须根据调度员命令办理。

（2）如因站内接车线路临时发生故障等，不能将列车接入车站内时，应将进站信号机关闭，并派人到进站信号机附近向列车显示停车信号，使列车尽快停车。如确知邻站列车尚未发出，也可通知邻站停止发车。

2. 列车司机的执行

列车司机须在进站信号机外方停车后（机外停车），再依据调车手信号的进站指示，操纵列车以不超过5km/h的速度进站。

（二）车站引导接车的执行

1. 车站引导接车的规定

凡进站（包括进段）信号机显示停车信号或在双线区间由反方向开来列车时，应使用引导信号或手信号引导接车。

（1）引导接车时，列车以不超过15km/h的速度运行进站，并做好随时停车的准备。

（2）引导手信号应于来车方向信号机相对处的站台末端显示。

（3）列车头部越过引导信号，即可关闭引导信号或收回引导手信号。

2. 列车司机的执行

列车司机依据信号机显示的引导信号或引导接车人员显示的引导手信号的指示，操纵列车以不超过 15km/h 的速度进站，并加强瞭望，做好随时停车的准备。

（三）出站信号机故障时列车由车站通过的执行

1. 出站信号机故障时列车由车站通过的规定

出站信号机故障时，应按规定交付行车凭证。对于通过列车可在进入关系站前交递行车凭证，凭通过手信号通过。若此时进站信号机也发生故障，还应向列车显示引导信号（或使用手信号引导），使列车根据引导信号和通过手信号进站和通过。对于不能预先交递的行车凭证，应使列车停车交付。

2. 列车司机的执行

列车司机必须取得占用区间的行车凭证，并确认通过手信号后，操纵列车由车站通过。在进站信号机故障时，还必须确认引导信号或引导手信号；在不能预先取得行车凭证时，必须在车站停车。

（四）列车冒进出站信号机的执行

1. 列车冒进出站信号机的规定

当列车冒进出站信号机时，司机应与调度员和行车值班员联系，通常可按下列规定办理。

（1）列车整列冒进出站信号机时，在行车值班员会同行车调度员确认区间空闲后，凭行车调度员或车站行车值班员口头指示运行。

（2）列车一部分冒进出站信号机时，当日末班列车或乘客无返乘条件的列车冒进出站信号机时，必须退回。经车站值班员允许退回本站，出站信号机重新开放后列车继续运行。

（3）经确定冒进出站信号机的列车须退回站内，使其停于规定位置，通常可按下列规定办理：

① 车站行车值班员以广播的方式通告在站台候车的乘客有关列车退行的注意事项后，向列车司机显示调车手信号。

② 车长打开头灯，并监视列车后方情况。

2. 列车司机的执行

列车冒进出站信号后，应立即报告值班员和调度员，并根据值班员和调度员的指示，确认占用区间的行车凭证、接车人员的信号，继续运行或退回车站后继续运行。

（五）手摇道岔接发列车的执行

1. 手摇道岔接发列车的规定

道岔由于停电或故障而使用手摇把转换位置时，必须在车站行车值班员（包括信号楼值班员）的统一指挥下办理。手摇道岔每人每次摇好进路并确认后，应以电话或其他方式向车站值班员报告道岔开通方向并在得到允许后，方可向列车司机或调车司机显示道岔开通信号，列车司机根据开通信号的显示操纵列车通过该道岔区段。

（1）手摇道岔如果为一次转换，列车出发前已得到车站值班员不需要再报告的指示，并明确道岔所需开通方向时,在确认道岔后,即可向列车司机或调车司机显示道岔开通信号。

(2)在设单渡线道岔的终点站上,只办理一个方向的一接一发(无连接连发作业)的交替接发车或调车作业时,手摇道岔在摇好进路并确认后,可直接向发车值班员或调车司机显示道岔开通信号。

2. 列车司机的执行

在实行手摇道岔接发列车时,列车司机应加强瞭望,认真确认进路,确认道岔开通信号,确保列车进出车站的安全。

三、列车在车站的到达、出发及通过时刻的确认

1. 列车到达时刻的确认

列车到达时刻以列车进入车站,停于指定的到达线规定位置时刻为准。

2. 列车出发时刻的确认

列车出发时刻以列车由车站向前进方向启动,列车在站内不再停车时刻为准。列车全部越过站界后因故退回车站再次出发,则以第一次出发时刻为准。

3. 列车通过时刻的确认

列车通过时刻以列车前部(司机室)通过站行车室的时刻为准。

地铁资料

【资料1】地铁车站的接车与发车

(1)行车调度员、设备集中站综控员、信号楼值班员应严格按规定时机开闭信号。如需取消进路,应确认列车尚未启动并通知司机后,关闭信号,取消进路。

车站应不间断的接发列车,严格按列车运行图组织行车。接发列车时,各站综控员应及时交付凭证及显示信号,设备集中站综控员还应及时办理闭塞、开通进路、开闭信号等。设备集中站综控员应随时注意列车运行情况,发现列车运行偏离列车运行图时,应及时报告行车调度员。各站综控员必须注意乘客乘降情况,监视列车状态,发现问题及时采取相应措施。

① 遇到发车计时器出现故障时,司机应与行车调度员取得联系,在得到行车调度员准许后发车。

② 使用引导手信号接车时,按下列规定办理:

引导手信号应于来车方向的站台端部显示;引导接车时,列车以不超过 25km/h 的速度进站,并做好随时停车的准备;列车头部越过引导信号,即可收回引导手信号。

③ 遇到道岔由于停电或故障使用手摇把转换时,必须在综控员(或信号楼值班员)的统一指挥下办理。手摇道岔人员每次手摇完毕确认道岔开通方向正确后,以电话或其他方式向综控员(或信号楼值班员)报告道岔开通方向并得到准许后,方可向司机显示道岔开通信号。列车根据开通信号的显示通过该道岔区段。

如为一次转换，手摇道岔人员在出发前已得到综控员（或信号楼值班员）不需报告的指示，并明确知道道岔所需开通方向及目的时，确认道岔后，即可向司机显示道岔开通信号。

④ 自动驾驶的列车进站按规定位置停稳后，司机应根据点亮的开门指示灯进行开门作业。非自动驾驶的列车进站按规定位置停稳后，司机即可进行开门作业。车门和屏蔽门同时开启和关闭。

⑤ 当自动驾驶的列车进站按规定位置停稳后，无开门指令时，司机在确认开门方向后，采用CM驾驶模式进行开、关屏蔽门及列车车门作业，关门后采用MA驾驶模式发车。

⑥ 当列车进站按规定位置停稳，司机进行开门作业后，车门打开但屏蔽门未打开时，司机应尽快使用站台的就地控制盘将屏蔽门打开，并立即报告综控员。关门时应先关闭车门，再关闭屏蔽门。列车运行至前方站若出现同样故障，司机必须及时报告行车调度员。

综控员如果连续得到两列列车报告车门打开但屏蔽门未打开，必须立即报告行车调度员，行车调度员必须及时通知后续列车。预先得到通知的后续列车进站停稳后，司机必须先使用站台的就地控制盘打开屏蔽门，再打开列车门；关门时先关闭车门，再关闭屏蔽门。

⑦ 车站工作人员发现屏蔽门未关闭时，如果仅为单个屏蔽门，应将该门隔离出屏蔽门系统，使该故障屏蔽门处于打开且隔离状态。如果为多个屏蔽门，应进行互锁解除操作，保证列车及时发车。综控员必须立即报告行车调度员。

⑧ 当屏蔽门故障造成列车迫停时，车站工作人员应及时进行互锁解除操作，保证列车进入车站。列车停稳后，方可恢复互锁解除操作。综控员必须立即报告行车调度员。

⑨ 当多个屏蔽门发生故障无法自动关闭时，车站工作人员必须使用互锁解除及时进行接发列车作业。在不影响接发列车的间隙时间，必须及时使故障屏蔽门打开且处于隔离状态。全部故障屏蔽门均打开且处于隔离状态后，方可停止互锁解除操作。

（2）当列车冒进出站信号机时，司机应立即停车，及时与行车调度员或相关站综控员联系，并按下列规定办理。

① 部分冒进出站信号机的列车，在得到行车调度员或综控员的准许后，退行到规定停车位置。

② 整列冒进出站信号机的列车，行车调度员会同综控员确认冒进列车停车位置至待退回车站的相邻后方站出站信号机之间空闲后，准许退行到规定停车位置。若冒进列车停车位置至待退回车站的相邻后方站出站信号机之间无空闲时，按以下规定办理：

a. 按超速防护自动闭塞法行车时，司机得到行车调度员或综控员准许后，按车载信号的显示继续运行。

b. 按站间自动闭塞法或电话闭塞法行车时，行车调度员会同综控员确认停车位置至前方站出站信号机之间空闲后，方可准许列车继续运行。

c. 终点站冒进的列车、末班车及乘客无返乘条件的列车，整列冒进出站信号机时，若此时后方区间有车，则行车调度员或综控员应立即令后续列车司机就地停车，不得动车。在确认列车确已停稳后，方可准许列车退行到规定停车位置。

d. 对于部分冒进的列车、整列冒进但具备退回条件的列车、到达终点站的列车、末班车及乘客无返乘条件的列车，必须退回。

【资料2】地铁列车接发作业规定

（1）正线接发列车线路的使用由行车调度员决定，车场线路的使用由车场调度员决定。列车经出入场线进出车场的线路使用情况：客车原则上按照《运营时刻表》的规定执行；工程车按照《施工通告》的规定执行；无规定或临时需要变更进出车场路径时，按照正线优先的原则由行车调度员负责安排。

（2）列车以规定速度进站，车站不显示接车信号。

（3）车站原则上不办理人工接发列车作业，遇到特殊情况必须人工接发列车时，车站接发列车人员应严格执行接发列车作业程序。具体作业程序在《车站运作规则》中给出规定。

（4）站台岗人员随时注意站台乘客动态。当电客车进站时，原则上应于站台扶梯口靠近紧急停车按钮附近站岗，防止乘客在关门时冲上车夹伤，负责维护站台秩序，监督司机按规范动作关门。

（5）列车进出车站时，车站人员发现站台或安全门异常，应立即通知司机并及时处理。站务人员或司机同时报告行车调度员。

（6）正线遇到特殊情况必须接发列车时：

① 接车时应按照《运营时刻表》及行车调度员的命令，做好接车工作。

② 车站行车值班员在车站ATS工作站上排列列车进路。

③ 特殊情况下人工接发列车时，显示手信号的时机和地点如下。

a. 接车时，看见列车头部灯开始显示，显示地点为头端墙；

b. 通过列车，应待列车头部越过信号显示地点后方可收回；

c. 停站列车，应待列车停车后方可收回；

d. 发车信号（或好了信号）显示，必须在司机鸣笛回示后方可收回，显示地点为头端墙。

e. 引导手信号，待列车头部越过信号显示地点后方可收回，显示地点为来车方向端墙；

f. 道岔开通信号，道岔位置正确后向司机显示道岔开通信号，必须在司机鸣笛回示后方可收回，显示地点为道岔现场旁边的安全地点。

（7）运行图记录和车站报点的规定。

① 在中央ATS正常时，各站不向行车调度员报告客车到、开点。

② 在未实现信号ATS运行图功能前由行车调度员根据《运营时刻表》规定的时刻，人工铺画计划运行图；根据车站报点，铺画实际运行图，控制列车运行方向和间隔。

③ 在中央ATS不能正常显示时，××站、××站、××站、××站、××站、××站（以上各站简称为报点站）向行车调度员报点。行车调度员根据车站报点铺画列车实际运行图。特殊情况下各车站均需按行车调度员要求报点。

④ 在联锁故障时，采用电话闭塞法的两端站和相关报点站必须向行车调度员报点，并同时向前方站报开点，并向后方站报到点。

⑤ 客车在车站的停站时间增、晚 30s 及以上时，行车值班员、司机要向行车调度员报告原因。

⑥ 工程车运行时，在始发站、终到站、××站及有临时停车的车站均要向行车调度员报点，同时向前方站报开点。

任务四　城市轨道交通列车运行遇到特殊情况时的处理

学习目标

（1）掌握城市轨道交通列车区间被迫停车的处理；
（2）掌握城市轨道交通列车分部运行及退行的处理；
（3）掌握城市轨道交通开行救援列车的处理；
（4）掌握城市轨道交通天气恶劣行车的处理；
（5）掌握城市轨道交通列车发生火灾时的处理。

学习任务

掌握城市轨道交通列车运行遇到特殊情况时的处理，主要包括区间被迫停车的处理、列车分部运行及退行的处理、开行救援列车的处理、天气恶劣行车的处理、列车发生火灾时的处理等。

工具设备

城市轨道交通列车模拟驾驶装置、城市轨道交通平面布置图、城市轨道交通技术管理规程或行车组织实物、多媒体设备课件、图片、示教板、计算机多媒体设备等。

教学环境

城市轨道交通车辆运用演练场或理实一体化教室。

基础知识

列车区间运行是列车运行的重要环节，列车司机应正确操纵，监控列车运行状态，加强瞭望，保证安全、正点。列车司机必须具备应急处理的知识和能力，遇到特殊情况时，应按应急处理预案及有关规定果断处理。

一、列车在区间被迫停车时的处理

被迫停车是指城市轨道交通列车在区间运行中发生的临时性停车，即列车在区间可能因发生事故、行车设备故障及自然灾害等原因造成列车在区间非计划性的停车。这种停车严重影响城市轨道交通的运输秩序和行车安全，若处理不当，不仅破坏运输秩序、造成堵塞，更严重的是可能造成列车的冲突、颠覆、人员伤亡、财产损失等重大事故的发生。因此，要求列车司机和车长应积极采取措施，利用一切手段方法及时报告，同时积极处理，保证列车的安全及防止事故后果的进一步扩大,并以最短的时间恢复行车工作。列车在区间被迫停车后,一种情况是经确认能够继续运行,可按照有关规定重新启动列车继续运行;另一种情况是被迫停车后不能继续运行,在此主要阐述的即后者的处理。

(一) 列车被迫停车后的联系及报告

(1) 列车在区间被迫停车后,不能继续运行时,列车司机应鸣笛警报信号(一长声三短声)或以车内通信设备及其他方式通知车长;若遇到自动制动机故障或不能保持规定的制动压时,还应采取其他制动措施(如止轮器、手制动机等)保证列车就地制动。

(2) 列车司机必须及时使用列车无线电话或携带式电话将故障情况(停车原因、停车地点)报告两端站值班员及调度员,以对列车运行进行必要调整。

(3) 需要防护保证列车在区间的安全时,列车前方由列车司机负责,列车后方由车长负责,车长应检查尾灯,保证灯光明亮。

(4) 列车司机根据需要或车长的指示迅速请求救援。

(二) 列车被迫停车后的处理

1. 已经请求救援时的处理

列车在区间被迫停车后根据具体情况决定是否请求救援,对已请求救援的列车,不得再移动,并按规定对列车进行防护,以防止与开来的救援列车发生冲突事故。

2. 可能妨碍邻线时的处理

(1) 列车在区间被迫停车可能妨碍邻线时,司机应立即在可能妨碍邻线地点来车方向一端点燃火距信号,然后手持信号灯向来车方向显示停车信号。当发现有列车开来时,应向开来列车显示停车信号,迫使开来列车停车,向司机说明情况后即可撤除防护。

(2) 被救援列车启动前,应检查并撤除或松开防溜设施,以防发生意外。

(三) 被迫停车后防护的设置

为保证区间内被迫停车及邻线运行列车的安全,防止后续运行的列车追尾,以及开往区间救援的列车与被迫停车的列车发生冲突,对被迫停车的列车除使用无线通信设备联系报告外,还必须进行安全防护。例如,防护人员打开防护头灯,使用信号旗或信号灯,使用响墩或火炬信号等方式进行防护。

1. 防护的设置

列车在区间被迫停车后,可分别按下列要求进行防护:

(1) 已经请求救援时,从救援列车开来方向(不明时从列车前后两方向),在距离列车不少于 200m 处防护。

(2) 列车分部运行进入区间挂取遗留车辆时,应在遗留车辆前方距离不少于 200m 处防护。

(3) 按时间间隔法或站间自动闭塞法行车时,应在距离列车不少于 500m 处防护。

2. 防护的撤除

列车司机要求撤除防护时,鸣示召回信号,防护人员在听到信号后,必须及时按规定撤离防护地点。按电话闭塞法、站间自动闭塞法行车时，防护人员应一边向来车方向显示停车信号一边返回列车。当发现有后续列车开来时，应继续进行防护，直至列车停车，将原因通知司机后，方可返回列车。

二、列车分部运行及列车退行时的处理

（一）列车分部运行的处理

列车在区间因故被迫停车后，不能原列继续运行，必须分批运行到前方站或后方站的处理过程，称为列车分部运行。

1. 列车分部运行的办法

在不得已的情况下列车必须分部运行时，列车司机和车长应使用无线通信电话报告前方站值班员和调度员，并做好遗留车辆的防溜和防护工作。前部按规定运行并到达车站后，再救援遗留车辆。待遗留车辆全部到达车站并确认区间空闲后，方可按调度员命令开通区间。

2. 列车不准分部运行的规定

列车不准分部运行的情况有：

（1）采取措施后可以整列继续运行时；

（2）对遗留车辆没有采取防护、防溜措施时；

（3）对遗留车辆无人看护时；

（4）列车无线通信设备故障时。

（二）列车退行的处理

列车在区间运行时，因各种原因致使列车不能向预定运行方向继续运行时，将列车向预定运行方向相反的方向运行，称为列车退行。

1. 列车必须退行的处理

在不得已的情况下列车必须退行时，应执行下列规定：

（1）列车经调度员准许以推进方式退行时，车长在听到司机的退行信号或通知后，必须站在列车尾车上注视退行前方，发现危及行车或人身安全时，应立即采取紧急制动措施或使用无线电话通告列车司机，使列车尽快停车。

（2）退行列车必须在车站外方停车，凭车站值班员的手信号引导接入站内。

（3）车站值班员接到列车退行的请求后，应立即报告调度员，以便调度员及时对列车运行做出必要的调整，采取必要的安全措施。

2. 列车不准退行的规定

下列情况列车不得退行：

（1）旅客列车不准退行（经行车调度员或后方站行车值班员确认区间内无列车，并准许时除外）。

（2）无车长值乘的列车不准退行。

施工、救援及预定退行列车的退行由调度员确定；站内不越过阻挡信号机或进站信号机的退行由车站值班员确定。

三、救援列车的开行

调度员及两端站值班员必须确认请求救援列车的具体情况,以便调度员在派出救援列车之前,确定救援方案,并对其他列车的运行进行必要的调整,从而保证救援工作及时、安全地进行,尽快恢复按列车运行图行车。

(一)救援列车的请求

被救援列车司机或车长应根据需要迅速以列车无线电话、隧道插销电话或其他方法向调度员或两端站值班员请求救援。请求救援应包括以下内容:

(1)列车车次、车号;

(2)请求救援事由;

(3)被迫停车的时间、地点;

(4)是否妨碍邻线;

(5)是否需要分部救援;

(6)其他需要说明的事项。

调度员向被救援列车司机或车长说明救援列车开来的方向,列车司机或车长应根据救援列车开来方向,对列车进行防护。

(二)救援列车的办理

车站值班员接到被迫停车列车车长或司机的救援请求后,应立即将请求内容报告行车调度员,行车调度员应向有关车站发布封锁区间的命令,并派出救援列车。

向封锁区间开行救援列车,不办理行车闭塞手续,以调度员的命令作为进入封锁区间的行车凭证,救援列车凭手信号发车。调度员发布的救援命令,应指明救援列车进入封锁区间的车次、停车地点及其他注意事项等。

(三)救援列车的开行

(1)救援列车的司机接到救援命令后,必须认真确认,命令不清、停车位置不明确时,不准动车。

(2)当救援列车进入封锁区间后,在接近被救援列车或车列时,必须严格控制速度。同时,使用列车无线通信与请求救援的列车司机进行联系,并在距离被救援列车不小于规定的距离(如30m)处一度停车,若在下坡道,应延长该距离(如在20‰及以上的下坡道上,距离应不小于50m)。联系确认后,根据被救援列车司机或车长的要求进行作业。

(3)使用客运列车担当救援列车任务时,若从车站出发,则应先进行清客,然后方准许担任救援任务。若是正在区间运行的列车担任救援列车时,乘坐在救援列车上及被救援列车上的乘客应在最近车站全部下车。

(4)救援列车出发、返回或到达前方站,值班员均应及时报告调度员。接入救援列车的车站值班员应将确认后的接入车辆数同时报告调度员。

四、工程列车的开行

工程列车是指不以运营为目的，专门为城市轨道交通内部自用而开行的列车，如专为运送城市轨道交通内部自用的路料、线路施工机械或非运用车专列等开行的列车。

1. 工程列车的主要种类

（1）进出施工封锁区间，为运送工作人员和各种机械器材而开行的列车；

（2）为施工而开行的按列车办理的线路作业机械；

（3）为线路检查、维护保养而开行的按列车办理的车辆；

（4）为调拨、取送车辆而开行的列车；

（5）以非运用编成的专列，如试验列车。

2. 工程列车的行车凭证

（1）当工程列车运行在非封锁区间时，列车应按该区间的行车闭塞法运行，行车凭证为该行车闭塞法的行车凭证。

（2）当工程列车即将进入封锁区间时，行车凭证应为调度命令。该调度命令中应包括列车车次、运行速度、停车地点、停车时间、到达车站的时刻等有关事项。

3. 向封锁区间开行工程列车的执行

（1）向封锁区间开行工程列车在原则上每端只准进入一列。应指派胜任人员携带通信设备于列车尾部值乘，并协助列车司机作业。工程列车进入施工地段应在防护人员显示的信号前停车，根据领导人（指挥人）的要求，按调车办法进入指定地点。

（2）如果为妨碍行车的施工及故障地点的线路，均应设置防护。没有设置好防护时禁止进行作业。

五、天气恶劣时行车的处理

在城市轨道交通线路当中，除地下线路外，还有大量的地面线路或高架线路。而地面线路，特别是高架线路受自然环境、天气的影响较大。为保证列车运行安全，应根据自然环境及气候特点，执行有关安全规定。

1. 大风天气时行车的处理

（1）当调度员接到相关区段风力报警时，应将口头命令下达车站值班员，车站值班员应及时转告列车司机；当风力警报解除后，调度员应通知列车恢复正常运行。

（2）列车司机接到调度员或车站值班员通知后，按有关规定执行，当列车遇到 8 级及以上大风时，应停止运行；当遇到 7 级至 8 级大风时，应降低速度，以不得超过 60km/h 的速度运行。

（3）当列车运行中突遇大风而列车司机未接到调度员或车站值班员的通知时，可视情况采取减速或停运措施，并报告调度员。调度员接到此报告后，应迅速查明相关区段的风速报警情况，若无风速报警，则可口头命令列车司机继续运行。

2. 降雾、降雪、暴雨、沙尘天气时行车的处理

列车运行中遇到降雾、降雪、暴雨、沙尘天气,瞭望困难时,列车司机应及时将天气不良情况报告调度员或车站值班员,根据有关规定限速运行或停止运行。当瞭望距离不足时,应限制列车运行速度或停车。当瞭望距离不足 100m 时,限速 50km/h 运行;当瞭望距离不足 50m 时,限速 30km/h 运行;当瞭望距离不足 30m 时,限速 15km/h 运行;当瞭望距离不足 5m 时,立即停车。

六、列车发生火灾时的处理

(1) 列车发生火灾时,应尽可能使列车运行至车站。因为在车站既可以迅速疏散乘客,又备有较多的灭火设备,并有利于各级消防组织及时赶赴现场灭火。

(2) 若因供电或车辆等原因,列车不能继续运行至车站时,应设法将着火车辆内的乘客疏导到安全的车辆内。此时应着重做好宣传安抚工作,因为稳定乘客情绪是救灾工作的重要环节。若为接触轨供电方式,必须在对接触轨进行接地短路的前提下,将乘客疏导出现场。另外,应动员部分身体强壮的乘客协助将着火车辆从列车中分离开来或采取其他隔离措施,再按调度员的指示办理。

(3) 应充分利用车厢内配置的安全设备。

① 灭火器:灭火器应由车辆段会同专业防消部门进行定期检验,灭火器的设置和更换应由专业部门及人员负责,妥善保管,保证灭火器的效能。列车司机和车长等有关人员必须掌握灭火器的性能及特点,熟练掌握灭火器的操作。

② 紧急制动阀:紧急制动阀是在客室内发生非常情况时,乘客使列车紧急停车时使用的设备。在其周围的明显位置,应张贴使用范围和使用说明,以便乘客正确使用,并防止擅动或使用不当造成其他后果。

③ 对讲设备:对讲设备是供乘客与司机的对讲设备,一旦车厢发生火情、车辆重要部件损坏、乘客发生意外及人为破坏时,乘客能及时将情况报告司机,以便司机及时采取措施。对讲设备上方应张贴其用途、使用方法的说明及本节车辆编号,以便乘客正确使用。

地铁资料

【资料 1】地铁在特殊情况下的行车规定

(一) 列车退行

(1) 列车退行按下列规定办理:

① 列车退行必须经行车调度员或相关站综控员准许。

② 施工、救援及预定退行列车的退行,由行车调度员在调度命令中确定。

(2) 由区间向车站退行的列车必须在车站外方停车,行车调度员会同相关站综控员确认站内空闲后,准许列车退回站内。由车站向区间退行的列车,在由行车调度员会同相关站综控员确认列车退行占用的站间区间空闲后,方准许其退行出站。

（二）救援列车的开行

（1）列车被迫停车不能继续运行时，司机必须及时将故障情况报告行车调度员或相关站综控员，并根据需要迅速请求救援。已请求救援的列车，不得移动。故障排除不再需要救援时，应及时与行车调度员或相关站综控员联系，得到行车调度员或相关站综控员准许后方可继续运行。

（2）被救援列车启动前应检查并撤除防溜装置。

（3）请求救援的报告内容应包括：

① 列车车次、车号；

② 请求救援事由；

③ 迫停时间、地点（以百米标为准）；

④ 是否妨碍邻线；

⑤ 有无人员伤亡及其他需要说明的事项。

（4）行车调度员应向司机指明救援列车开来方向。

（5）司机应根据救援列车开来方向，以列车前照灯的灯光对列车进行防护。

（6）当救援列车接近被救援列车时，必须一度停车。停车位置距被救援列车的距离不小于30m；在24‰及以上的下坡道上，距离不小于50m。然后，根据司机要求与被救援列车连挂。

（7）救援列车发出、折回或到达前方站，相关站综控员均应及时报告行车调度员。

（8）使用在车站的列车担当救援列车时，应先清空乘客，然后方准担任救援任务。使用在区间运行的列车担当救援列车时，乘坐在救援列车及故障列车上的乘客，应在前方最近车站全部清空。

（9）当列车在车站发生故障，由后续列车担当救援列车时，救援列车凭调度命令运行至故障列车所在车站与故障列车连挂。连挂完毕后，列车凭行车调度员赋予的救援车次继续运行。

（10）当列车在区间发生故障，由后续列车担当救援列车时，自行车调度员指定担当救援列车时起，故障列车所在区间即视为封锁状态。救援作业按下列规定办理：

① 若使用同一区间的列车担当救援列车，救援列车凭调度命令与故障列车连挂；

② 若使用车站列车担当救援列车，救援列车凭调度命令进入故障列车所在区间与故障列车连挂。

（11）救援列车全列进站后，封锁状态即自行解除。列车凭行车调度员赋予的救援车次继续运行。

（12）当列车在车站或区间发生故障，且只能利用前方的列车担当救援列车时，行车调度员必须发布调度命令将故障列车所在车站或区间、担当救援任务的列车所在车站及需运行的区间一并封锁，救援列车凭调度命令与故障列车连挂。在区间进行救援的列车全列进站后或在车站救援的列车与故障列车连挂完毕后，行车调度员发布命令将封锁解除，列车凭调度员赋予的救援车次继续运行。

(三)列车跨调度区段运行

办理跨调度区段运行列车的作业时,按以下规定办理:

(1)列车在跨调度区段的联络线上运行时,按电话闭塞法办理行车。

(2)发车线行车调度员必须向接车线行车调度员提出申请,并与接车线行车调度员商定相关事宜,方可发布调度命令。

(3)在办理跨调度区段列车运行作业时,联络线两端车站同时受两条线行车调度员指挥。发车线行车调度员需将调度命令发布至联络线两端车站。

【资料2】地铁工程车开行的规定

(1)工程车可以牵引运行,也可以推进运行,各站按正常列车办理。

(2)工程车中车辆编挂情况由司机负责检查。工程车开行时,装载货物高度距轨面超过3820mm时,接触网必须停电。

(3)工程车编挂有平板车时,因施工或装卸货物的需要,可以在中途站甩下作业,但要做好安全防护及防溜安全措施,返回时要挂走。平板车原则上在区间不准甩下作业。

(4)工程车在正线运行时,司机凭信号机显示行车;联锁故障时,采用电话闭塞法组织行车,司机凭路票行车。

(5)一个联锁区内同一线路只准有一列工程车运行,当前行工程车进入施工区域时,后行的工程车可按《施工检修管理及考核办法》的规定执行。在区间或无信号机显示的车站作业后折返时,凭调度命令行车。

(6)工程车在车站始发或停车后再开时,司机要确认信号机显示或按路票或按行车调度员的命令行车。

(7)原则上车站不用人工接发列车。工程车在运行中司机通过无线车载台或无线手持台与车站加强联系,掌握运行计划,确认运行进路。

(8)工程车到达指定的施工作业区域后,行车调度员应及时发布书面命令封锁该作业区,并确认已采取有关防护措施。待施工结束后,再开通封锁线路,安排工程车返回车场。

(9)工程车必须在第一列车出车前60min离开正线。

(10)原则上工程车当晚返回××车场。行车调度员可根据作业情况的需要,决定工程车当晚不返回,停放于一号线辅助线。

(11)原则上不允许工程车连挂无牵引/制动力的电客车进出联络线和出入场线。

(12)行车调度员视情况组织工程车的开行时机,并密切关注工程车的开行过程,确保与前行电客车保持两个区间及以上的距离。

(13)工程车司机必须掌握好运行速度,操作运行。工程车运行最高允许速度见《车场运作手册》。

(14)工程车以机型确定运行速度。

【资料3】地铁行车有关词汇

（1）CBTC：基于无线通信的移动闭塞系统。
（2）ATP：列车自动防护系统。
（3）ATO：列车自动驾驶系统。
（4）ATS：列车自动监视系统。
（5）CCTV：电视监视器（设在站台头端墙、车站控制室、OCC、司机室等处）。
（6）DTI：发车时间显示器（倒计时器）。
（7）DCC：车场控制中心。
（8）LCW：本地控制工作站。
（9）LCP控制盘：设于车控室内墙上，需要扣车或取消时，按压按钮扣车或取消扣车。
（10）MMI：ATS的人机接口。
（11）OCC：地铁运营控制中心。
（12）PSL：就地控制盘。
（13）PSC：站台安全门中央控制盘。
（14）RM：限速（25km/h）人工驾驶模式。
（15）NRM：非限制人工驾驶模式。
（16）ATP模式：ATP防护的人工驾驶模式。
（17）站台紧急停车按钮ESB：设于站台柱墙上，与车控室内LCP控制盘上的紧急关闭按钮相连，当发现行车不安全时，可立即按压控制客车紧急停车。
（18）安全门：由顶箱和门体组成，将车站站台与站台轨道间分隔开，使站台成为封闭式。当列车进站开门时，安全门开门上下乘客，列车关门时安全门关门。
（19）刚性接触网：将传统断面的接触网导线镶嵌在铝合金汇流排上，再悬挂于轨道上方给列车传输电能的架空线路。
（20）柔性接触网：在轨道上方由接触线、承力索、馈线、架空地线组成，并向列车传输电能的架空线路。
（21）关门车：临时发生空气制动机故障，而关闭截断塞门的车辆。
（22）头端墙：按列车运行方向，列车停在车站时头部对应的车站端墙。
（23）尾端墙：按列车运行方向，列车停在车站时尾部对应的车站端墙。
（24）工程领域：。将线路某一区间或车场某一区域交由维修部门施工，由施工负责人直接控制，确保施工领域的安全。
（25）线路出清：线路巡视员巡查完毕或施工完毕时，施工负责人检查所有人员已携带工具及物料撤离行车或转换轨的某段线路，使该段线路可正常行车。
（26）辅助线：指在正线上与正线连接的渡线、存车线、折返线、联络线及出入场线。
（27）三、二、一车距离：指调车作业时，距离停留车或停车地点的距离。
（28）施工行车通告：汇总每期的施工及工程列车开行计划，临时修改规章手册的通告等，定期出版。

（29）运营时刻表：列车在车站（车场）出发、到达（或通过）及折返时刻的集合。

（30）列车运行图：根据运营时刻表铺画的运行图。

（31）推进：在列车尾部驾驶室操纵列车运行，或救援列车在被救援列车尾部推进运行。

（32）退行：在非正常情况下，列车与原运行方向相反的运行为退行，可以推进或牵引运行。

（33）反向运行：列车运行进路分为上、下行方向运行，违反常规运行方向的称反方向运行。

（34）电话闭塞法（路票）：当车场与正线连接站信号故障或联锁故障时，车场与车站之间或车站与车站间行车组织凭电话记录办理闭塞手续，司机凭路票行车的一种行车方法。

（35）联锁：指信号系统中的信号机、道岔和进路之间建立一定的相互制约关系，如进路防护信号机在开放前检查进路空闲、道岔位置正确及敌对进路未建立等。信号机开放后，道岔不能动，这种相互制约的关系称为联锁。

（36）列车：指在正线上运行的电客车、工程车、轨道车、救援列车。

（37）电客车：指可载乘客运行的列车，由两单元组成，每个单元有三节车。

（38）机车：指××型内燃机车用来调车和牵引车辆的机车。

（39）车辆：指没有自带动力的车辆，如平板车等。

（40）轨道车：指有内燃机动力，用来在轨道上施工时装载工具、施工人员用的车辆。

（41）使用车：按列车时刻表上线运行的列车。

（42）备用车：准备上线替换故障列车或需要加开列车时使用的列车。

（43）运用车：使用车和备用车总称运用车。

（44）检修车：在车场内大修、中修、架修各种检修及临修等车辆统称为检修车。

（45）特殊情况：指信号联锁故障人工排进路组织列车运行时，或列车开到区间因故障要退回车站等情况。

（46）发车（指示）信号：行车有关人员完成一个工作任务，因距离对方较远给对方显示好了信号说明任务完成了；或车站行车人员给司机显示发车信号，表示车站已具备发车条件，告知司机可以发车了；司机还要根据列车的准备情况决定是否开车，以上所给的信号均称为发车（指示）信号。工程车在调车作业和在正线上运行时，调车员给司机的信号或行车有关人员发现安全隐患要求司机立即停车的信号等均属命令式的信号，司机必须马上执行，这时就不能加"指示"两字。

（47）轨道巡检员：指工建车间专门从事轨道巡视，执行线路出清程序的员工。

（48）信号防护员：指在线路现场施工，根据需要设置防护信号的员工。

（49）调车员：车场调车作业时由两名司机担任，一名任司机，驾驶机车；另一名任调车员，指挥调车作业。

项目四　城市轨道交通的列车运行

（50）司机：驾驶列车运行的专职人员，有电客车司机、工程车司机。

（51）引导员（或添乘监控员）：指客车故障需要司机在尾部驾驶室驾驶时，在电客车前端瞭望，监控列车运行速度及运行安全，与司机随时保持联系，控制列车的运行及停车等。引导员由司机或添乘人员担任。

（52）轮值工程师：在车场DCC当值，负责组织指挥车辆的检查、维修工作及故障处理。

（53）值班站长：车站当值的负责人，下设行车值班员、客运值班员、站务员等。

（54）车站值班员：车站行车及客运值班员，协助值班站长管理行车及客运工作的人员。

（55）站务员：负责车站某一部分的工作，包括售票员、站台、站厅服务员。

（56）值班主任：OCC调度指挥当值负责人，下设行车、电力、环控等调度员。

（57）行车调度员：负责行车指挥工作的专职人员。

（58）电力调度员：负责供电系统的管理和调度的专职人员。

（59）环境控制调度员：负责环境控制系统的管理和调度的专职人员。

（60）维修调度员：维修工程部除车辆外的所有设备的维修、检查、施工的专职人员。

（61）客运调度员：负责客运管理和调度的专职人员。

（62）工程列车：使用机车作为动力，用于轨道上施工、运输货物的列车（含单机）。

任务五　城市轨道交通列车运行的操作运用案例

【操作运用案例1】城市轨道交通列车运行一般要求的执行

1. 实训项目教师工作活页

实训项目教师工作活页　　　　NO:_____

实训项目	城市轨道交通列车运行一般要求的执行			
学　　时	2	班　级		略
实训场所	城市轨道交通信号实训室			
实训设备				
教学目标	专业能力	（1）说出城市轨道交通对列车司机的要求 （2）说出城市轨道交通登乘司机室的要求 （3）说出城市轨道交通列车运行中遇到伤亡情况的处理 （4）说出城市轨道交通列车驾驶模式的要求 （5）说出城市轨道交通信号显示或运行条件限制速度		
	方法能力	（1）能综合运用专业知识，通过专业书籍、多媒体课件和图片资料获得帮助信息 （2）能根据实训项目学习任务确定实训方案，从中学会表达及展示活动过程和成果		
	社会能力	（1）能在实训活动中保持积极向上的学习态度 （2）能与小组成员和教师就学习中的问题进行交流和沟通 （3）能与他人共享学习资源，具有较好的合作能力和团队协作精神		
教学活动	略（详见教学活动设计）			

续表

教学评价	学生活动：以 8~10 人小组为单位开展实训活动，根据本组同学在实训过程中的能力表现及结果进行自评及组内互评；根据其他小组同学在成果展示活动中的表现及结果进行互评 教师活动：教师组织学生开展评价活动和总结；对学生本实训项目单元的成绩做出综合评价		
教学资料	（1）城市轨道交通车辆运用教材 （2）城市轨道交通专业有关参考书 （3）实训项目学生学习活页（附页）		
指导教师		教学时间	年　月　日

2. 实训项目学生学习活页

实训项目学生学习活页　　　　　　　　NO：_____

实训项目 1　城市轨道交通列车运行一般要求的执行

班级：_____　姓名：_____　学号：_____　时间：_____

一、实训目标

1. 专业能力目标

（1）说出城市轨道交通对列车司机的要求；

（2）说出城市轨道交通登乘司机室的要求；

（3）说出城市轨道交通列车运行中遇到伤亡情况的处理；

（4）说出城市轨道交通列车驾驶模式的要求；

（5）说出城市轨道交通信号显示或运行条件限制速度。

2. 方法能力目标

（1）能综合运用专业知识，通过专业书籍、多媒体课件和图片资料获得帮助信息；

（2）能根据实训项目学习任务确定实训方案，从中学会表达及展示活动过程和成果。

3. 社会能力目标

（1）能在实训活动中保持积极向上的学习态度；

（2）能与小组成员和教师就学习中的问题进行交流和沟通；

（3）能与他人共享学习资源，具有较好的合作能力和团队协作精神。

二、知识总结

1. 简要说出城市轨道交通对列车司机的要求

2. 简要说出城市轨道交通登乘司机室的管理及遇到伤亡情况的处理

3. 简要说出城市轨道交通列车限速的意义及执行要求

续表

三、操作运用

1. 根据下列符号，填写所代表的列车驾驶模式

（1）AUT0；（2）CM；（3）RM；（4）UM；（5）NUM；（6）EUM

（1）_____（2）_____

（3）_____（4）_____

（5）_____（6）_____

2. 列表说明城市轨道交通信号显示或运行条件限制速度

3. 列表说明城市轨道交通道岔侧向通过限制速度

四、实训小结

_____
_____
_____

五、成绩评定

1. 学生评价

评价等级	A—优	B—良	C—中	D—及格	E—不及格
学生自评					
组内互评					
他组互评					

2. 教师评价

评价等级	A—优	B—良	C—中	D—及格	E—不及格
专业能力					
方法能力					
社会能力					
评价结果					

3. 综合评价

评价等级	A—优	B—良	C—中	D—及格	E—不及格
评价结果					

注：按照学生自评占10%、组内互评占10%、他组互评占20%、教师评价占60%的比例计分。其中，A—100分，B—85分，C—75分，D—60分，E—50分。

4. 评价量规

等　　级	行为表现描述
A	能圆满高效地完成任务的全部内容
B	能顺利完成实训任务的全部内容
C	能完成实训任务的全部内容，但需要一些帮助和指导
D	自己只能完成实训任务的部分内容，但在现场的指导下，已经能完成任务的全部内容
E	不能完成实训任务的全部内容

【操作运用案例2】城市轨道交通特殊情况下列车运行的执行

1. 实训项目教师工作活页

实训项目教师工作活页　　　　　　　　NO:_____

实训项目	城市轨道交通特殊情况下列车运行的执行		
学　时	2	班　级	略
实训场所	城市轨道交通信号实训室		
实训设备			
教学目标	专业能力	（1）说出城市轨道交通列车被迫停车的处理 （2）说出城市轨道交通列车分部运行及退行的处理 （3）说出城市轨道交通开行救援列车的处理 （4）说出城市轨道交通遇到天气不良时行车的处理 （5）说出城市轨道交通列车发生火灾的处理	
	方法能力	（1）能综合运用专业知识，通过专业书籍、多媒体课件和图片资料获得帮助信息 （2）能根据实训项目学习任务确定实训方案，从中学会表达及展示活动过程和成果	
	社会能力	（1）能在实训活动中保持积极向上的学习态度 （2）能与小组成员和教师就学习中的问题进行交流和沟通 （3）能与他人共享学习资源，具有较好的合作能力和团队协作精神	
教学活动	略（详见教学活动设计）		
教学评价	学生活动：以8~10人小组为单位开展实训活动，根据本组同学在实训过程中的能力表现及结果进行自评及组内互评；根据其他小组同学在成果展示活动中的表现及结果进行互评 教师活动：教师组织学生开展评价活动和总结；对学生本实训项目单元的成绩做出综合评价		
教学资料	（1）城市轨道交通车辆运用教材 （2）城市轨道交通专业有关参考书 （3）实训项目学生学习活页（附页）		
指导教师		教学时间	年　月　日

2. 实训项目学生学习活页

实训项目学生学习活页　　　　　　　　NO:_____

实训项目2　城市轨道交通特殊情况下列车运行的执行

班级：_____ 姓名：_____ 学号：_____ 时间：_____

一、实训目标

1. 专业能力目标

（1）说出城市轨道交通列车被迫停车的处理；

（2）说出城市轨道交通列车分部运行及退行的处理；

（3）说出城市轨道交通开行救援列车的处理；

（4）说出城市轨道交通遇到天气不良时行车的处理；

（5）说出城市轨道交通列车发生火灾的处理。

续表

2. 方法能力目标

（1）能综合运用专业知识，通过专业书籍、多媒体课件和图片资料获得帮助信息；

（2）能根据实训项目学习任务确定实训方案，从中学会表达及展示活动过程和成果。

3. 社会能力目标

（1）能在实训活动中保持积极向上的学习态度；

（2）能与小组成员和教师就学习中的问题进行交流和沟通；

（3）能与他人共享学习资源，具有较好的合作能力和团队协作精神。

二、知识总结

1. 简要说出城市轨道交通列车被迫停车的处理

2. 简要说出城市轨道交通开行救援列车的处理

3. 简要说出城市轨道交通遇到天气不良时行车的处理

三、操作运用

1. 操作列车无线通信电话，并写出请求救援报告的内容

（1）_____ （2）_____

（3）_____ （4）_____

（5）_____ （6）_____

2. 画图并说明引导接车的执行

3. 操作灭火器，并写出灭火器的管理规定及使用方法

四、实训小结

_____
_____
_____

五、成绩评定

1. 学生评价

评价等级	A—优	B—良	C—中	D—及格	E—不及格
学生自评					
组内互评					
他组互评					

续表

2. 教师评价

评价等级	A—优	B—良	C—中	D—及格	E—不及格
专业能力					
方法能力					
社会能力					
评价结果					

3. 综合评价

评价等级	A—优	B—良	C—中	D—及格	E—不及格
评价结果					

注：按照学生自评占10%、组内互评占10%、他组互评占20%、教师评价占60%的比例计分。其中，A—100分，B—85分，C—75分，D—60分，E—50分。

4. 评价量规

等级	行为表现描述
A	能圆满高效地完成任务的全部内容
B	能顺利完成实训任务的全部内容
C	能完成实训任务的全部内容，但需要一些帮助和指导
D	自己只能完成实训任务的部分内容，但在现场的指导下，已经能完成任务的全部内容
E	不能完成实训任务的全部内容

思考与练习

1. 什么是城市轨道交通的列车？列车编组有什么基本要求？
2. 城市轨道交通对列车司机有什么要求？
3. 城市轨道轨道交通对登乘列车司机室人员有什么要求？
4. 城市轨道交通列车驾驶模式主要有哪些？
5. 城市轨道交通列车运行限速的意义是什么？
6. 城市轨道交通车辆允许的最大运行速度及线路容许的最大运行速度有何规定？
7. 城市轨道交通闭塞法条件的最大运行速度的限制有什么规定？
8. 城市轨道交通信号显示或运行条件速度的限制有什么规定？
9. 城市轨道交通道岔侧向通过速度的限制有什么规定？
10. 城市轨道交通接发列车有什么基本要求？
11. 城市轨道交通无空闲线路接车有何规定？
12. 城市轨道交通引导接车有什么规定？
13. 城市轨道交通接发列车司机的作业有什么要求？
14. 城市轨道交通列车在区间被迫停车的处理有什么规定？
15. 城市轨道交通列车分部运行及退行的处理有什么规定？
16. 城市轨道交通开行救援列车的处理有什么规定？
17. 城市轨道交通天气恶劣时行车的处理有什么规定？
18. 城市轨道交通列车发生火灾时的处理有什么规定？

项目五　城市轨道交通列车司机的乘务作业

城市轨道交通列车的运行采用有人值乘和无人值乘两种方式，目前主要采用有人值乘方式，即由列车司机担当列车运行的乘务作业。列车司机的乘务作业主要包括列车司机出勤、接车整备、出段（场）、途中运行、折返、入段（场）、退勤等作业的整个过程（也称一次乘务作业过程）。

列车司机乘务作业的质量，不但影响城市轨道交通运营的服务质量，更影响列车的行车安全。因此，要求列车司机在乘务作业过程中，必须严格遵守各项规章制度，严格执行各项作业标准，并要求列车司机具备熟练驾驶列车和处理行车过程中特殊情况的能力，以确保列车运行的安全、正点。

我国城市轨道交通车辆种类较多，本项目以 SFM04 型车辆进行阐述。

任务一　列车司机出退勤与交接班作业的执行

学习目标

（1）掌握城市轨道交通列车司机出勤的内容及要求；
（2）掌握城市轨道交通列车司机退勤的内容及要求；
（3）掌握城市轨道交通列车司机交接班作业的内容及要求；
（4）掌握城市轨道交通列车故障记录单、列车司机手账、列车司机报单和行车事故报告的填写内容和要求。

学习任务

掌握城市轨道交通列车司机出、退勤与交接班作业的执行，主要包括城市轨道交通列车司机出勤、退勤及交接班作业的内容及要求，城市轨道交通列车故障记录单、列车司机手账、列车司机报单和行车事故报告的填写内容和要求。

工具设备

城市轨道交通站场及车辆段平面布置图、城市轨道交通技术管理规程或行车组织规则文本实物、列车故障记录单实物、列车司机手账实物、列车司机报单实物、行车事故报告实物、多媒体设备课件、图片、示教板、计算机多媒体设备等。

🏫 教学环境

城市轨道交通车辆运用演练场或理实一体化教室。

📚 基础知识

列车司机的出、退勤及交接班作业是列车司机一次乘务作业中的重要环节，对于规范行车秩序，保证行车安全起到重要作用，所以列车司机必须按有关的规定和要求严格执行。

一、列车司机出、退勤作业的要求及执行

1. 出勤的要求及执行

（1）出勤前，必须充分休息，保证充足的睡眠。值乘前在规定时间内（如在值乘前8h内）不得饮酒，或按规定提前到公寓休息，以保证充沛的精力投入乘务工作。

（2）出勤时，按规定着装，携带列车驾驶证、列车司机手账等行车必备物品。

（3）熟知和抄阅有关行车命令、行车指示和行车安全注意事项，并经值班人员检查确认后方可上岗。

（4）领取有关行车备品，如相关的钥匙、对讲机、手电等物品。

（5）禁止携带与工作无关的物品。

2. 退勤的要求及执行

（1）交班后，列车司机按规定到指定地点退勤。

（2）退勤时，将值乘中的车辆状况、运行情况等事宜向值班员汇报，必要时（如发生事故、服务纠纷等）写出书面报告。

二、列车司机交接班作业的要求及执行

1. 交接班作业的要求

（1）车辆段（车场）接班时，按规定时间提前到规定地点接车；车站接班时，按规定时间提前到站台指定位置等候接车。

（2）交班前值乘人员必须将各种记录及交接内容准备好，向接班乘务员交接清楚，不得影响列车运行。

2. 交接班作业的内容

交接班作业时要做到"四确认"，即：

（1）确认列车到达时刻、列车表号、车次、车号；

（2）确认车辆运行状况、继续有效的行车调度命令及其他行车注意事项；

（3）确认列车故障记录单内容；

（4）确认行车工具必备物品。

3. 列车故障交接与报修的要求及执行

（1）值乘列车司机将列车运行中发生的故障现象及处理情况如实填写在相关的单

据上。

（2）列车回库后，值乘列车司机应及时向检修人员报修，并说明列车运行状况、运行中发生的故障及其他需要说明的事项。

（3）掉线列车入库后，值乘列车司机要与检修人员共同确认故障现象。

（4）值乘列车司机交付有关行车必备物品，服从值班人员的安排。

三、列车司机有关报表填写的要求及执行

1．列车故障记录单的填写

列车故障记录单（见表5.1）由交班列车司机填写，填写要求如下：

（1）交班前列车司机应认真填写列车故障记录单的各项内容。

（2）列车故障记录单应字迹工整，语言简洁。

表 5.1　列车故障记录单

序　号		车辆状态	车辆模式	运行模式	气候条件	干燥（　）	潮湿（　）
1	车次号	牵引（　）	ATO（　）	ATO（　）	故障描述：		
	车辆号	制动（　）	CM（　）	SM（　）			
	故障时间	惰行（　）	RMF（　）	URM（　）			
	故障区段	停车（　）	WM（　）	AR（　）			
	故障等级		OFF（　）	RM（　）			
	行驶速度		RMR（　）			报告人：_____	

2．列车司机手账的填写

（1）列车司机手账主要填写值乘日期、调度命令及有关行车注意事项。

（2）列车司机手账应详细记录本班次内列车安全运行情况等。

（3）列车司机手账应字迹工整，语言简洁。

3．列车司机报单的填写

（1）列车司机报单应按报单格式内容填写清楚。

（2）列车司机报单应将实际始发、到达时刻及晚点原因等记录清楚。

（3）列车司机报单应字迹工整，语言简洁。

4．行车事故报告的填写

（1）行车事故发生或防止行车事故后，必须按照行车事故报告的格式要求，将事故经过详细、如实填写清楚。

（2）行车事故报告应完整填写单位、姓名、车号、车次、时间、地点、事故概况及签名等。

（3）行车事故报告应字迹工整，语言简洁，一式两份。

地铁资料

【资料】地铁列车乘务员出、退勤及交接班的规定

1. 出勤

1）乘务员出勤的要求

（1）出勤前必须充分休息，出勤前8h不得饮酒（包括出勤班时间内），以充沛的精力投入工作。

（2）乘务员在公寓待班时，必须严格执行公寓待班管理制度，每天收车退勤后立即到公寓执行签到制度，不准外出（特殊情况除外），签到后30min内准时关灯，按时作息。

（3）公寓管理员根据出勤表叫班，叫班点提前电客车出库点60min，其中乘务员准备15min、派班室出乘10min、电客车整备30min、出库前待命5min。

（4）出勤表由派班室于前一天制订，制订的原则按作业结束的先后顺序排列，即"先结束作业的乘务员先休息，早晨先出库"。

（5）叫班遵循"一叫，二答，三催，四复查"的原则，确保乘务员准点出勤。

（6）乘务员出勤时应按规定着装，要求衣着整洁，按规定佩戴领带（结）、肩章、工号牌等。肩章清洁平整，工号牌戴于制服左口袋上方，工号牌的下边沿与口袋盖上沿平齐。

（7）携带乘务员驾驶证及相关的规章文本、故障应急处理资料，按规定时间出勤。

2）车场派班室出勤

（1）按照列车交路时刻表，车场出发乘务员提前60min到车场派班室处登记出勤。

（2）乘务员认真抄阅运行揭示及注意事项，听取派班员的行车指示，清楚所担当的列车车次、列车号、停放轨道、是否担当运营等，做好行车预想，做好行车备品的领用手续。

（3）派班员审核《乘务员日志》上的行车指示，符合安全行车要求后签章交还乘务员，口头传达有关安全注意事项，并发放如下物品并做好登记：

① 《运营时刻表》、《列车走行公里统计表》、《乘务员报单》、《列车故障记录单》；

② 一套客车钥匙（包括乘务员操控台钥匙、乘务员室侧门钥匙、方孔钥匙、安全门钥匙等）；

③ 手持台；

④ 笔。

（4）派班员做好如下"三交三问"。

① 三交：交领导指示要求、交行车安全事项、交行车用品。

② 三问：问行车安全情况、问车辆质量情况、问行车规章。

（5）派班员应检查乘务员的状态，乘务员到规定地点整理列车的情况。

3）正线值班室出勤

（1）正线接车乘务员提前15min在××站派班室登记出勤。出勤后，未经××站值班员允许不得擅离岗位。

（2）正线接车乘务员在××站派班室出勤，应在所接列车到达时间前5min到达××

站站台，立岗接车。列车到达后与交车乘务员进行列车用品、技术状态、行车组织及线路状况、安全事项等的交接。

2. 交接

1）交接班内容及要求

（1）交班前值乘人员必须将各种用品及交接内容准备好，使接班乘务员一目了然。

（2）下车时要带好本人的《乘务员报单》及使用过的无效命令（注明原因并签字，退勤时交乘务长或派班室），并填写好《列车故障记录单》。

（3）准确、全面、清楚、无误地介绍列车设备的运营情况、列车广播、开/关门状况。

（4）完整地交接工具用品、通信设备及电话、电台、行车用的钥匙。

（5）接班人员未按时接班时必须保证列车按运行图运行，并及时向派班员汇报，听从其安排。

2）站台交接班

（1）接班乘务员认真听交班人员交代运营情况、车辆状况、有关行车命令及注意事项。

（2）接班乘务员认真查看有关行车命令、运营情况、车辆状况、交接班记录内容及工具用品。

（3）交接：

① 对口交接；

② 交接内容要清楚准确；

③ 记录运行中发生故障现象的日期、地点、车次、发生次数及处理办法；

④ 交接班时提前做好用品的清点及其他准备工作（进站时不得进行）；

⑤ 乘务员、车长互相通报值乘情况并做好记录，交接班时向接班乘务员交代清楚。

任务二　列车司机段场整备检查作业的操作

学习目标

（1）掌握城市轨道交通列车出入库及段场作业的基本要求及操作；

（2）掌握城市轨道交通列车段场整备检查作业的要求及操作；

（3）掌握城市轨道交通列车试验的要求、项目、方法及操作；

（4）掌握禁止出库列车的技术要求。

学习任务

掌握城市轨道交通列车司机段场整备检查作业的操作，主要包括列车出入库及段场作业的基本要求及操作方法，列车段场整备检查作业的要求及操作，城市轨道交通列车试验的要求、项目、方法及操作，禁止出库列车的技术要求等。

工具设备

城市轨道交通站场及车辆段平面布置图、城市轨道交通车辆实物或模型、城市轨道交通车辆模拟驾驶装置、空气制动机试验台、客室门试验台、多媒体设备课件、图片、示教板、计算机多媒体设备等。

教学环境

城市轨道交通车辆运用演练场或理实一体化教室。

基础知识

列车车辆在运用过程中，不可避免地会造成部分零件磨损、变形、松动等不良现象的出现，会直接影响车辆的使用寿命，甚至危及行车安全。为了更好地完成列车运行任务，要求列车司机出库前认真做好车辆整备检查，及早发现不良现象，确保行车安全。段场作业的核心是巡视检查及试验，在巡视检查及试验中应严格按照列车检查线路流程图和整备作业程序执行，做好列车整备和试验，确保列车在投入运营前，技术状态良好。

一、列车出入库及段场作业的一般要求

1. 出入库及出入段场作业的一般要求

（1）列车出库前值班员确认车库大门开启安全妥当，并确认无人员侵入限界。

（2）列车启动前，列车司机加强瞭望，鸣笛一长声，控制手柄置于【牵引1位】，以5km/h 的速度通过库门。列车司机应随时注意人员位置，将列车头部探出库外后一度停车待发。

（3）列车司机确认出库调车信号开放后，方能启动列车。

（4）段场运行时应加强瞭望，严格按规定速度运行，确认信号显示和道岔位置，发现异常情况立即采取果断措施。

（5）列车在段场运行时，必须断开 SIV、母线重联、客室空调、司机室空调等相关负载。

（6）列车在段场运行时，应将空压机开关断开，并保证列车风压不低于规定值。

（7）入库列车应在规定地点一度停车，凭值班员手信号显示，按规定速度驾驶列车入库。

2. 出入段场作业的列车操作

1）出段场作业的列车操作

出段场列车在出段场信号机前的规定位置停车，闭合列车 SIV、母线重联开关及相关负载。待出段信号机开放，车载 ATP 设备接到信号后，将模式开关由【受控】位转换至【编码】位。

2）入段场作业的列车操作

入段场前必须在入段场调车信号机前（或小站台）停车，断开列车 SIV、母线重联等相关负载，并将模式开关由【编码】位转换至【受控】位。

二、列车段场整备检查作业的操作

（一）列车的巡视检查

1. 巡视检查的基本方法

车辆巡视检查必须按有条不紊的顺序、正确的姿势和科学的方法进行。通常采用目视、

手动、耳听、鼻嗅的方法。

（1）目视法：即视觉检查，是检查车辆外部状态常用的一种方法。如部件的裂纹、接触间隙、松缓、磨耗、变色、折损、泄漏、脱落、丢失、缺油等，具体方法如下。

① 部件表面涂有油漆时，检查漆皮有无鼓起现象，发现可疑时，可将油漆剥去，用锤敲振，若有油痕和锈痕，即可判定是裂纹或透油，实行局部加热，以帮助检查，确定是否裂纹。对表面附有油脂部分，发现局部透油时，可将油脂擦净，再用锤振动，若出现油痕则表示有裂纹。

② 对空气压力管路，如发现局部被吹得很干净并且周围存有油垢，可断定有泄漏。可以在风管接头处涂上肥皂沫，若发现有气泡，则表明该处接头松缓；有水部分可根据泄漏及水垢痕迹判断表示有裂纹。

③ 检查各结合部位，如有透油、透锈，或有移动痕迹和磨出亮印时，判断为松缓。

④ 检查各杆有无弯曲时，从杆的一端目视另一端边缘进行判断。有弯曲可疑现象时，可以利用平尺或解体画线等办法，确定其弯曲程度。

（2）手动法：即手触检查，用手指背直接接触部件，一般用于检查部件的温度、振动等，但检查过程中一定要注意安全，远离运动部件、带电部件。

（3）耳听法：即听觉检查，指凭听觉从部件发出的不良音响判断是否存在故障。

（4）鼻嗅法：即鼻嗅检查，主要用于判断部件及电气线路的橡胶部件、电机绕组或装置是否发热、烧损、着火。

2. 巡视检查的基本要求

（1）送电前列车乘务员应确认轨道、车号、列车无电（或接触轨开关柜断电加锁）状态后，方可进行列车巡视及检查。

（2）受电弓（或接触轨）送电前应确认列车车体两侧、检修地沟及检查高台内无作业人员且无异物侵入限界。

（3）巡视检查时必须对列车的关键部位进行重点检查，并对其他部位进行一般检查。

（4）送电后巡视检查时应采用目测、耳听、鼻嗅的方法进行巡视检查，严禁碰触车辆高压带电设备，禁止打开车下各电器箱盖。

（5）对两端司机室必须进行全面检查时，应先检查操纵端（前端）司机室，再检查非操纵端（后端）司机室。

3. 送电前巡视检查路径、内容及要求

1）送电前巡视检查的路径

送电前列车巡视检查的路径在原则上采用先车下后车上的顺序，检查路径见图 5.1。图中，（1）表示车体非出场端；（2）表示车体右侧；（3）表示出场端司机室；（4）表示出场端；（5）表示车体左侧；（6）表示非出场端司机室；（7）表示客室；（8）表示出场端司机室。按此顺序依次完成巡视检查车辆后，准备下一步操作。

2）送电前巡视检查的内容及要求

列车全面巡视检查包括对车辆外部、客室内部和司机室设备的检查。

（1）对车辆外部的巡视检查，要求转向架机械走行部、制动风源塞门、高压母线、受流器、电器箱锁闭状态及车体外观无异状。

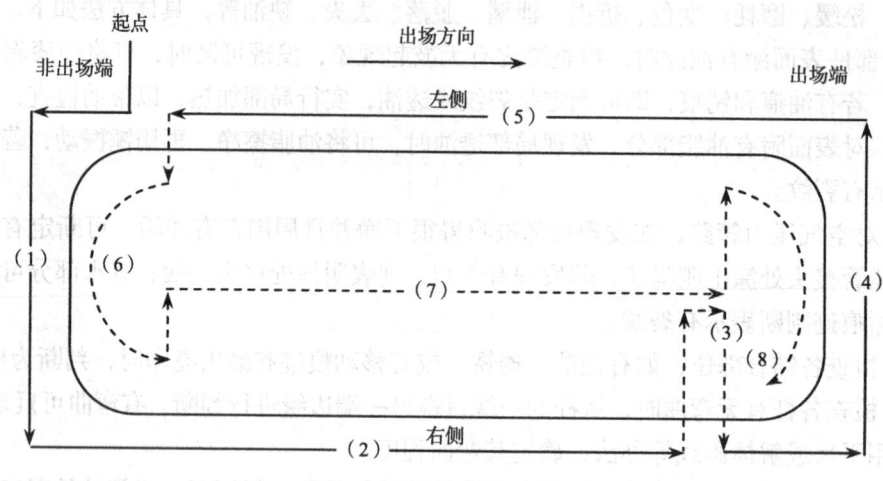

图 5.1 列车巡视检查路径

（2）对司机室的巡视检查，要求蓄电池开关处于分断位，其他各开关、按钮、司机控制器均应在正常位置，防止带负荷进行受电弓（或接触轨）送电作业。

（3）对客室内部的巡视检查，要求客室内灭火器、呼吸器、通信设备及各种工具用品齐全、作用良好。

4. 送电后的巡视检查内容及要求

送电后，要求司机巡视检查列车，确认车辆电气、机械部件无异音、异味、异状，无漏风，确认闸瓦密贴车轮状态。

（1）回操纵端司机室，确认网压为 DC 1500V（如接触轨式供电，则为 DC 750V）。

（2）闭合司机室控制屏柜开关屏内的蓄电池开关，观察蓄电池 DC 110V、DC 24V 电压表，应显示正常电压。

（3）闭合发电机或 SIV 启动开关（SIV 开关禁止反复操作）。

（4）启动后，确认车辆状态监控显示器（以下简称 TMS）、发光盘显示各项数据正常，设备运转状态应符合相关规定。例如，SFM04 型车辆交流输出电压稳定值为 380±19V，频率稳定值为 50±1Hz。

（5）闭合空压机启动开关，检查空压机运转状态，确认双针压力表显示的压力值符合规定。例如，SFM04 型车辆观察 TMS，工作时的空压机应显示为实心绿框；未工作时的空压机显示为空心绿框。

（6）闭合客室灯开关，确认客室内照明良好。

（7）发车前，在操纵端司机室 TMS 进行列车初始设置，通过 TMS 进入"初始设定"画面，确定相关数据；通过 TMS 进入"车辆状态"画面和"运行"画面，检查车辆和列车门等车辆各系统状态。

（二）列车试验的操作

1. 列车试验的一般要求

（1）列车试验时应对列车牵引、制动、客室门、广播系统等进行全面试验。当要求在两端司机室对列车分别进行试验时，应先试验非操纵端司机室，再试验操纵端司机室。

（2）列车发动后试验的主要项目及要求：发电机、SIV、日光灯、空压机、空调、风扇、制动机、车载信号系统、客室门、列车广播系统、乘务员室各功能开关等设备作用良好；客室照明状态良好；车外 LED 显示正常；车辆空调状态良好，并要求司机根据气候状况，闭合相应空调开关进行预冷操作。

2. 列车试验的操作

1）制动机的试验操作

（1）打开钥匙开关，反向器置于【向前】位。

（2）模式开关置于【非限】位。

（3）司机控制器手柄（以下简称控制手柄）由【紧急】位逐级置于【缓解】位，全列车处于缓解状态。

（4）控制手柄从缓解位逐级放置常用制动最高级，观察制动压力值。监控显示器、风压表上显示相应级位的制动压力。

（5）控制手柄由【紧急】位置于【缓解】位，按下紧急按钮，列车应产生紧急制动，重新建立安全电路后列车缓解。

（6）在常用制动 4 级以下松开警惕开关，列车应产生紧急制动；当主手柄置于制动 4～7 级时，紧急制动缓解，并产生相应级位的制动压力。

（7）列车动车前，应确认 TMS 上无 BC 塞门关闭显示，无停放制动指示。

（8）列车试验时应采取相应措施防止列车误动。

2）开关门的试验操作

（1）轻点【运行】键转入"运行"画面。

（2）进行车门开闭操作试验：

① 将门选向开关置于【左】位，操作左侧门开关，进行左侧车门开、关试验；

② 将门选向开关置于【右】位，操作右侧门开关，进行右侧车门开、关试验。

（3）一般开门动作时间为 2.0±0.5s；关门动作时间为 2.0±0.5s。

（4）车门显示状态的确认：

① 司机室操纵台门灯显示（司机室操纵台内侧和外侧均有开关门指示灯，两个指示灯同步进行显示）。

绿色——车门全部关闭到位。

红色——车门全部打开到位。

② 列车车厢侧壁门灯的显示（车厢外侧壁上部为红色门灯）如下。

- 该侧车门开启时亮红灯。
- 该侧车门全部关闭时该灯应熄灭，有故障时亮红灯。

（5）车门开闭 TMS 检查确认项目见表 5.2。

表 5.2 车门开闭 TMS 检查确认项目

车门关闭	车门打开	车门故障	通信故障及门控器断电	车门隔离	门动作中
绿色	黄色	红色	灰色	—	蓝色

注：SFM04 型车辆进行开关门试验时，不需试验再开闭功能。

3）ATP 车载设备的试验操作

列车出库运行前，应在列检库轨道上对两端司机室的 ATP 车载设备进行试验。ATP 车载设备试验操作顺序如下：

（1）确认 ATP 车载设备 DC 110V 电源空气开关在闭合位，ATP 车载设备故障灯熄灭。

（2）操纵车头尾开关置于【头】位，尾车置于【尾】位，模式开关置于【受控】位，控制手柄置于紧急制动位，观察 27km/h 目标速度灯在 30s 内亮绿灯，并以每隔 30s 显示"亮灯→灭灯→亮灯→灭灯……"。

（3）控制手柄置于【制动 1 级】后，将模式开关置于【编码】位，当 27km/h 目标速度灯灭灯时，列车产生紧急制动。

（4）控制手柄置于紧急制动位，模式开关置于【受控】位，27km/h 目标速度灯恢复每隔 30s 显示"亮灯→灭灯→亮灯→灭灯……"，试验结果正常。

4）停放制动施加和停放制动缓解的试验操作

先按下停放制动施加按钮，TMS 显示停放制动施加状态；再按下停放制动缓解按钮，TMS 显示停放制动状态恢复。

5）列车广播、客室通风、客室视频监控（以下简称 CCTV）等设备的试验操作

对列车广播自动报站、人工广播进行检查及试验。司机、副司机在头、尾车使用通信设备进行联系，确认通信设备状态；检查客室通风状态，夏季将空调控制开关置于相应位置，确认客室空调运转状态；检查司机室内 CCTV 显示状态。

三、列车出现下列故障时禁止出库投入运营

1. 列车电气系统故障

（1）受流器及高压电路故障时；

（2）牵引电机故障时；

（3）高压主、辅电路保护装置有一项不良时；

（4）牵引、制动电路故障影响行车时；

（5）辅助电路故障影响行车时；

（6）车未启动 SIV 时，蓄电池电压低于 83V 时；

（7）TMS 显示蓄电池温度异常（超过 45℃）时。

2. 列车制动系统故障

（1）空压机、发电机组、SIV 有 1 台不能正常工作时；

（2）制动系统作用不良时；

（3）总风漏泄严重每分钟超过 10kPa 时。

3．列车机械部分故障

（1）空气弹簧作用不良时；

（2）联轴结、轴箱、齿轮箱不良或严重漏油时；

（3）转向架有裂纹时；

（4）联结器、插销、车钩及缓冲装置有一项不良时；

（5）车体车顶安装不良、倾斜、变形超限时；

（6）危及行车安全的螺栓、销子松弛及机件弯曲变形时；

（7）轮对有以下不良时：

① 车轴有横裂纹及电灼伤时；

② 车轴上有纵裂纹，长度超过 25mm 时；

③ 车轴磨伤深度超过 2.5mm 时；

④ 车轮踏面擦伤深度超过 0.5mm 时；

⑤ 车轮踏面上有孔眼、缺损或剥离长度超过 40mm，深度超过 0.7mm 时；

⑥ 轮缘厚度在距离轮缘顶点 15mm 处测量小于 22mm，或大于 32mm 时；

⑦ 轮缘垂直磨耗高度超过 18mm 时；

⑧ 两车轮内侧距不符合 1353±2mm 时；

⑨ 轮轴松弛时。

（8）司机室门锁故障不能打开或锁闭时（包括司机室与客室相连的通道门）；

（9）风（电）动门装置作用不良时；

（10）司机室玻璃、客室门窗玻璃有裂纹或破碎时；

（11）紧急逃生门不能正常关闭时。

4．列车其他系统故障

（1）TMS（发光盘）、各仪表及指示灯不显示或显示不正常时，TMS 触摸键不能正常转换时；

（2）前照灯、标志灯不良时；

（3）电笛作用不良时；

（4）列车广播系统不良时；

（5）通话系统有一项不良故障时；

（6）ATP 车载设备故障时；

（7）消防器材缺失或不符合标准时，行车用品不齐时；

（8）列车无线电台通信设备不良时；

（9）车下电器箱、客室内电器柜不能正常锁闭时；

（10）客室照明、通风、空调系统故障时；

（11）客室探头及 CCTV 作用不良时；

（12）客室紧急报警系统作用不良时；

（13）发生烟雾报警系统故障，经处理无效时。

地铁资料

【资料】地铁段场作业列车检查标准

（一）列车下部检查

（1）车体外观：无损坏，无变形，客车标志（地铁徽记、目的地号、客车服务号及标志灯）完整清晰。

（2）行车灯、头灯、尾灯、终点站显示屏：显示齐全，外观无破损。

（3）车钩及缓冲装置（包括半自动车钩、半永久牵引杆）：无明显损坏变形，电气盖板锁闭良好，电缆软管无脱落，各塞门位置正确。

（4）转向架：无损坏，无变形，各制动系统塞门位置正确，空气弹簧无破损漏气。

（5）线路滤波电抗器、VVVF、SIV：箱盖锁闭良好。

（6）高速断路器：外罩齐全，锁闭良好。

（7）车间电源箱：锁闭良好。

（8）空气压缩机：工作正常。

（9）空压机启动装置、制动控制装置：箱盖关闭锁紧，各开关位置正确，无漏风。

（10）风缸及干燥器（包括主风缸、制动风缸、空气弹簧风缸）：各塞门位置正确，无漏风。

（11）电气设备箱：箱盖关闭锁紧。

（12）运行状态指示灯：显示正确，无破损。

（二）列车内部检查、试验

1. 司机室检查标准

（1）司机控制器（方向手柄、主控手柄）：均在零位，完整无缺，动作灵活，无卡滞现象，警惕按钮作用良好。

（2）客车无线通信：作用良好。

（3）TMS 彩色显示屏：无明显损坏，信息显示正确。

（4）司机室侧门、司机室门：锁闭良好，动作灵活，无明显卡滞现象。

（5）各种仪表、指示灯：外罩完整、显示正确。

（6）前窗玻璃：清洁，无损坏，刮雨器完整无缺。

（7）设备柜：旁路开关铅封完整，自动开关位置正确。

（8）副台设备：防护设备、行车用品、灭火器齐全，功能良好。

（9）照明灯：状态良好。

2. 客室设备检查标准

(1) 客室内观（地板、门窗玻璃等）：清洁、无明显损坏。
(2) 照明：照明良好。
(3) 车门：锁闭良好，指示灯无显示，手柄位置正确，塑料盖无脱落，乘客报警按钮完整无缺，作用良好。
(4) 车顶通风：通用隔栅完好。
(5) 坐椅：盖板锁闭良好，灭火器齐全。
(6) 设备柜、电子柜、通道侧墙板：锁闭良好，完整。

3. 试验程序

(1) 确认各门、窗正常，乘务员操作台无各类禁动牌，灭火器无遗失，保险开关位置正确，模式选择开关1、2位置正确。
(2) 合上蓄电池，此时蓄电池开始供电。蓄电池电压应不低于84V，紧急照明灯亮，TMS显示屏自检。
(3) 此时请选择操作人员的身份（乘务员模式还是维护人员模式，并输入自己的ID号及密码）。
(4) 转动司控器钥匙开关于【ON】位，本乘务员室被激活。
(5) 模式开关置于RM位。
(6) 检查风压，若总风缸压力低于5bar，则需要先按下右侧屏上升弓泵按钮，此时升弓泵依靠蓄电池的电能开始打风。当升弓泵停止工作时（可通过升弓泵的声音来判断），表明其风压足以升弓了，升弓泵此时不需要关闭。
(7) 鸣笛后按下升弓按钮，观察右侧屏上的网压表或TMS显示屏（辅助供电界面中可显示），当看到网压表指针指向1500V左右或TMS显示屏辅助供电界面中显示网压为1500V左右时，表明受电弓受流成功。
(8) 按下SIV启动按钮，辅助逆变器启动，确认TMS显示屏辅助供电电压显示正常；
(9) 按下空压机启动按钮，按钮常亮，再按强迫泵风按钮检测空压机是否启动。
(10) 将方向手柄置于【向前】位，主手柄置于【RB】位（快速制动位），模式开关置于【RM】位。
(11) 检测车门：
① 自动/手动门选置于手动位。
② 将门选择开关置于左侧，进行两次开、关门操作，确认开、关门正常。
③ 将门选择开关置于右侧，进行两次开、关门操作，确认开、关门正常。
④ 将门选开关置于中间位。
注：开门时确认所有车门打开，所有车门指示灯亮，TMS显示屏显示门全部打开，动作一致，无异常；关门时确认所有车门关闭，所有车门指示灯灭、门关好灯亮及TMS显示屏显示门全部门关闭，动作一致，无异常。
(12) 待主风缸打满，即气压表红针达到9bar，确认紧急制动是否缓解。若不缓解，则参见列车紧急制动不缓解故障处理。

（13）检测列车制动：

① 将主手柄由快速制动位（RB 位）逐级从 B7 位推到 B1 位，观察 TMS 显示屏显示"RB"，快速制动不缓解；再推到中间位，快速制动缓解，观察 TMS 显示屏显示"C"，列车施加保持制动。

② 将主手柄由中间位拉到 B3 位，气压表不动作，TMS 显示屏对应显示 B1～B3 位，列车仍施加保持制动。当主手柄从 B4 位拉到 B7 位，制动风缸压力逐渐增大，即气压表指针（白针）提高，TMS 显示屏对应显示 B4～RB 位。

③ 按下紧急制动按钮（蘑菇按钮），列车施加紧急，旋起按钮，紧急制动缓解。

④ 按下施加停放按钮，司机台停放制动施加红灯亮，并观察 TMS 显示屏停放制动图标显示施加状态。再按下缓解停放按钮，停放制动施加红灯灭，并观察 TMS 显示屏停放制动图标显示缓解状态。

⑤ 按下缓解保持制动按钮并观察 TMS 显示屏，当前端保持制动开关打开。

（14）测试水泵按钮。

（15）测试前照灯。

（16）测试电笛。

（17）测试警惕按钮。

（18）测试司机室灯按钮、仪表灯按钮、阅读灯按钮、解钩按钮。

（19）测试司机室电热、雨刷是否正常。

（20）测试司机室风速选择。

（21）测试列车广播及乘客信息显示系统，主要包括对客室广播、报站、动态地图、视频显示、监控器显示等。

（22）检查火灾报警的显示。

（23）检查牵引：

按下 HB 复位按钮，鸣笛推牵引（P1 位）待列车启动后，迅速拉到制动区。

将方向手柄置于【后退】位，鸣笛推牵引（P1 位）待列车启动后，迅速拉到制动区（此检查必须在后端司机室有人观察的情况下进行）。

（三）若发现列车有下列故障之一时，严禁出库

（1）受电弓、高速断路器等高压设备发生故障，致使列车无 DC 1500V 电源；

（2）VVVF、DCU 等牵引系统发生故障；

（3）EP2002 阀等制动部件发生故障；

（4）客室门、紧急疏散门发生故障；

（5）车载各安全保护装置发生故障；

（6）列车诊断系统发生故障；

（7）空调通风系统发生故障；

（8）空气压缩机、DC/DC、DC/AC 等辅助系统发生故障；

（9）车载通信信号设备（ATP、ATO、无线电等）发生故障；

（10）车辆消防设备发生故障；

（11）其他影响列车运行的故障。

任务三　城市轨道交通列车的操纵

学习目标

（1）熟知城市轨道交通列车正常情况下驾驶的基本要求和注意事项；

（2）掌握城市轨道交通列车进站正常时开、关门的操作程序；

（3）掌握调试城市轨道交通列车的操纵方法及注意事项；

（4）掌握在特殊天气、特殊线路等情况下的城市轨道交通列车的操纵方法。

学习任务

掌握城市轨道交通列车的操纵，主要包括城市轨道交通列车正常运行情况下的操纵方法及注意事项，在特殊天气、特殊线路等情况下列车的操纵方法，调试城市轨道交通列车的操纵方法等。

工具设备

城市轨道交通站场及车辆段平面布置图、城市轨道交通系统车站平面布置图、车辆模拟驾驶装置、多媒体设备课件、图片、示教板、计算机多媒体设备等。

教学环境

城市轨道交通车辆运用演练场或理实一体化教室。

基础知识

城市轨道交通列车的操纵应本着服务、高效、节能的原则，启动平稳，结合线路纵断面的情况合理使用司机控制手柄。列车的操纵包括列车正常运行情况下的操纵和特殊情况下的操纵，如遇到特殊天气、特殊线路等非正常情况。

一、列车操纵有关规范及标准

1. 列车作业规范

1）司机在站台上的站立标准

① 正司机站在站台安全门端门外侧的防护栏活动门一侧保持立正姿势，双手呈自然状态放置，面向列车呈 45°角瞭望，注意信号和乘客情况。

② 副司机与车体呈 45°角站立，认真监督乘客上、下车情况和 DTI 时间变化，在 DTI 显示 10~15s 时与正司机共同关闭安全门和车门。

2）操纵驾驶列车时的姿势标准

① 正司机在列车运行中认真确认和监护列车前方进路的情况，身体正直坐于司机操纵坐椅上，右手放于操纵台的主手柄上，左手靠在操纵台鸣笛按钮处。

② 副司机站在疏散门前，配合正司机对列车前方进路、道岔、信号状态进行瞭望。

③ 值乘中禁止做与行车无关的事。

2. 列车服务标准

1）遵守地铁公司行为守则

在岗时精神饱满、举止大方、行为端正、礼貌服务。

2）文明礼貌待客

① 文明用语：您好、请讲、对不起、给您添麻烦了、谢谢、再见、请您配合我们的工作。

② 做到打不还手、骂不还口、理解乘客、互相尊重、理性处理特殊情况，并及时与行车调度员、车站保安人员或警察联系，确保列车正常运行。

3）报站正确无误

正确、及时的使用报站器报站，并认真监听，发生漏报后及时进行人工报站。当报站器发生错误时，停止原设备报站，改用人工报站。

4）无夹人、夹物动车

列车停稳后司机立即下车，开启安全门和车门，注意监护乘客上、下动态。当DTI倒计时显示到达15~10s时，确认乘客基本上、下完毕后，抓住时机及时关闭安全门和车门，观察没有夹人、夹物现象及客车侧墙黄灯灭后，方可进入司机室动车。

3. 列车运行呼唤应答标准

列车运行中要认真执行十二字的呼唤应答制度：彻底瞭望——动车集中看，瞭望不间断；确认信号——听不清就问，看不清就停；高声呼唤——声音要洪亮，紧密联系同呼唤。

在进入道岔区段前确认防护信号好了后，手指前方防护信号，呼唤"信号好"；关门前确认倒计时显示，乘客上、下基本完毕；动车前确认操纵台门关好，灯亮，速度码正常，手指呼唤"门关好灯亮，有速度码"；有道岔车站前确认道岔防护信号开通，手指呼唤"××灯，道岔好"。列车乘务员正线呼唤应答标准见表5.3。

表5.3 列车乘务员正线呼唤应答标准

呼唤时机	呼唤用语 （正、副司机共同呼唤）	手 比	备 注
道岔防护信号	绿灯	√	按正常速度通过
	黄灯，注意限速	√	
	红灯停车	√	
列车接近道岔时	道岔好	√	
	停车		道岔位显示不正确时，停车
列车接近站台，运行至最后一个进站预告标时（大约距车站尾端墙100m处）	进站注意		在列车鸣笛后
列车接近站台中部时	对标停车	√	
列车停稳开门时	开左（右）门		

续表

呼唤时机	呼唤用语 （正、副司机共同呼唤）	手 比	备 注
距离开车15s时	关门（正司机先呼，副司机后呼）		正司机负责车门开闭，副司机负责安全门开闭。正司机确认无乘客上、下车时关闭车门，副司机听到关门提示音响三声后操作安全门关门按钮
车门关好时	门关好 无夹人、夹物	√	正、副司机共同确认车门关好，无夹人、夹物
	门关好，灯亮	√	在司机室内确认，同时通过TMS屏确认车门关好
正司机进入驾驶位，副司机在司机室立岗后	司机室门锁好 绿灯，有速度码	√	副司机先呼，正司机后呼
鸣笛后，牵引手柄归零，车稍微启动时	出站注意		
列车折返换端，两司机交接时	设备正常，安全无事		由交班司机确认设备正常后向接班司机交班

说明：
1. 手比方式为左手臂端平，左手握拳，食指、中指并拢平伸，指尖需指向确认内容。
2. 正司机驾驶时必须挺胸抬头，右手握住牵引手柄，不做呼唤时左手食指放在电笛按钮上。双脚平放，不得将两脚、两腿交叉，不得抖动双腿。
3. 副司机在司机室立岗时，必须位于正司机左侧，姿势端正，双手自然下垂，身体不得依靠车内任何部位，不许东张西望，协助正司机做好瞭望工作。在电客车行驶不稳时可以手扶司机台扶手。
4. 站台立岗作业完毕后，正司机先进入司机室，副司机后进入司机室，关好、锁好司机室侧门，并进行试拉。正司机监督副司机关好车门，确认司机室侧门锁闭良好后方可动车。
5. 正、副司机值乘时，身体不许背负任何包裹，手里禁止携带任何物品

4. 作业台账填写标准

列车出库、司机交接班、列车故障和列车救援时，司机需填写《司机报单》、《列车故障记录单》等，司机按照规定认真详细填写。

二、正常情况下列车的操纵

1. 列车启动的操纵

（1）操纵端的头尾开关置于【头】位，非操纵端的头尾开关置于【尾】位，控制手柄置于【紧急】位。

（2）采用编码位模式时，操纵端司机室的模式开关由【0】位首先置于【受控】位，待目标速度灯亮后再置于【编码】位。

（3）启动列车前应认真确认信号、运行时刻、各指示灯、各仪表显示正常，各控制开关在规定位置。

（4）列车司机操作控制手柄，由制动级位回置【0】位后稍稍停顿，再放置【牵引1级】位。

2. 列车途中运行的操纵

（1）列车司机操作控制手柄时，应逐级牵引，严禁由制动级位直接转换至牵引级位。

（2）控制手柄由制动级位回【0】位稍作停留，再放置【牵引 1 级】位且放置时间不宜过长，严禁直接放置牵引最高级位。

（3）司机应该根据线路断面、车辆承载及运行要求等情况，操纵常用制动级位，满足列车调速、停车需求。

（4）列车在运行中遇到紧急情况时，司机应迅速采取紧急制动。

（5）列车正线运行时按规定使用电制动。

（6）当列车牵引力不足时，正确使用高加速按钮，按住高加速按钮，把控制手柄拉置牵引位，列车即进入高加速模式。

3. 列车站停的操纵

列车运行中，司机应严格按照列车运行速度要求控制列车速度。列车接近车站时，当确认进站提示标志（预告信号机或进站预告标志）后，做好制动准备，按规定速度进站（一般规定进站速度为不超过 40km/h）。进站后对标停车（一般对标范围为 ±30cm 或为 ±50cm）。

4. 列车客室门的操作

（1）列车进站按规定位置停稳后，正司机、副司机共同确认站台方向后，将门选向开关置于站台侧，操作站台侧开门按钮开门。若列车已越过规定停车范围停车，则不得擅自退行。乘务员应按相关规定确认列车车门状态。当开启列车车门后，操纵者监视司机室内车门指示灯和 TMS 的显示正常，非操纵者下车确认侧壁车门指示灯点亮，监护乘客乘降情况，发现问题及时处理。

（2）关门时，乘务员置身于站台上，操作提示铃后关门，确认侧壁车门指示灯熄灭，手指确认车门监视器显示的车门关闭状态及未夹人、夹物后，方能上车。

（3）车门关闭后，操纵者确认门灯显示正常，TMS 显示车门关好。在确认到达发车时刻后，手指呼唤出站信号，出站运行。

5. 列车折返作业的操纵

1）无折返轨情况下自动折返的操纵

（1）列车以 SM 或 ATO 模式进入无折返轨的终端站站台，显示屏出现折返图标和 AR 符号。列车停稳后，自动折返灯亮。

（2）司机按下自动折返按钮。

（3）自动折返灯灭，显示屏上的折返图标出现黄色背景，此时司机可关主控钥匙，到另一司机室。

（4）另一司机室的自动折返灯闪亮，RM 灯亮，这时司机才可开主控钥匙，自动折返灯灭，显示屏显示 SM 模式，换向完成。

2）有折返轨情况下自动折返的操纵

（1）列车以 SM 或 ATO 模式进入有折返轨的终端站站台，显示屏出现折返图标和 AR

符号。列车停稳后，自动折返灯亮。

（2）司机按下自动折返按钮。

（3）自动折返灯灭，显示屏上的折返图标出现黄色背景。

（4）关车门后，停车点取消，司机可用 ATO 或 SM 模式驾驶列车进入折返轨至停车点停车，关主控钥匙。

（5）另一司机室的自动折返灯闪亮，RM 灯亮，司机开主控钥匙，自动折返灯灭，显示屏显示 SM 模式。

（6）信号机开放，停车点取消，司机可用 ATO 或 SM 模式驾驶列车到站台，自动折返完成。

3）无人折返的操纵

（1）列车以 SM 或 ATO 模式进入站台，显示屏出现折返图标和 AR 符号，列车停稳后，自动折返灯亮。

（2）司机按下自动折返按钮，使自动折返灯灭，显示屏上的折返图标出现黄色背景。

（3）清客，车门关好后，关主控钥匙。

（4）离开司机室到站台的无人折返钥匙开关处，操作 DTRO 开关。

（5）当进路准备好后，列车自动驶入、驶出折返轨，到达站台后停下。

（6）司机进入下行端司机室（运行方向），此时自动折返灯闪亮，RM 灯亮，司机开主控钥匙，自动折返灯灭，显示屏显示 SM 模式，无人折返完成。

6. 列车操纵台转换的操作

1）操纵台恢复操作

（1）控制手柄置于【紧急】位；

（2）反向器置于【零】位；

（3）钥匙开关置于【断开】状态；

（4）模式开关置于【0】位；

（5）头尾转换开关转换至【尾】位；

（6）待另一端启动后依次断开空压机开关、SIV、母线重联。

换台恢复工作完毕。

2）操纵台启动操作

（1）头尾转换开关转换至【头】位；

（2）依次闭合母线重联、SIV、空压机开关；

（3）钥匙开关置于【开启】状态；

（4）反向器置于【向前】位；

（5）模式开关置于【受控】位；

（6）控制手柄由【紧急】位逐级缓解进行制动机简略试验，然后重新置于【紧急】位；

（7）信号开放后，模式开关置于【编码】位。

此时更换操纵台作业结束。

三、特殊情况下的列车操纵

1. 双机车载 ATP 故障时的列车操纵

（1）当双机车载 ATP 设备 A（B）机故障灯点亮时，乘务员将车载 ATP 设备机柜内的设备使用开关置于 B（A）机位置，正常后维持运行。

（2）当双机车载 ATP 设备 A 机和 B 机的故障指示灯均点亮时，司机台上 ATP 车载设备主故障灯（红色）同时点亮，表示车载 ATP 系统 A、B 机均发生故障，乘务员应及时向行车值班员或行车调度员报告，并按其指示运行。

2. 线路设备故障时的列车操纵

（1）线路、接触网（接触轨）、设备等发生故障影响行车时，司机要降低列车运行速度，并将情况报告行车调度员或车站值班员。需要接触网（接触轨）停电时，要及时向行车调度员报告请求停电，并按规定进行防护。影响邻线行车时要立即向来车方向发出停车信号，并按规定做好防护。

（2）列车在区间遇到水灾，司机要根据水灾程度立即停车，查明情况，如果走行轨露出水面，（接触轨）供电正常，司机可使列车减速到能及时停车的速度，通过水灾区段，并及时将情况报告行车调度员。

3. 推进运行时的列车操纵

（1）列车推进运行时，按站间自动闭塞法行车。

（2）列车运行中，操纵端（前方）操纵台因故不能操纵列车，需推进运行时，应立即将情况向行车调度员报告，得到行车调度员准许，并发布变更闭塞方式的命令后，方可执行。

（3）在推进运行中，司机与副司机保持不间断联系，必须严格执行呼唤确认信号制度。

（4）在运行中，司机负责列车前方的瞭望工作，并利用列车通话、广播、发车指令等联络信号及时向副司机传递运行、减速、停车信号。发现危及行车安全而又来不及向副司机发送停车信号时，要果断采取紧急停车措施，停车后要妥善处理。

（5）副司机应根据司机发来的运行、减速、停车信号操纵列车，运行速度不得超过 25km/h。

4. 反方向运行时的列车操纵

（1）因线路或其他原因，在双线单向运行的线路上，列车向线路规定运行方向相反的方向运行时，必须由行车调度员发布调度命令，司机必须确认行车凭证（路票），并根据行车值班员的发车手信号发车。

（2）发车前司机将模式开关放置【非限】位，运行中要加强瞭望，按规定鸣示音响信号，运行速度不得超过 35km/h。

（3）进站前要适时采取制动措施，凭行车值班员的引导手信号进站，进站速度不得超过 15km/h，并做好随时停车的准备。无引导手信号时，要将列车停于车站外方。

5. 高坡地段的列车操纵

（1）高坡地段中，下坡运行时要严守速度，当列车接近限速前要适当制动，将速度控制在规定范围之内。

（2）上坡时要提前调整速度，如故障车数过多，应提前加速，达到规定速度时，保持列车恒速，以防坡停。

（3）列车在坡道上启动时，要合理使用控制手柄、坡道启动按钮。坡道启动按钮操作见表5.4，防止溜车。

表5.4 坡道启动按钮操作表

车 型	坡道启动按钮的操作
SFM04型车	在坡道启动时，应先按下坡道启动按钮，然后再给牵引最大级，2s后松开坡道启动按钮。
DKZ4型车	在坡道启动时，应先按下坡道启动按钮，然后再给牵引。列车启动后，注意观察牵引电流，适时释放该按钮

（4）在坡道被迫停车时，应使列车处于制动状态，如因车辆故障、接触网（接触轨）停电等短时间内不能继续运行时，要做好防溜措施。

6. 特殊天气的列车操纵

在隧道外遇到暴风、雨、雪及浓雾等特殊天气时：

（1）列车牵引启动时，控制手柄各级位应顺序操作；发生空转时，及时将控制手柄退回【0】位，空转结束后方可继续操作运行。

（2）运行中严格控制列车速度，制动时要适当延长制动距离，实施低级位制动，防止滑行，视情况追加或缓解，确保对标停车。

（3）视情况开启前照灯，鸣笛报警，适当降低速度。当看不清信号、道岔时，要停车确认，严禁臆测行车。必要时与行车调度员或车站行车值班员联系，按其指示行车。

（4）入库要提前制动，严格执行一度停车的规定。

7. 进站停车未对标时的操作

1）列车越过停车标时的操作

（1）ATP模式下列车越过停车标5m及以上距离时，司机应立即报告行车调度员，并通过广播安抚乘客。必须按照行车调度员的指令动车。

（2）ATP模式下列车越过停车标不足5m时，司机通过广播安抚乘客，采用ATP模式退行对标停车，车停稳后立即报告行车调度员。

（3）在IATP或NRM模式下列车进站越过停车标时，司机应立即报告行车调度员，并通过广播安抚乘客，得到行车调度员退行的命令后，按照规定以RM模式退行对标停车。

2）列车未到达停车标时的操作

列车进站未到达停车标停车时，司机再次启动列车对标停车。

3）列车未对标停车但不能继续对标时的操作

列车未对标停车，但因车辆故障或其他原因不能继续对标停车时：

（1）司机应立即报告行车调度员，同时与站务员确认站台侧处于站台区车门的数量，并通过广播安抚乘客。

（2）司机和站务员手动打开相应的已进入站台侧的车门和安全门，必要时，打开应急门；如需清客，在得到行车调度员的命令后立即清客。

（3）及时将现场情况报告行车调度员，根据行车调度员的命令办理。

8. 冒进出站信号机时的列车操纵

（1）列车因故冒进出站信号机时，必须与行车调度员或行车值班员联系，经允许后，方可凭行车调度员的口头命令运行。

（2）装有 ATP 车载设备的列车经允许退回车站时，司机必须将模式开关放置【非限】位，反向器由【向前】位放置于【向后】位，使列车退回规定停车位置。退行后司机必须立即恢复原驾驶模式。

9. 调试列车的操纵

（1）正线调试的列车，必须在段内整备、调试正常，制动机和信号系统、通信设备良好后方能进行正线调试。

（2）调试列车由调试负责人负责指挥，调试前乘务员确认到发车时刻、运行区段、行车方法、调试内容等。

（3）调试列车需按照预先牵引、制动实验要求进行，但不得超速运行，不得违章运行和作业。信号系统设备试验时需有专业人员指导，按其要求进行试验。

（4）列车试验应在区间进行。试验紧急制动时，应在平直线路上，并注意防止滑行。

（5）在调试过程中，需下车处理故障时，必须在停车后将制动手柄置于【紧急】位，方可允许有关人员下车处理。处理故障过程中未得到调试负责人的允许不得操纵车上任何开关。乘务员在得到调试负责人处理完毕、有关人员已全部上车的通知后，方可动车。

（6）调试过程中，调试乘务员应随时掌握运行时刻和车辆状况，不得影响正线运行。

10. 列车司机室紧急疏散门的操作

（1）在紧急情况下，需打开紧急疏散门时，首先将枪栓式插销解锁，然后将疏散门手柄向前推动约 21°，疏散门即解锁。再继续推动手柄，至空气弹簧开始工作，此时空气弹簧可推动疏散门，直至疏散门完全向右侧打开到位。

（2）扳动疏散梯红色解锁开关到【解锁】位，推动疏散梯向前翻转并逐级打开疏散梯。

使用结束后，轻踩紧急疏散梯三级踏板，手动按下搭扣解开三级踏板，拉动踏板逐级向上翻转。注意，翻转一级踏板时应避免拉杆处于死点位置，可在翻转时轻压拉杆连接处。关闭时，应理顺扶手索，翻转到位后，将解锁开关置于【复位】位，锁紧疏散梯。

四、列车操纵过程中的注意事项

1. 列车客室门操作的注意事项

（1）列车启动后，非操纵者要站稳把牢，按规定探视。当发现站台工作人员显示的停车信号或有危及人身安全时，应立即通知操纵者采取紧急停车。

（2）列车运行到终点站或因发生车辆故障在中间站清客（全部乘客离开列车）时，站务员负责清客工作。清客完毕后，向列车乘务员显示徒手关门信号（单臂高举，左右摇动）。乘务员凭站员显示的关门手信号关门，确认车门关好后方可启动列车。未经行车调度员允许严禁列车载客折返或调车。

（3）当电视监视车门设备发生故障，不能正常显示车门关闭状态时，应按下列规定办理：

① 司机应及时报告行车调度员或行车值班员，并按人工确认车门关闭状态的办法确认车门状态。

② 司机得到行车调度员或行车值班员按照人工确认车门关闭状态的通知后，凭站务员显示的关门良好信号（关门良好指示牌），方准发车。

③ 人工确认车门关闭状态。

2. 列车车载信号设备操作的注意事项

（1）列车模式开关有【非限】、【0】、【受控】、【编码】四个档位。列车在非运行状态时，首尾两端司机室的模式开关均应置于【0】位。

（2）在实行站间自动闭塞、电话闭塞两种方式行车的区段，列车驾驶模式开关应置于【非限】位操纵列车运行。

（3）在实行超速防护自动闭塞法行车的区段（包括正线、站线），严禁列车乘务员擅自采用【非限】位操纵列车运行。

（4）当列车目标速度灯显示"红灯"时，列车应停在前方F标或地面信号机前，未经行车调度员允许严禁擅自越过。

（5）在实行超速防护自动闭塞法行车的区段，列车因故停在轨道电路模糊区时，乘务员应改用【受控】位模式运行6m的距离（注意不得越过前方F标），并应根据列车目标速度灯的显示及时恢复原驾驶模式运行。若ATP车载设备仍接收不到目标速度码信号时，乘务员应及时与行车调度员联系，按其指示运行。

（6）在超速防护自动闭塞法下，列车在进站过程中（已越过进站信号机）发生车载ATP故障时，乘务员应待列车停稳后，在确认站台空闲的情况下，以不超过25km/h的速度运行至站台规定位置停车，再进行恢复试验。如恢复正常，必须继续使用【编码】位运行；如不能恢复【编码】位，应与行车调度员或行车值班员联系，按其指示运行。

（7）在超速防护自动闭塞法下，列车在进入折返线、库线过程中（已越过调车信号机）发生车载ATP故障时，乘务员应待列车停稳后，在确认折返线、库线空闲、道岔位置正确的情况下，以不超过25km/h的速度运行至规定位置停车，将故障情况报告行车调度员。

（8）超速防护自动闭塞法下，列车遇到ATP故障，乘务员使用无线电台无法与中心取得联系时，按下述方法进行办理：

① 列车在折返线、库线出库时可凭地面信号机的进行显示或引导信号，在确认道岔开通位置正确后，以不超过15km/h且随时能保证停车的速度运行至站线后，再与行车调度员联系。

② 在进站信号机外方运行时，可凭地面信号机的进行显示或引导信号、引导手信号，在确认道岔开通位置正确后，以不超过15km/h且随时能保证停车的速度运行至站线后与行车调度员联系。

③ 在防护信号机外方运行时，可凭地面信号机的进行显示或引导信号，在确认道岔开通位置正确后，以不超过 15km/h 且随时能保证停车的速度运行至前方信号机外方，按其显示运行。

④ 遇到进站信号机、出库信号机、防护信号机显示禁止信号时，如果无引导信号或引导手信号，乘务员必须设法与相关站行车值班员或行车调度员联系并按其指示办理。未经允许不得越过该信号。

（9）列车在需要切断车载 ATP 电源重新恢复设备运行时，闭合 ATP 车载设备 DC 110V 电源开关，设备将自动延时送电。

（10）车载 ATP 设备断、送电时，应使用 ATP 车载设备 DC 110V 电源开关，严禁使用车载 ATP 设备机柜内的任何开关进行断、送电操作（双机车载 ATP 车辆 A、B 机转换开关除外）。

（11）列车重新建立模式条件：
① 车载 ATP 的工作电源开关闭合；
② 列车头尾开关，前部操作端置于【头】位，后部置于【尾】位；
③ 列车应有足够的制动压力；
④ 列车必须处于停车状态；
⑤ 控制手柄应在【紧急】位；
⑥ 反向器应在【向前】位；
⑦ 模式开关置于【受控】位。

地铁资料

【资料】地铁列车操作指南与乘务员规范用语

（一）列车司机驾驶操作指南

1. 列车的各种操作模式

1）ATO 模式（有人全自动驾驶模式）

此时模式开关处于【ATO】位。在此模式下，列车的启动、加速、巡航、惰行、制动、精确停车、开关门及折返等由车载信号设备控制，不需司机操作。进入 ATO 驾驶模式后，若系统设备正常，没有人工干预，则此驾驶模式维持不变。

打开车门由列车自动控制或人工控制，但仅在车载信号设备给出车门释放信号时才允许操作。车载信号设备仅在列车停准在站台时才给出允许信号。

在该驾驶模式下，司机可选择自动关门或人工关门，一旦停站时间结束，车门、站台安全门自动或人工关闭，司机按下 ATO 启动按钮，列车离站。

车载信号设备连续监控列车速度，并在超过预定速度时实施常用制动。在超过最大允许速度时实施紧急制动。

所有必要的驾驶信息将在司机室信号显示屏上显示。

2）ATP 模式（ATP 速度监控下的人工驾驶模式）

此时模式开关处于【ATP】位。在此模式下，列车的速度、监控、运行及制动在车载信号设备的限制下由司机操作。

开关车门由司机人工控制，但开车门仅在车载信号设备给出门释放信号时才允许操作。

车载信号设备连续监控列车速度，并在超过预定速度时实施常用制动。在超过最大允许速度时实施紧急制动。

所有必要的驾驶信息将在司机室信号显示屏上显示。

3）RM 模式（限速人工驾驶模式）

此时模式开关处于【RM】位。在此模式下，列车的速度、监控、运行及制动由司机操作，车载信号设备仅对列车特定速度（25km/h）进行超速防护。

车载信号设备提供允许开门信号，开、关车门由司机人工控制。

车载信号设备在列车超速（大于 25km/h）时实施紧急制动。

所有必要的驾驶信息将在司机室信号显示屏上显示。

4）洗车模式（通过按司控器洗车按钮实现转换）

用于洗车机洗车或列车救援时的连挂，限速 3~5km/h。

5）NRM 模式（非限制人工驾驶模式，此模式下 ATP 切除）

此时模式开关处于【NRM】位。在此模式下，列车的速度、监控、运行及制动由司机操作，没有 ATP 防护。

此模式在车载信号设备故障或特殊运行需要时使用。此时，车载信号设备对牵引、制动等的控制功能失效。进入此模式要求司机对模式开关进行特殊手续的操作。紧急制动仅由车辆设备控制。

6）IATP 模式（点式列车驾驶模式）

司机利用来自信号机处动态信标的信息及速度限制来驾驶列车。

7）ATB（OFF）模式（关闭及自动折返模式）

此时模式开关处于【OFF】位。在此模式下，车载信号设备处于上电等待状态，不再接收司机室内的驾驶操作命令。当列车两端司机室内的车载信号设备均处于该模式时，列车处于不可移动的制动状态。

在以下情况使用该模式：列车 ATO 自动折返时；驾驶室车载设备处于备用状态时。

8）列车驾驶模式的转换关系（见表 5.5）

2. 司机室转换

在驾驶控制手柄回到【N】位时，方向手柄回到【0】位，这时才能关闭司控器钥匙。

（1）另一端司机室司控器钥匙打开前，司机必须确认当前司机室司控器钥匙关闭；一列车只能有一端司机室被激活；司机可通过 TMS 显示屏来观察另一端司机室的激活情况；

（2）另一端司机室被激活前，必须关闭有关按钮、开关及尾端司机室头灯。

表5.5 列车驾驶模式转换关系表

从(From)	到(To) AM	ATPM	IATP	RM	ATB	NRM
AM		不停车 (No stop)	停车 (stop)	停车 (stop)	停车 (stop)	停车 (stop)
ATPM	不停车 (No stop)		停车 (stop)	仅限车辆段转换轨处不停车 (No stop in transfer track/stop else where)	停车 (stop)	停车 (stop)
IATP	停车 (stop)	不停车 (No stop)		仅限车辆段转换轨处不停车 (No stop in transfer track/stop else where)	停车 (stop)	停车 (stop)
RM	停车 (stop)	不停车 (No stop)	不停车 (No stop)		停车 (stop)	停车 (stop)
ATB	停车 (stop)	停车 (stop)	停车 (stop)	停车 (stop)		停车 (stop)
NRM	停车 (stop)	停车 (stop)	停车 (stop)	停车 (stop)	停车 (stop)	

3. 开、关门作业

（1）ATO模式下，列车进站自动对标停车后，列车显示屏显示相应侧车门释放信息，车门自动打开，安全门随后自动打开。无特殊情况时（列车无故障或无接听行车调度员电话），司机必须立即于司机室侧门旁立岗，监视站台乘客上、下车情况。

（2）ATP/IATP模式下，列车进站，人工对标停车后，列车TMS显示屏显示相应侧车门释放信息。需人工开门时，必须严格执行"确认、呼唤、跨半步、开门"四步作业程序，先开启安全门，再开启车门。

（3）以RM、NRM模式对标停车后，人工开门时，必须严格执行"确认、呼唤、跨半步、开门"四步作业程序，先开启安全门、再开启车门，谨防错开门。

① 安全门在自动控制模式下，列车进站停稳且车门与安全门对位不影响乘客正常上、下车时，司机按压司机室左/右两侧车门开门按钮，发出开门指令。在车门打开过程中车门内侧上方及外侧侧墙上方橙黄色指示灯闪烁，同时蜂鸣器鸣叫两声。车门打开后，安全门随之自动打开。

② 安全门在手动控制模式下，列车进站停稳对标停车时：

a. 副司机、司机学员或安全门操作员打开安全门。副司机、司机学员或安全门操作员接到司机通知开门后，操作PSL打开安全门，在安全门完全打开后（门开启灯亮），通知司机打开车门。

b. 司机接到副司机、司机学员或安全门操作员通知开门后，打开车门，乘客正常上、下车。

③ 车门打开后，列车TMS显示屏上的"一般信息"栏内，"门显示"将显示粉色，且车门内侧上方及外侧侧墙上方橙黄色指示灯点亮。

④ 乘客乘降完毕，收到发车信号后，司机可按司机室相应侧关门按钮，以关闭列车左侧车门或右侧车门。关闭左侧车门时，按左侧车门关门按钮；关闭右侧车门时，按右侧

车门关门按钮。按关门按钮时，司机要一直看着安全门和车门的关闭状态，同时电子门铃一经得到关门指令即响铃。在车门关闭过程中车门内侧上方及外侧侧墙上方橙黄色指示灯闪烁，蜂鸣器鸣叫3声。

⑤ 待车门关好后 TMS 显示屏上"列车状态"栏内显示车门关闭，司机台上"门关好"指示灯亮，同时车门内侧上方及外侧侧墙上方黄色指示灯熄灭。在连续3次关门过程中均检测到障碍物，指示灯持续明亮，直到任何开门或关门指令重新将门启动。

⑥ 在每个客室侧门内侧上方均设有红色指示灯，当车门因故障被切除时，红色指示灯亮。

⑦ 安全门在自动控制模式下，司机关闭车门，安全门随之关闭。

⑧ 安全门在手动控制模式下：

a. 司机通知安全门操作人员关闭安全门。

b. 接到司机通知关闭安全门信号，副司机、司机学员或安全门操作员操作 PSL 将安全门完全关闭后（全部门关闭且锁紧指示灯亮），通知司机关门。

c. 司机接到副司机、司机学员或安全门操作员通知关门后关闭车门。

4. 车场列车连挂

（1）车场内连挂，需要车辆部专业人员的引导。

（2）车场内小曲线半径线路上的连挂，司机在车辆室相关人员确保钩头对中后进行。

（3）连挂作业列车在接近被连挂车约20m处一度停车，并以5km/h的速度接近被连挂列车；连接时需在距离其3m处一度停车，得到可以连挂的信号后，列车再以洗车模式（3km/h）进行连挂。

（二）列车正线运行乘务员的规范用语

（1）人工广播时应使用普通话，口齿清楚，语调平和，叙述内容清楚明了。当自动广播故障不能正常播音时，应立即采用人工播音，播音内容与自动广播内容相同，播报内容如下。

① 始发站列车启动：欢迎乘坐××地铁，本次列车的终点站是××站。下一站XX站，下车的乘客请做好准备。

Welcome to line one of ×× subway, next station is ××, please get ready for your arrival.

② 中间站列车启动：列车启动，请扶好站稳，下一站××站，列车开启前进方向左/右侧车门，请下车的乘客做好准备。

Train starts, please hold and stand firmly. Next station is ××, the left/ right side of door will be used. Please get ready for your arrival.

③ 中间站列车进站：××站到了，请在列车的左/右侧车门下车。

We are arriving at ×× station, the left/right side of the door will be used.

④ 终点站列车到站：终点站××站到了，请乘客带好您的随身物品准备下车，欢迎您再次乘坐××地铁。

We are arriving at ×× station, the terminal of the train. Please get ready for your arrival and make sure all your belongings with you. Welcome to take this line of next train. Have a nice day!

（2）列车运行发生特殊情况或临时运营调整时按下列标准播音。

① 退出服务预告：各位乘客请注意，本次列车将在××站退出服务，请到××方向的乘客在××站下车后，听从车站工作人员安排改乘下次列车。不便之处，敬请谅解，谢谢您的配合。

Passengers announcement/attention please(两遍). This train will be out of service at ×× station. Passengers for ×× direction, please get off at ×× station. Follow the arrangement of the station staff to take the next train. Sorry for the inconvenience. Thank you for your cooperation.

② 列车清客：各位乘客请注意，本次列车因故需要紧急疏散，请您服从工作人员的指挥立即离开车厢，谢谢您的配合。

Passengers announcement/attention please(两遍).This train need emergency evacuation for some reason. Please follow the arrangement of the station staff to leave the carriage immediately. Thank you for your cooperation.

③ 越站（通过列车）：各位乘客请注意，因特殊原因本次列车将不停车通过××站，请需在该站下车的乘客改在邻近车站下车。不便之处，敬请谅解，谢谢您的配合。

Passengers announcement/attention please(两遍).This train will not stop at ×× station for some reason. Passengers for ×× station, please get off at near station. Sorry for the inconvenience. Thank you for your cooperation.

④ 两端疏散：各位乘客请注意，本次列车因故需要在两端紧急疏散，请您依照指示进入司机室并打开疏散门，步行前往最近的车站。

Passengers announcement/attention please(两遍). This train need emergency evacuation on both ends. Please follow the instruction to get into the driver's room and open the emergency door. Walk to the nearest station. Thank you for your cooperation.

⑤ 后端疏散：各位乘客请注意，本次列车因故需要在列车尾部紧急疏散，请您依照指示进入司机室并打开疏散门，步行前往最近的车站。

Passengers announcement/attention please(两遍).This train need emergency evacuation in the end of the train. Please follow the instruction to get into the driver's room and open the emergency door. Walk to the nearest station. Thank you for your cooperation.

⑥ 前端疏散：各位乘客请注意，本次列车因故需要在列车头部紧急疏散，请您沿列车前进方向进入车头，工作人员将会协助您离开车厢。

Passengers announcement/attention please(两遍). This train need emergency evacuation in the head of the train. Please get into the train head, the station staff will help you to leave the carriage.

⑦ 稳定乘客情绪：乘客您好，因列车故障，请大家耐心等待，谢谢您的配合。

Passengers announcement/attention please(两遍).Due to the breakdown of the train, please be patient. Thank you for your cooperation.

⑧ 临时停车：乘客您好，现在是临时停车，请您耐心等待，谢谢您的配合。

Passengers announcement/attention please(两遍). This is a temporary stop, please be patient. Thank you for your cooperation.

⑨ 大客流时的广播词：各位乘客请注意，现在是乘车高峰时间，请不要拥挤，先下后上，注意安全，谢谢您的配合。

Passengers announcement/attention please. Now it is the rush hour, please don't crowd and let passengers get off first. Pay attention to your safety. Thank you for your cooperation.

⑩ 退行时的安抚乘客广播词：各位乘客请注意，现在列车是临时退行，请扶好站稳，谢谢您的配合。

Passengers announcement/attention please. The train is shunting back temporally, please stand clear. Thank you for your cooperation.

注：Passengers announcement 在一般情况下使用，attention please(两遍)在紧急情况下使用。

（3）服务用语：

① 各位乘客，为了确保您的安全，请不要在地铁车站及列车内吸烟，谢谢您的配合。

Passengers, for your safety, please don't smoke in the carriage or station. Thank you for your cooperation.

② 各位乘客，为了保持良好的乘车环境，请您不要在车厢内追逐、打闹、大声喧哗，不要乱扔垃圾杂物，谢谢您的配合。

Passengers. in order to keep the comfortable environment, please don't chase, make noise or drop rubbish in the carriage. Thank you for your cooperation.

③ 各位乘客，文明出行从你我做起，请您主动给老、弱、病、残、孕及抱小孩的乘客让坐，谢谢您的配合。

Passengers，let's advocate civilization travels, please give your seat to the old、the weak、the sick、the disabled or the pregnant. Thank you for your cooperation.

任务四　城市轨道交通列车司机乘务作业的操作运用案例

【操作运用案例1】城市轨道交通段场列车整备检查作业的操作

1. 实训项目教师工作活页

实训项目教师工作活页　　　　　　　NO：____

实训项目	城市轨道交通段场列车整备检查作业的操作		
学　　时	2	班　级	略
实训场所	城市轨道交通车辆运用演练场		
实训设备	车辆实物、列车模拟驾驶装置、空气制动机试验台、客室门试验台等		

续表

教学目标	专业能力	（1）能叙述交接班作业的内容 （2）能叙述送电前的检查内容 （3）能叙述送电后的检查内容 （4）能独立完成制动机的检查与试验 （5）能独立完成车门的开关检查与试验
	方法能力	（1）能综合运用专业知识，通过专业书籍、多媒体课件和图片资料获得帮助信息 （2）能根据实训项目学习任务确定实训方案，从中学会表达及展示活动过程和成果
	社会能力	（1）能在实训活动中保持积极向上的学习态度 （2）能与小组成员和教师就学习中的问题进行交流和沟通 （3）能与他人共享学习资源，具有较好的合作能力和团队协作精神
教学活动	略（详见教学活动设计）	
教学评价	学生活动：以8~10人小组为单位开展实训活动，根据本组同学在实训过程中的能力表现及结果进行自评及组内互评；根据其他小组同学在成果展示活动中的表现及结果进行互评 教师活动：教师组织学生开展评价活动和总结；对学生本实训项目单元的成绩做出综合评价	
教学资料	（1）城市轨道交通车辆运用教材 （2）城市轨道交通专业有关参考书 （3）实训项目学生学习活页（附页）	
指导教师		教学时间	年　月　日

2. 实训项目学生学习活页

实训项目学生学习活页　　　　　　NO：_____

实训项目1　城市轨道交通段场列车整备检查作业的操作

班级：_____　姓名：_____　学号：_____　时间：_____

一、实训目标

　1. 专业能力目标

（1）能叙述交接班作业的内容；

（2）能叙述送电前的检查内容；

（3）能叙述送电后的检查内容；

（4）能独立完成制动机的检查与试验；

（5）能独立完成车门的开关检查与试验。

　2. 方法能力目标

（1）能综合运用专业知识，通过专业书籍、多媒体课件和图片资料获得帮助信息；

（2）能根据实训项目学习任务确定实训方案，从中学会表达及展示活动过程和成果。

　3. 社会能力目标

（1）能在实训活动中保持积极向上的学习态度；

（2）能与小组成员和教师就学习中的问题进行交流和沟通；

（3）能与他人共享学习资源，具有较好的合作能力和团队协作精神。

二、知识总结

　1. 叙述交接班作业的内容。

续表

2. 叙述列车送电前检查的内容

3. 叙述列车空气制动机试验的过程

4. 叙述客室门试验的过程

三、操作运用

1. 画出车辆送电前的车辆检查路径，并叙述检查的内容

2. 操作演示列车空气制动机试验（在车辆空气制动机试验台上进行），并写出试验操作的步骤

3. 操作演示车门试验（在客室门试验装置上进行），并写出试验操作的步骤

四、实训小结

_____
_____
_____
_____

五、成绩评定

1. 学生评价

评价等级	A—优	B—良	C—中	D—及格	E—不及格
学生自评					
组内互评					
他组互评					

续表

2. 教师评价

评价等级	A—优	B—良	C—中	D—及格	E—不及格
专业能力					
方法能力					
社会能力					
评价结果					

3. 综合评价

评价等级	A—优	B—良	C—中	D—及格	E—不及格
评价结果					

注：按照学生自评占10%、组内互评占10%、他组互评占20%、教师评价占60%的比例计分。其中，A—100分，B—85分，C—75分，D—60分，E—50分。

4. 评价量规

等 级	行为表现描述
A	能圆满高效地完成任务的全部内容
B	能顺利完成实训任务的全部内容
C	能完成实训任务的全部内容，但需要一些帮助和指导
D	自己只能完成实训任务的部分内容，但在现场的指导下，已经能完成任务的全部内容
E	不能完成实训任务的全部内容

【操作运用案例2】城市轨道交通列车模拟驾驶的操作

1. 实训项目教师工作活页

实训项目教师工作活页　　　　NO：_____

实训项目	城市轨道交通列车模拟驾驶的操作		
学　时	2	班　级	略
实训场所	城市轨道交通车辆运用演练场		
实训设备	城市轨道交通列车模拟驾驶装置		
教学目标	专业能力	（1）能独立完成列车的正常操纵 （2）能独立完成车门的开关操作 （3）能独立完成特殊区段线路的列车操纵 （4）能独立完成操纵台的转换	
	方法能力	（1）能综合运用专业知识，通过专业书籍、多媒体课件和图片资料获得帮助信息 （2）能根据实训项目学习任务确定实训方案，从中学会表达及展示活动过程和成果	
	社会能力	（1）能在实训活动中保持积极向上的学习态度 （2）能与小组成员和教师就学习中的问题进行交流和沟通 （3）能与他人共享学习资源，具有较好的合作能力和团队协作精神	
教学活动	略（详见教学活动设计）		
教学评价	学生活动：以8～10人小组为单位开展实训活动，根据本组同学在实训过程中的能力表现及结果进行自评及组内互评；根据其他小组同学在成果展示活动中的表现及结果进行互评		
	教师活动：教师组织学生开展评价活动和总结；对学生本实训项目单元的成绩做出综合评价		

续表

教学资料	（1）城市轨道交通车辆运用教材 （2）城市轨道交通专业有关参考书 （3）实训项目学生学习活页（附页）				
指导教师		教学时间	年	月	日

2．实训项目学生学习活页

实训项目学生学习活页　　　　　　　　　　　　NO：_____

实训项目2　城市轨道交通列车模拟驾驶的操作

班级：_____　姓名：_____　学号：_____　时间：_____

一、实训目标

1．专业能力目标

（1）能独立完成列车的正常操纵；

（2）能独立完成车门的开关操作；

（3）能独立完成特殊区段线路的列车操纵；

（4）能独立完成操纵台的转换。

2．方法能力目标

（1）能综合运用专业知识，通过专业书籍、多媒体课件和图片资料获得帮助信息；

（2）能根据实训项目学习任务确定实训方案，从中学会表达及展示活动过程和成果。

3．社会能力目标

（1）能在实训活动中保持积极向上的学习态度；

（2）能与小组成员和教师就学习中的问题进行交流和沟通；

（3）能与他人共享学习资源，具有较好的合作能力和团队协作精神。

二、知识总结

1．简要叙述正常的启动列车过程

2．简要叙述车门开、关的操作过程

3．简要叙述操纵台转换的操作过程

4．简要叙述高坡地段特殊情况下列车的操纵方法

三、列车模拟驾驶操作

1．操作演示启动列车，并写出操作的步骤

续表

2. 演示列车进站的司机呼唤应答过程,并写出呼唤应答的时机和内容

3. 操作演示列车定点停车,写出对标的范围要求

4. 操作演示列车停稳后客室门的开、关操作,并写出操作的步骤

四、实训小结

五、成绩评定

1. 学生评价

评价等级	A—优	B—良	C—中	D—及格	E—不及格
学生自评					
组内互评					
他组互评					

2. 教师评价

评价等级	A—优	B—良	C—中	D—及格	E—不及格
专业能力					
方法能力					
社会能力					
评价结果					

3. 综合评价

评价等级	A—优	B—良	C—中	D—及格	E—不及格
评价结果					

注:按照学生自评占10%、组内互评占10%、他组互评占20%、教师评价占60%的比例计分。其中,A—100分,B—85分,C—75分,D—60分,E—50分。

4. 评价量规

等　　级	行为表现描述
A	能圆满高效地完成任务的全部内容
B	能顺利完成实训任务的全部内容
C	能完成实训任务的全部内容,但需要一些帮助和指导
D	自己只能完成实训任务的部分内容,但在现场的指导下,已经能完成任务的全部内容
E	不能完成实训任务的全部内容

思考与练习

1. 城市轨道交通列车乘务员出勤有哪些要求？
2. 城市轨道交通列车乘务员出勤交接班的内容有哪些？
3. 城市轨道交通列车乘务员出勤过程中需要填写的记录单和报表有哪些？
4. 简述城市轨道交通车辆库内整备检查的方法？
5. 进行城市轨道交通列车整备检查的基本要求有哪些？
6. 简述城市轨道交通车辆送电前的检查内容？
7. 简述城市轨道交通车辆送电后的检查内容？
8. 如何进行城市轨道交通车辆制动机的检查和试验？
9. 如何进行城市轨道交通车辆开、关门的检查和试验？
10. 城市轨道交通车辆被检查发现哪些电气故障禁止出库？
11. 城市轨道交通车辆被检查发现哪些制动机故障禁止出库？
12. 城市轨道交通车辆被检查发现哪些机械故障禁止出库？
13. 城市轨道交通列车进站后，如何进行开、关门操作？
14. 如何进行城市轨道交通列车操纵台转换操作？
15. 简述列车遇到高坡地段的操纵方法。

项目六　城市轨道交通列车运行的应急处理

城市轨道交通列车的安全正点运行是城市轨道交通运营公司提供优质客运服务的基础。而列车在实际运行过程中，由于车辆本身的故障，以及列车运行过程中所发生的突发事件，不但影响运营服务质量，甚至危及列车运行的安全。作为城市轨道交通列车的乘务人员，在列车运行中肩负着重要的职责和责任，因此必须具备及时、正确处理车辆故障和突发事件的能力。

我国城市轨道交通车辆种类较多，本项目主要依据 SFM04 型车辆进行阐述。

任务一　城市轨道交通车辆故障的应急处理

学习目标

（1）掌握城市轨道交通车辆空气制动系统故障的应急处理；
（2）掌握城市轨道交通车辆辅助系统故障的应急处理；
（3）掌握城市轨道交通车辆牵引与制动系统故障的应急处理；
（4）掌握城市轨道交通车辆车门及其他故障的应急处理。

学习任务

城市轨道交通车辆故障的应急处理，主要包括城市轨道交通车辆空气制动系统故障、辅助系统故障、牵引与制动系统故障、TMS 系统故障、车门故障及处理，以及其他故障的应急处理程序及方法。

工具设备

城市轨道交通模拟驾驶装置、城市轨道交通车辆实物或车辆模型、地铁行车有关规章制度文本、地铁有关应急处理文件文本、多媒体设备课件、图片、示教板、计算机多媒体设备等。

教学环境

城市轨道交通车辆运用演练场或理实一体化教室。

项目六 城市轨道交通列车运行的应急处理

基础知识

为了保证城市轨道交通列车运行的安全，为乘客提供优质的运营服务，必须保证列车在担当任务时具备良好的技术状态，因此在出库前要求乘务员对车辆进行全面的检查。但车辆在实际运行过程中，由于各种因素，难免发生这样或那样的故障，如空气制动系统、客室门、牵引系统及信号等系统会发生突发故障，这就要求列车乘务员通过 TMS 的显示判断故障，并且能够在最短的时间内做好应急处理。本文依据 SFM04 型车辆阐述了常见的故障现象，并明确了针对故障进行紧急处理的程序、方法及注意事项。

一、空气制动系统故障的应急处理

1. 空压机故障的应急处理

（1）当一台空压机不打风时，检查故障车空气自动开关 QF27 或 QF28 和非故障车 QF28 是否正常，如跳开将其闭合仍不打风，维持运行，并随时注意风压显示，到终点站后掉线（即退出运营）。

（2）全列车空压机不能启动时，检查头车空气自动开关 QF13 是否正常，如跳开将其闭合。

（3）使用强迫泵风按钮（位于操纵台左下方），维持运行。

2. 空压机打风不止的应急处理

（1）由于调压器故障造成空压机打风不止时，司机首先到 2 号车或 5 号车断开 QF27 和 QF28，若此时仍打风不止，则可判断故障的调压器位于另一车，合上此车的 QF27 和 QF28，然后到故障车断开 QF27 和 QF28（注：QF27 和 QF28 都需要断开）。

（2）由于总风缸安全阀泄漏造成空压机打风不止时，应断开故障车空气自动开关 QF27，关闭故障车总风缸输出塞门。司机使用正常车的空压机供风，维持运行到终点站掉线，运行中随时注意总风压力显示状态。

3. 全列车紧急制动不缓解的应急处理

（1）确认司机室各有关开关按钮位置、作用是否正常。

（2）检查列车总风风压是否正常。

（3）【非限】位试验确认 ATP 车载设备是否正常，重新建立安全电路。

（4）检查头车自动空气开关 QF8、QF9 确定其作用正常，如跳开将其闭合。

（5）短接头车的 ESS 闸刀，限速 30km/h 运行至站台，根据行车调度员的指示清客掉线或就近入库。

（6）若总风欠压开关故障，短接头车 DES、ESS 闸刀，限速 30km/h 运行至站台，根据行车调度员的指示清客掉线或就近入库。

（7）副司机到尾车更换操纵台推进运行，立即清客掉线。

注意：短接 ESS 紧急旁路后，前、后端紧急按钮失去作用，遇到紧急情况时，应立即采取紧急措施。

4. 全列常用制动不缓解的应急处理

（1）确认 ATP 车载设备是否故障，【非限】位试验。

（2）利用头车强缓按钮使列车强迫缓解，立即清客掉线。

（3）仍不缓解时，副司机到尾车，更换操纵台用尾车操纵，立即清客掉线。

5. 单车制动不缓解的应急处理

（1）首先使用强缓按钮强迫缓解，如能缓解，则维持运行到站台处理。

（2）观察 TMS 显示的 BC 压力和侧墙故障闸灯，确定故障车。

（3）到故障车断开 QF11，如缓解则确定为常用制动不缓，再一次闭合；如故障现象仍未消失，应断开 QF11 维持运行。

（4）断开 QF11 后仍不缓解，应关闭故障车单车强缓塞门 B3，维持运行到终点，清客掉线。

6. 全列停放不缓解的应急处理

（1）检查总风风压是否达到 500kPa 以上。

（2）检查停放施加按钮 PBS 作用是否良好，位置是否正常。

（3）在头车利用 PBS 停放施加按钮进行一次停放施加恢复操作。

（4）若仍有故障，则到车下手动切除停放制动塞门 K9 及强缓塞门 B3，同时拉开停放手动拉环（风路引起的停放动作），立即请求救援。

注意：切除 K9 的同时必须切除 B3，否则停放仍起作用。

7. 单车停放不缓解的应急处理

（1）检查总风风压是否正常。

（2）在头车利用 PBS 停放施加按钮进行一次停放施加恢复操作（能恢复电路引起的停放动作）。

（3）手动切除故障车停放制动塞门 K9 及强缓塞门 B3，同时拉开故障车停放手动拉环（风路引起的停放动作）。

注意：切除 K9 的同时必须切除 B3，否则停放仍起作用。

二、车门故障的应急处理

1. 全列车门打不开的应急处理

（1）确认车门选向开关的作用是否正常。

（2）确认开门按钮的作用是否正常。

（3）检查头车空气自动开关 QF16 是否跳开，如跳开，则将其闭合。

（4）短接操纵端零速旁路开关 SK2，动车前将零速旁路开关恢复。

（5）仍打不开车门时，更换操纵台，到尾车进行试验。

（6）仍打不开门时，利用紧急开门装置（位于客室门右上方）将门开启后疏散乘客，立即清客掉线。

2. 全列车门关不上的应急处理
（1）确认关门按钮的作用是否正常。
（2）将车门选向开关回零强行关门（注意，关门时无防挤压功能、再开门功能）。

3. 门灯与 TMS 显示不符的应急处理
（1）若确认全列车门确已关好后，列车开、关门指示灯异常，TMS 及侧墙门灯显示正常，短接 SK1 关门旁路，并随时注意 TMS 的运行显示画面。遇到显示不正常时立即停车检查，防止开门走车。维持运行到终点站掉线。
（2）若确认全列车门确已关好且列车关门灯显示正常，而列车车厢外侧壁门灯不灭，TMS 关门光带显示异常时，司机和副司机应加强观察，在运行中随时注意开、关门指示灯的显示，加强对车门关闭状态的确认。

4. 个别车门打不开或关不上的应急处理
（1）若发现个别门未打开，可在 2s 后再次按下开门按钮。
（2）若发现个别门未关上，可在 2s 后再次按下关门按钮。

5. 单节车门打不开或关不上的应急处理
（1）检查故障车空气自动开关 QF17 是否跳开，如跳开，则将其闭合。
（2）如连续跳，立即清客掉线。

6. 客室车门发生无防挤压功能、无再开门功能（门控器故障），只能执行关门指令的应急处理
（1）先将故障车门障碍物清除，然后将车门封闭。
（2）如果车门障碍物无法取出，则将故障车门上盖内的门控器开关（橙色开关）跳开，手动将该门打开，清除障碍物，然后再手动关好故障车门并将其封闭。

7. 单个车门关不上的应急处理
（1）门槽有异物：清理异物关门或撬动门扇关闭车门；如果车门障碍物无法取出，则将该车门上盖内的门控器开关（橙色开关）跳开，手动将该门打开，清除障碍物，然后再手动关好故障车门并将其封闭，再闭合该车门的门控器开关。
（2）门扇胶条变形：捋直胶条关闭车门。
（3）手动关门后确认该车门已故障不能正常动作时，使用隔离开关切除故障车门，挂上门故障牌，维持运行。
（4）采用人工手动关门但关不上时，若门间隙小于 100mm，则挂好门栅栏，副司机在故障处监护，维持运行到终点站清客掉线；若门间隙大于 100mm，则需副司机在故障处监护，将关门旁路 SK1 置于【强制】位，立即清客掉线。

三、牵引系统故障的应急处理

1. 全列牵引无流的应急处理
（1）检查车门选向开关位置是否正确，如不正确，置于正确位置。
（2）检查是否有车带闸，如列车缓解不良，按有关规定处理。

（3）检查门灯显示是否正常，如不正常按有关规定进行处理，确认全列车门已关好，将 SK1 打至强制位，注意防止开门走车。

（4）检查相关保险 QF7，如跳开，则将其闭合。

（5）因渡板信号显示故障造成全列无流时，牵引短接 SK3 渡板旁路开关。

（6）SK5 发车旁路开关置于【强制】位。

（7）换头试验，清客掉线。

注意：列车推进运行时最高速度是 25km/h，因此推进运行清客掉线后应立即就近入库。

2. PWM 信号遮断的应急处理

牵引无流时，将牵引手柄回零进行二次牵引试验，如果此时有流，则试验制动，如果制动只有 5 级压力或紧急，则说明 PWM 信号遮断应申请掉线就近入库。

3. 单台 SIV 故障时的应急处理

（1）单台 SIV 因轻故障停机，5s 后自动重新启动。

（2）若停机 30s 后仍未启动，则司机使用复位按钮对 SIV 故障进行手动恢复操作。

（3）到故障车确认 QF43 是否跳开，如跳开则将其恢复（应首先将 SIV 启动开关关断，再进行恢复）。

（4）手动不能复位且保险未跳，则维持运行至终点掉线。

4. 两台 SIV 故障时的应急处理

（1）SIV 因轻故障停机后，5s 后自动重新启动。

（2）若停机 30s 后仍未启动，则司机使用复位按钮对 SIV 故障进行手动恢复操作。

（3）确认 QF14 是否跳开，如跳开则将其恢复（应首先将 SIV 启动开关关断，再进行恢复）。

（4）SIV 故障，手动不能复位且保险未跳，则立即清客掉线。

（5）由于 SIV 故障造成空压机不能正常打风，从而引起风压不足造成全列紧急不缓时，短接头车 DES、ESS 闸刀，限速 30km/h 维持运行。根据当时风压及所处位置等，向行车调度员申请清客掉线就近入库，必要时请求救援。

四、其他系统故障的应急处理

1. TMS 显示牵引电机持续红色温度报警的应急处理

（1）断开电制动开关，使用空气制动。

（2）到故障车断开 QF6（VVVF 电源断路器），维持到终点站掉线。

2. TMS 故障的应急处理

（1）TMS 不显示时，检查空气自动开关 QF44 或 QF22 是否正常，如跳开，则将其闭合。

（2）断开空气自动开关 QF44，断开 20s 后重新闭合。

（3）若全列仍显示不正常，则司机注意列车司机台各仪表显示，副司机到尾车随时注意 TMS 的显示，遇到显示不正常时及时采取措施，维持运行至终点掉线。

（4）TMS 不显示个别车状态时，检查故障车空气自动开关 QF22 是否正常，如跳开，则将其闭合。

3．客室广播故障的应急处理

（1）检查相关保险 QF19，如跳开，则将其闭合。如连续跳，则尾端播放广播维持运行到终点站掉线。

（2）若 QF19 保险正常，则跳开 QF19 等待 3s 后闭合试验。

（3）若仍有故障，则用人工广播维持运行。

4．烟雾报警时的应急处理

（1）列车发生烟雾报警时，首先到报警车进行确认。

（2）如确认列车未发生烟雾警情（误报警），则按清除键，清除报警。

（3）若按清除键不能清除烟雾报警，则断开报警车 QF32 信号报警断路器，3s 后再闭合，清除报警。

（4）若故障现象仍存在，则维持运行，终点站掉线回库。

五、车辆发生下列故障时，要求乘务员立即清客掉线

1．电气类故障

（1）高、低压导线及电气设备接地、短路、发生冒烟或火情时；

（2）发生 PWM 信号遮断时；

（3）TMS 显示蓄电池温度异常时（一般指超过 55℃）；

（4）全列有 2/3 失去牵引力时（要求就近入库处理）；

（5）门灯不正常，无法确认车门状态时。

2．机械类故障

（1）机械、电气系统等发生故障，危及人身安全时；

（2）走行部（包括齿轮箱、轴箱、联轴节、牵引装置、牵引电机等）故障和有异音时；

（3）机械部位发生故障，致使车轮不转，危及人身安全时；

（4）车辆重要部件脱落，危及行车安全时；

（5）车轮擦伤严重时（要求就近入库处理）。

3．制动系统故障

（1）制动系统发生故障，全列有 1/3 失去基础制动力时；

（2）全列紧急制动不缓解，处理后仍无法恢复正常，但短接后可缓解时；

（3）全列常用制动不缓解，处理后无法恢复正常，但使用强迫缓解可缓解时。

4．车门故障

（1）车门故障，手动不能关好时（门开度大于 100mm）；

（2）一节车厢及以上客室车门故障，无法处理时；

（3）门锁故障不能打开司机室侧门，无法下车瞭望车门开、关情况时；

（4）列车运营中紧急逃生门故障无法关闭，影响行车安全时。

5. 其他故障

（1）列车发生故障，5min 处理不好时；
（2）全列客室灯不亮时（正常照明及应急照明均不亮）；
（3）列车发生故障，需要推进运行时；
（4）发生严重故障，司机认为不能继续载客运行时；
（5）列车有异味、冒烟时。

六、车辆发生下列故障时，要求乘务员将乘客送到终点站方能掉线

1. 电气类故障

（1）两个前照灯同时故障不亮时；
（2）一台静止逆变器（SIV）装置故障时；
（3）主逆变器、静止逆变器、制动控制装置出现故障后虽能人工复位，但在运行中连续多次出现故障时；
（4）列车母线重联脱扣且不能复位时；
（5）TMS 显示牵引电机温度报警时（持续红框）；
（6）TMS 显示蓄电池温度异常时（超过 53℃）；
（7）列车发生故障，全列失去 1/3 牵引力时；
（8）一节车厢及以上客室灯不亮时。

2. 机械类故障

（1）一辆车空气弹簧不充气时；
（2）列车客室空调故障超过 1/6 或一节车厢客室通风故障时。

3. 制动系统故障

（1）空压机组故障，但能保证列车正常使用的风压时；
（2）列车制动系统故障，经处理后一节车厢失去基础制动时。

4. 车门故障

（1）单个车门故障，手动不能关好（门间隙小于 100mm）时（要求做好防护，设置人员监护到终点站清客掉线）；
（2）司机室门因故障无法关闭，需副司机在尾车监护时；
（3）车门故障，列车单侧两个车门封闭时；
（4）列车车门指示灯显示不正常，但司机能确认车门关闭良好时；

5. 其他故障

（1）按超速防护自动闭塞法行车中遇到车载设备故障后，经行车调度员准许变更为站间自动闭塞法运行时；
（2）车载信号设备目标速度灯不能正常显示时；
（3）列车对讲通话装置和直通电话同时发生故障，无法联系时；
（4）列车自动广播和人工广播同时发生故障时；

项目六　城市轨道交通列车运行的应急处理

（5）列车故障，TMS 显示运行到终点站掉线时；
（6）列车无线电台故障，无法正常使用时；
（7）列车在运行中 TMS 不能正常工作时；
（8）发生烟雾报警系统故障，经处理无效时；
（9）列车发生故障，司机认为列车不能继续完成运行图规定的交路时。

地铁资料

【资料1】地铁 BD2、DK20 型车辆故障应急处理

（一）给牵引后列车不启动

（1）检查车门选向开关位置是否正确，若不正确，扳至正确位置。
（2）检查门灯显示是否熄灭，若未熄灭，再开、关看能否熄灭，若还不可以，则应手动关门，并做好安全防护。若车门确已关好，但门灯仍不熄灭时，则闭合短接闸刀。
（3）列车缓解不良，应检查是否有闸，无闸时可闭合 1DJK。注意，防止开门走车和带闸走车。
（4）列车缓解不良是因为闸缸有压力时，应按有关规定处理。
（5）检查控制回路总保险 18ZK。
① 如果已经跳开，则将其闭合，进行牵引试验；若不跳，可继续运行。
② 如果总保险连续跳开，则说明控制回路有接地点，必须进行切车处理。
 a. 首先将头车的 1GGK 断开，闭合总保险，进行静态牵引试验。如不跳，则在终点站清客掉线。
 b. 若总保险再次跳开，则恢复头车的 1GGK，再次闭合总保险，进行对半切车。
 ● 到第三节车厢断开与第四节车厢相连的控制回路隔离开关 2GGK 或 4GGK，切车后闭合头车总保险进行静态牵引试验，若总保险不再跳，则立即清客掉线或就近入库。
 ● 若仍跳开，则可由副司机在尾车司机室进行静态牵引试验；如不跳，则以推进操纵方式维持运行回段。
（6）检查头车控制回路总保险、门、闸均正常，牵引仍无流时，应关闭头车操纵台各开关，由副司机在尾车启动，操纵列车，按推进运行方式维持运行回段。

（二）DS 跳开后不能闭合

（1）检查牵引手柄是否在【0】位。
（2）检查 DS 合闸开关是否接触不良，反复闭合试验。若合不上，则应检查牵引控制回路总保险 18ZK。
（3）若保险跳开，则闭合后再合上 DS 合闸开关。如果控制回路总保险连续跳开，则按控制回路接地处理。
（4）若检查控制回路保险未跳开，头车 DS 合闸开关仍然不能闭合时，可由副司机到尾车司机室闭合 DS 合闸开关。

（三）辅助回路接地

切除中间车 3GGK 或 5GGK，断开侧墙负载开关，在头车闭合辅助回路空气自动开关 15ZK，闭合侧墙负载开关，进行试验：

（1）若正常，可用前部车辆维持，立即清客掉线或就近入库。

（2）若不正常，则司机恢复头车操纵台各开关，副司机到尾车进行列车启动。试验后，推进运行，立即清客掉线或就近入库。

（四）发电机组不能启动

（1）全列车不能启动时，先按强迫泵风按钮，检查空压机是否打风，判断是辅助回路还是发电机电路发生故障，分别进行处理。

（2）若是辅助回路故障，则先检查辅助回路空气开关 15ZK 是否跳开。若跳开，则按辅助回路接地处理；若未跳开，则将发电机开关来回搬动几次，如仍不行，则在前端侧墙保留辅助电源，副司机到尾车启动侧墙辅助电源、发电机。

（五）空压机不能启动

（1）全列车不能启动时，首先按强迫泵风按钮，如能打风说明调压器发生故障，则在前端侧墙保留辅助电源，副司机到尾车启动侧墙辅助电源、空压机打风。

（2）按强迫泵风按钮不能打风时，可能是空压机开关发生故障，可来回搬动几次，如仍不能打风，则在前端侧墙保留辅助电源，副司机到尾车启动侧墙辅助电源、空压机打风。

（3）启动空压机时，辅助回路空气自动开关 15ZK 连续跳开，按辅助回路接地处理办法进行切车，清客掉线并回段。

（4）某车空压机不打风时，应检查该车空气自动开关 24ZK。

（六）全列车门打不开

（1）检查车门选向开关是否正确，应放置在正确位置。

（2）检查开、关门空气自动开关 9ZK 是否跳开。若跳开，且闭合后又连续跳开，则应改变执乘开关为头 1 尾 2，执行司机车长制开关车门，由司机打选向开关，副司机在尾车负责开关车门。当仍不能开门时，则将乘客清出客室；

（3）零速电路发生故障时，把零速短接开关 2DJK 闭合，注意车停稳后再开门，走车时应将零速短接开关断开。

（4）若门电路接地，则手动开门或由司机室清客，掉线回段。

（七）部分车厢车门打不开

反复开、关门 2～3 次，如果不行，则应对仍打不开的车门采取手动开门，清客掉线。

（八）全列车门关不上

（1）反复开、关门 2～3 次。

（2）如果仍不能关上，则应在清客后断开 9ZK，关门，掉线回段。

（九）单个车门关不上

（1）使用再开闭装置开、关门或反复开、关门。

（2）如仍有个别门关不上，应手动关门，使用门隔离开关，切除故障门。

（3）门扇间距宽度大于100mm时，由副司机监护车门并立即清客掉线。

（4）门扇间距宽度小于100mm时，挂好门栅栏，由副司机监护车门运行到终点站清客掉线。

（十）全列制动不缓解

首先按强迫缓解按钮，判断是紧急制动不缓解，还是常用制动不缓解。

（1）若是全列紧急制动不缓解：

① 确认司机室各开关按钮位置、作用是否正常。

② 确认ATP车载设备，进行【非限】位试验，重新建立安全电路。

③ 检查总风压力及指示灯，如果确认是由压力低造成的，应等风压上升至规定值后，重新建立安全电路可缓解。

④ 检查相关保险。

⑤ 短接头车DJZD试验。

⑥ 更换操纵台进行试验，重复以上步骤。

（2）若是全列常用制动不缓解：

① 检查头车编码器保险19ZK。

② 转换模式开关至【非限】位试验，确认ATP车载设备是否故障。

（十一）个别车不缓解

（1）检查故障车解码器保险6ZK。

（2）确认故障车制动是常用制动，还是紧急制动。

① 当为常用制动时，可用强迫缓解按钮缓解，维持运行；

② 当为紧急制动时，可采用下述办法处理：

a. 将客室内强缓地板孔盖打开，将制动手柄插入转动90°，关闭（EP制动箱）切除塞门，强迫缓解。

b. 当某节车仍不缓解时，应关闭该节车强缓塞门。必要时拆除制动缸软管，并做好安全处理。

（十二）制动不上闸

（1）当常用制动不上闸时，要及时使用紧急制动。待接近停车时，采取缓解停车措施，以防擦伤车轮。

（2）停车后应查明原因，妥善处理，清客回段。

（十三）总风缸安全阀喷风不止

当总风缸安全阀喷风不止时，应断开该车空压机保险，关闭该车总风缸塞门。如果是头车，则应注意总风压力显示状态，控制空压机打风。

（十四）高压母线、受流器接地

（1）将列车制动妥当，在无接触轨一侧第一车轮对两边对头打好止轮器，请求行车调度员将接触轨停电。得到停电通知后，确认网压表显示为零时，做好接触轨接地保护后方能进行处理。

（2）迅速使用接触轨受流器快速分离钩将经检查确认的故障车辆受流器挂起，与接触轨接触面分离。检查无误，撤除接地保护，请求接触轨送电。

（3）进行列车制动机试验，动车前撤除止轮器。

（4）立即清客掉线。

（十五）油水分离器炸裂

（1）切除故障车空压机空气自动开关24ZK。

（2）由于漏风严重造成总风欠压时，若是空压机油水分离器炸裂，逆止阀不逆止，则可关闭本车总风缸塞门。其他处油水分离器炸裂后，若该油水分离器炸裂前方管路上设有截断塞门，则将其关闭；若无截断塞门，则按紧急不缓解处理。

（3）因关闭截断塞门造成车辆风动门无风压时，应清除车内乘客，把门封好，立即掉线。

（十六）运行中发生因机械故障造成车轮不转

（1）找出故障之处，切除该车1GGK，查出故障原因，妥善处置，并对故障车轮进行滴注润滑脂（轴油或肥皂水）。

（2）副司机在故障点随时监视故障部件变化，发现危及行车安全时要及时通知司机（可用报警装置）。

（3）在保证安全的情况下，低速维持运行，就近入库或清客回段。

（十七）运行中列车牵引手柄回零不断流

（1）立即将反向器手柄置于【零】位。

（2）若仍不断电，应立即分断DS。

（3）同时采取相应的制动措施，清客掉线回段。

【资料2】地铁DKZ4型车辆故障应急处理

（一）TMS发生故障时的应急处理

检查空气自动开关是否正常，断开20s后重新闭合，若仍不显示，则维持运行至终点站掉线。副司机在尾车随时注意TMS的显示，遇到显示不正常时及时通知司机。

（1）TMS不显示时，检查空气自动开关QF44或QF22是否正常，如跳开，则将其闭合。

（2）TMS不显示个别车时，检查故障车空气自动开关QF22是否正常，如跳开，则将其闭合。

（二）SIV 故障时的应急处理

（1）列车 SIV 故障，扩展供电不能正常工作时，应检查故障车空气自动开关 QF25 是否跳，如跳开，则将其闭合。若连续跳开，则立即清客掉线。

（2）SIV 发生故障停机后的操作如下。

① 当一台 SIV 因故障停机 3s 后，辅助电源系统会自动转入扩展供电状态。若故障消除，则约 30s 后 SIV 会自动重新启动，扩展供电解除。为此，第 1 次故障时，司机不需进行任何操作。

② 在 SIV 装置重新启动后 120s 内产生第 2 次故障时，SIV 不会自动启动。此时，司机应按下司机台上的复位按钮 RS 进行复位操作，再一次启动 SIV 辅助电源装置。

③ 使用复位按钮再一次启动 SIV 辅助电源装置后，产生第 3 次故障时，司机不准再次进行复位操作，应停止 SIV 运转，并按有关规定入库，进行检查处理。

④ SIV 故障 TMS 画面显示：

运行→SIV 故障→显示故障画面→显示 SIV 故障种类及对应故障车号（粉红色），如"2#HBT"→30s 自动启动投入→自动返回到运行画面（表示已正常）。

运行→SIV 故障→显示故障画面→显示 SIV 故障种类及对应故障车号（粉红色），如"2#HBT"→画面提示操作【复位开关】→司机按复位按钮→自动返回到运行画面（表示已正常）。

（3）SIV 故障，按 TMS 故障处理引导表处理后仍不工作时，判别故障车，检查空气自动开关 QF43，如跳开，应先断开 QF14 开关，再将此保险合上，然后闭合 SIV（此情况要注意断合 SIV 的时间）。连续跳开且其他高压保护动作时，在扩展供电条件下，维持运行至终点站掉线。

（三）全列车门打不开

（1）确认车门选向开关的作用是否正常。

（2）确认开门按钮的作用是否正常。

（3）短接头车零速闸刀 SK2。

（4）检查头车空气自动开关 QF16 的状态，如跳开，则将其闭合。

（5）若空气自动开关 QF16 不能闭合，则应由短接零速闸刀 SK2 进行试验。

（6）副司机到尾车检查空气自动开关 QF16 的状态，如跳开，则将其闭合，短接零速闸刀 SK2 进行试验。

（7）如果发生空气自动开关 QF16 连续跳开，或短接零速闸刀 SK2 后仍打不开车门，则利用紧急开门装置将门开启后疏散乘客，立即掉线。

（四）全列车门关不上

（1）确认车门选向开关位置是否正确。

（2）确认关门按钮的作用是否正常。

（3）检查头车空气自动开关 QF16 是否跳开，如跳开，则将其闭合。

（4）当空气自动开关 QF16 连续跳开时，副司机到尾车换头试验。若仍关不上，则立即清客手动关门掉线。

（五）单个车门关不上

（1）使用再开闭装置开、关车门或反复开、关车门。

（2）当仍关不上时，到故障门进行处理：

① 门槽有异物时，清理异物关门或撬动门扇关闭车门。

② 门扇胶条变形时，将直胶条关闭车门。

（3）手动关门后确认该车门已故障不能正常动作时，使用隔离开关切除故障车门，挂上门故障牌。

（4）采用人工手动关门但关不上时，立即报告行车调度员，掉线回段。

① 门扇间距宽度大于 100mm 时，由副司机监护车门，立即清客掉线。

② 门扇间距宽度小于 100mm 时，挂好门栅栏，由副司机监护车门，运行到终点站清客掉线。

（六）部分车厢车门打不开或关不上

（1）反复开、关车门 2～3 次。

（2）检查故障车空气自动开关 QF17 是否跳开，如跳开，则将其闭合。

（3）如果连续跳开，则立即清客掉线。

（七）门灯显示不正常

（1）若确认全列车门确已关好，列车关门灯仍不亮时，短接 SK1 闸刀，并随时注意 TMS 的运行显示画面，遇到显示不正常时立即停车检查，防止开门走车。维持运行到终点站掉线。

（2）若确认全列车门确已关好且列车关门灯显示正常，但列车车厢外侧壁门灯不灭，TMS 关门光带显示异常时，在运行中应随时注意 TMS 的运行显示画面，加强对车门关闭状态的确认。

（八）高压母线、受流器接地

（1）将列车制动妥当，在无接触轨一侧第一车轮对两边对头打好止轮器，请求行车调度员将接触轨停电。得到停电通知后，确认网压表显示为零时，并断开 BHB（接地处理完毕后不要闭合 BHB 开关），做好接触轨接地保护后方能进行处理。

（2）迅速使用接触轨受流器快速分离钩将经检查确认的故障车辆受流器挂起，与接触轨接触面分离。检查无误，撤除接地保护，请求接触轨送电。

（3）进行列车制动机试验，动车前撤除止轮器。

（4）立即清客掉线。

（九）空压机故障

（1）一台空压机不打风时，检查空气自动开关 QF42 或 QF41 是否正常，如跳开，则将其闭合；若仍不好，则维持运行，并随时注意风压显示，到终点站掉线。

（2）全列车空压机不能启动时，检查空气自动开关 QF13、QF42、QF41 是否正常，如跳开，则将其闭合。短接 SK3 闸刀，判别是否头车调压器有故障。如果因调压器故障或空压机控制开关故障造成全列车空压机不能启动，则副司机到尾车闭合 QF13，启动空压机打风。

（十）空压机打风不止

（1）由于头车调压器故障造成空压机打风不止时，断开头车空气自动开关 QF13，副司机到尾车闭合 QF13，启动空压机打风。

（2）由于总风缸安全阀喷风造成空压机打风不止时，应断开故障车空压机开关 QF13 和空压机保险 QF42，关闭故障车总风缸截断塞门。司机使用正常车的空压机供风，维持运行到终点站掉线，运行中随时注意总风压力显示状态。

（十一）全列紧急制动不缓解

通过 TMS 及风压表确定为全列紧急不缓解时：

（1）确认司机室各开关按钮位置、作用是否正常。

（2）确认 ATP 车载设备，【非限】位试验，重新建立安全电路。

（3）检查头车自动空气开关 QF8、QF9，确定其作用正常，如跳开，则将其闭合。

（4）短接头车的 ESS 闸刀，限速 30km/h 以下运行至站台，根据行车调度员的指示清客掉线或就近入库。

（5）如果总风欠压开关有故障，则短接头车 DES、ESS 闸刀，限速 30km/h 以下运行至站台，根据行车调度员的指示清客掉线或就近入库。

（6）检查警惕开关的作用是否良好。警惕开关发生故障时，副司机到尾车，更换操纵台推进运行，立即清客掉线或就近入库。

注意：短接 ESS 闸刀后，前、后端紧急按钮将失去作用，司机遇到紧急情况时，应立即采取紧急措施。

（十二）全列常用制动不缓解（专指电路故障）

通过 TMS 及风压表确定为全列常用不缓解时：

（1）重新闭合空气自动开关 QF8，确定其作用正常。

（2）【非限】位试验，确认 ATP 车载设备是否有故障。

（3）仍不缓解时，利用头车强缓按钮使列车强迫缓解，立即清客掉线。

（4）副司机到尾车，更换操纵台用尾车操纵，立即清客掉线。

（十三）单车制动不缓解（电路故障）

（1）首先观察 TMS 显示的 BC 压力，并观察侧墙故障闸灯，确定故障车。

（2）到故障车断开 QF11 保险，如果缓解，则确定为常用制动不缓，再一次闭合；如果故障现象仍未消失，则应断开 QF11，维持运行。

（3）若断开 QF11 后仍不缓解，则应到车下关断两台车防滑阀塞门，维持运行到终点站，清客掉线。

（4）使用强缓按钮强迫缓解，维持运行到终点站掉线。

（十四）单车制动不缓解

关闭两台车防滑阀塞门，维持运行到终点站掉线。

（十五）单车制动不上闸

（1）观察 TMS 显示的 BC 压力，确定故障车。

（2）当常用制动不上闸时，要采用必要措施加大制动力，以保证列车在规定位置停车。

（3）到故障车检查 QF11 保险的作用是否良好。如果故障现象仍然存在，则维持运行至终点站掉线。

（十六）制动系统故障显示 PCVF1 或 PCVF2 时的处理

（1）观察 TMS 显示，确定故障车。

（2）到故障车断开 QF11 保险，若再一次闭合后故障消失，则继续运行。如果到故障车断开 QF11 保险，重新闭合后故障仍未消失，则应第二次断、合保险进行试验，此时故障依然显示，防滑阀常用制动作用失效，则断开故障车 QF11，维持运行到终点站掉线。

【资料3】地铁列车出库前故障处理

司机按照正确步骤和方法操作时，如果出现列车出库前故障现象（见表 6.1），则先根据表 6.1 中的处理建议进行处理。若故障消失，则投入运营；若故障仍然存在，则立即报告值班主任。如果显示屏上出现的故障仅需要按确认键即可消除，相应设备功能正常，则可视为假故障，司机无须处理。

表 6.1 地铁列车出库前故障现象及处理建议

序 号	故障现象	处理建议	说 明
1	列车无法激活		
1.1	电压表电压显示 0 V	确认司机台钥匙已在合位； 确认 QF28、QF29 在合位	QF28、QF29 在 TC 车的车下蓄电池开关箱
1.2	电压表电压显示低于 85V	通知值班主任	
2	列车激活后显示屏没有显示或不显示设置屏	确认蓄电池电压表显示大于 85V； 确认 TC 车 4QF51、4QF52、4QF53 已闭合。若有跳闸，则复位；若未跳闸，则重新启动列车	4QF51、4QF52、4QF53 在司机室电子柜
3	按合受流器按钮		
3.1	DU 显示电压 0V（确认所有受流器都未动作）	查看列车通信网络全部显示蓝色； 确认司机台解锁； 确认 CSN 断路器处于合位，如有跳闸，则复位； 确认上述方法后，依然存在故障，则报告值班主任	CSN 在司机室电子柜

项目六　城市轨道交通列车运行的应急处理

续表

序　号	故障现象	处理建议	说　明
3.2	单个受流器未动作	报告值班主任，继续整备	
4	主控钥匙转动不到位或不灵活	确认主控钥匙使用方法正确后报告值班主任	
5	紧急制动不能缓解	确认仅操纵端司机台激活； 确认EBCN断路器处于合位，如有跳闸，则复位； 确认主控手柄置于【B7】位，然后返回【0】位； 确认车门未有紧急拉手被操作，如有，则恢复； 确认DU显示的空气压力大于7.0bar； 确认上述方法后，若依然存在故障，则报告值班主任	EBCN在司机室电子柜
6	保持制动不能缓解	确认列车运行模式已建立，主控制手柄已推至牵引位，门已关好，紧急制动缓解，停放制动缓解	列车运行模式建立标准为DU显示不为NO MODE
7	制动系统故障	确认DU显示的空气压力大于7.0bar； 确认停放制动塞门正常； 确认制动	
8	DU上车门图标显示为灰色加X	检查MMI，并按照状态指示对显示为黑色的相应门进行复位	
9	VVVF、APS等出现轻微、中等、严重故障	按确认键，按压OBTS关闭列车，30s后按压CBTS启动列车	

任务二　城市轨道交通列车运行突发事件的应急处理

学习目标

（1）熟悉城市轨道交通列车运行突发事件的种类；
（2）熟悉城市轨道交通列车运行突发事件的处理原则及组织机构；
（3）掌握城市轨道交通列车运行突发事件信息通报的内容；
（4）具有应急处理行车过程中各类突发事件的能力。

学习任务

城市轨道交通列车运行突发事件应急处理，主要包括城市轨道交通列车运行突发事件的概念、基本类型、处理原则、组织机构及信息通报原则；城市轨道交通列车运行中主要突发事件的具体种类；列车乘务员处理突发事件的职责与任务及救援的程序；列车乘务员接到车内报警、在区间发现人员或有人员伤亡等特殊情况时的应急处理等。

工具设备

城市轨道交通站场及车辆段平面布置图、车辆模拟驾驶装置、城市轨道交通技术管理规程或行车组织规则文本实物、城市轨道交通突发事件处理预案文本、多媒体设备课件、图片、示教板、计算机多媒体设备等。

教学环境

城市轨道交通车辆运用演练场或理实一体化教室。

基础知识

突发事件是指城市轨道交通运营场所内，因不可预见的或不可控制因素造成一定后果，必须立即处理的偶然事件。列车在区间线路上运行时，列车乘务员是担负车辆安全运行的主体，任何发生在区间的突发事件，都涉及乘务员如何应急处理。只有列车乘务员完全具备了列车运行应急处理的知识和能力，才能遇事不慌，处理得当，确保列车运行的安全和旅客的安全。

一、突发事件的种类

突发事件的范围包括自然灾害、事故造成的灾难，以及突发的社会安全事件，具体可以分为如下几类。

1. 自然灾害

主要包括地震、强降雪、强降雨等恶劣天气。

2. 事故灾难

主要包括车站站台火灾、车站站厅火灾、列车在站台发生火灾、车场火灾、列车在区间火灾、建筑物坍塌、区间水淹、全线停电、接触网断线、正线列车冲突、正线列车倾覆、脱轨。

3. 社会安全事件

车站炸弹爆炸、车站毒气污染、车站接到炸弹恐吓、车站突发性大客流、车场爆炸、发生劫持人质事件（车站劫持人质、列车车厢劫持人质、列车司机被劫持）、列车发现有毒气体、列车爆炸等。

4. 公共卫生事件

主要指恶性传染病疫情的发生。

二、突发事件的处理原则

突发事件发生后，各相关岗位应按《应急信息报告规定》的报告程序进行报告。有关各类突发事件的应急处理办法，按《突发事件处理规定》执行，并同时执行相关应急预案。具体要求如下：

（1）坚持高度集中、统一指挥、逐级负责的原则。

（2）坚持"先救人，后救物；先全面，后局部"的原则，优先组织人员疏散、伤员抢救，同时兼顾重点设备和环境的保护，将损失降到最低程度。

（3）坚持就近处理的原则。突发事件发生时，在上一级应急处理负责人到达现场前，现场员工按公司规定担任现场临时指挥。发生突发事件的列车处于区间时，临时负责人为本车司机；列车在车站时，临时负责人为所在站站长或值班站长；突发事件发生区间线路上时，由行车调度员指定人员作为临时负责人；突发事件发生在车场时，由车场调度员负责。当上一级应急处理负责人到达现场后，则由上一级应急处理负责人指挥。

（4）相关员工应该反应迅速，早发现、早报告、早控制。

（5）相关人员在处理突发事件的同时，要兼顾保护现场，便于公安、消防和事件调查部门的现场取证。

（6）关于突发事件的对外宣传，坚持归口管理的原则，由新闻信息部门（或组织）统一发布，其他个人或组织不得擅自发布相关信息。

三、突发事件处理的组织机构及其主要职责

应对突发事件，必须有科学、合理、健康的组织机构作为保障，并且做到职责明确、分工清晰。这样，面对偶然的突发事件，才能做到救援有条不紊，处理方法得当，以最短时间、最低成本处理好突发事件。突发事件的处理组织机构，自低向高分为现场处置机构和指挥机构两个层级。

1. 突发事件的指挥机构

（1）指挥机构一般由公司领导和有关部门人员组成，主要的职责是组织制定公司突发事件应急预案；指挥和协调处理公司突发事件；协助市里有关部门调查处理公司突发事件。突发事件发生时，指挥机构应根据突发事件的等级等具体情况赶赴控制中心现场指挥。

（2）当现场指挥人员未到现场时由现场责任人担任临时现场指挥。临时现场指挥按以下办法自然产生：

① 直接影响到行车组织、客运服务及线路施工的，若事故发生在区间，涉及列车的，由司机担任。事故区间邻近车站值班站长（或站长）到达事故现场后，由该值班站长（或站长）担任。

② 未直接影响到行车组织、客运服务及线路施工的，由设备设施管辖责任中心室当班组长或现场作业负责人担任临时现场指挥。

③ 若事故发生在车站，则由值班站长（或站长）担任。

④ 若事故发生在车场，则由车场调度员担任。

2. 突发事件的现场处置机构

（1）现场处置机构由相关部门（中心）主任和有关部门人员组成。主要职责：组织制定、完善突发事件专项预案；确定突发事件的等级和预警级别；组织、协调、指挥公司员工参与或配合外部支援单位进行应急处理；组织各部门开展专业应急演习和应急宣传教育工作。突发事件发生时，现场处置机构应立即赶赴现场指挥处理。

（2）调度部门是公司突发事件调度指挥中心。主要职责：组织、协调、调度公司各部门之间的应急处理工作；向公司相关部门发布有关信息，为应急处理提供决策依据；协助、配合市应急指挥中心处理突发事件。

（3）抢险队由部门专业技术人员组成，部门领导担任队长、副队长。主要职责：在队长和副队长的指挥下，协助现场指挥进行救援抢险工作；代表公司各专业设备系统向现场指挥提供设施、设备救援抢险的技术支持；提供抢险物资、器材的供给、运输，以及人员

运送等；在突发事件现场关键控制点组织参与救援抢险工作，落实现场指挥的指令。

（4）车站抢险组由车站站长或副站长负责，由车站工作人员和到车站支援的人员组成，负责组织、指挥车站救援工作。

（5）车场抢险组由车场调度员负责，由车场工作人员和到车场支援的人员组成，负责组织、指挥车场救援工作。

（6）新闻信息管理组由公司宣传部门负责，负责向有关部门提供新闻信息。还应该成立安技中心，负责事故的调查，进行事故分析，以判定责任，并提出处理报告。

四、突发事件的信息通报

1. 信息通报的原则

（1）信息通报要做到迅速、准确、真实、有序、高效。

（2）在信息通报的过程中，坚持部门间对口逐级报告。

（3）事故报告可先简报，后了解确认，随时续报，发现前期报告有误应立即更正。

2. 信息通报的内容

信息通报的内容应包括报告人及关系人的姓名、部门、职务；事件发生的时间、地点；事件列车的车次（或车体号）；事件概况、对运营的影响及初判原因；人员伤亡情况及车辆、供电、线路等设备损坏情况；是否需要救援，需要救援的内容及其他需要说明的内容。

3. 信息通报的通信方法

在同一现场的人员可以采用面对面口述；不同地点各部门通报可以使用短信平台、直通调度电话、内线电话、无线电台、公用电话及移动电话等通信工具，保障信息迅速传递。

五、列车乘务员遇到突发事件的应急处理

（一）突发事件应急处理过程中乘务员的职责和任务

在应急处理各类突发事件时，应急处理组织机构的有序运转是关键。在应急处理突发事件过程中，为了各部门之间协调、有序的开展救援工作，必须有明确的分工和处置预案。各城市轨道交通运营公司关于处理各类突发事件，都会有明确的处理程序，应规定各组织机构的具体分工和任务。作为列车乘务员，由于其始终贯穿于城市轨道交通列车运行的全过程，所以各类突发事件的应急处理，对乘务员都是严格的考验。

1. 列车乘务员的职责和任务

（1）听从调度部门的指挥。不论是直接发现的突发事件，还是接到通报而得知的突发事件，必须在第一时间听从行车调度员的命令，按命令行车。突发事件的性质不同，行车调度员下达的命令也会不同，目的是保障安全。

（2）做好乘客的疏散。利用车辆广播，及时向乘客通报突发事件的信息。在做好乘客情绪安抚工作的同时，按照各类突发事件预案的要求，做好乘客的疏散工作，保障乘客的

人身安全。

（3）在保证自身安全的前提下，对突发事件进行尝试性施救，等救援人员到达后，协助救援人员开展救援工作。

（4）必要时，协助事故调查组，开展事故原因调查和对事故损害进行评估。

2. 常见两类事件的应急处理

1）列车乘务员接到车内报警的应急处理

运行中有乘客报警时，在装有报警对讲装置的列车，乘务员使用报警对讲装置与报警乘客联系，了解有关情况，并及时向行车调度员或行车值班员报告。当列车未安装报警对讲装置或对讲装置通话不良时，乘务员应利用广播告知乘客。进站停车后应查明原因。遇到紧急情况时，必须立即停车，向行车调度员或行车值班员报告。在预先得到行车调度员或行车值班员进站不能开门的通知时，严禁打开车门，听其指挥，配合处理。

2）列车乘务员在区间发现人员或有人员伤亡的应急处理

列车运行中，发现前方或线路内有人员时，乘务员应紧急停车查明情况，并将发现地点、人员动态或伤亡者的位置、性别等情况记录清楚，及时利用通信工具报告行车调度员。

（1）未造成伤亡时，要将此人带到前方站交车站工作人员。

（2）对于伤者，要抬至客室内，发动乘客进行抢救，运行到前方站交车站工作人员处理。

（3）对于死者，要将尸体移至不影响行车的地点，运行到前方站将情况报告行车值班员。

（4）在线路内处理伤亡事故时，要注意人身安全，必要时应请求行车调度员将接触轨停电。需要移动列车时，要时刻注意移动时尽可能不触及伤亡者。如果短时不能处理完毕，还要做好防护工作。

（二）列车救援的应急处理

某些突发事件势必会造成事故列车无法继续投入运营，需要救援，实现列车掉线。

1. 下列故障必须请求救援

（1）列车发生故障，进行处理后仍全列无牵引时；

（2）制动系统发生故障，经处理后全列车仍不能制动或不能缓解时；

（3）列车发生火灾，处理后无法运行时；

（4）发生严重故障有危及行车安全的可能，乘务员认为必须救援时。

2. 救援请求的内容

乘务员根据车辆故障情况，经处理不能继续运行时，应及时向行车调度员或行车值班员请求救援。请求救援的报告内容应包括：

（1）列车车次、车号；

（2）请求救援事由；

（3）迫停时间、地点（以百米标为准）；

（4）是否妨碍邻线；

（5）有无人员伤亡及其他必要说明的事项。

行车调度员应向司机说明救援列车开来方向。

3. 救援的准备工作

（1）故障列车在坡道被迫停车（简称迫停）时，应做好制动防溜措施。

（2）故障车乘务员将列车制动好，按规定穿戴好防护用品，携带司机室钥匙等相关行车用品，必要时带好照明用品。在救援列车开来方向的司机室，打开前照灯进行防护，做好引导接车准备。

（3）列车在区间迫停时，使用列车广播设备向乘客进行广播。

（4）救援连挂后的列车到达车站或故障车迫停车站时，应按规定用语对乘客进行广播。

（5）在站内接到救援命令的列车，要做好救援准备工作。清客完毕后，将模式开关置于【非限】位。在得到行车调度员或行车值班员准许发车指令后，凭调度命令运行至被救援列车所在位置。

4. 救援的过程

（1）救援列车乘务员必须了解故障列车迫停位置。

（2）运行中救援列车司机要加强瞭望，注意前方防护人员的防护信号，司机必须在距被救援列车 30m 处停车。遇到弯道瞭望距离不足 50m 时，必须在距被救援列车 50m 处停车。由被救援列车乘务员引导，距被救援列车 5m 处停车，确认两车钩状态。距被救援列车 0.5m 时再度停车，对准钩位。救援乘务员根据连挂信号，以 3km/h 的速度，轻微冲击的方式连挂妥当。乘务员确认连挂后，将反向器手柄置于【向后】位进行试拉，插好安全销，做制动机简略试验，并试验司机室通信联络设备（当列车具备电台转接设备，并且状态良好时，救援列车乘务员应请求行车调度员将被救援列车与救援列车的电台接通），确认连挂妥当、通信良好、有关人员均已上车后，方准启动。

（3）救援列车牵引运行时，前方进路的确认由救援列车司机负责。

（4）救援列车推进运行时，前方进路的确认由被救援列车乘务员负责并通过对讲传递。

5. 救援的清客程序

（1）列车因故障救援清客时，应及时做好清客广播工作。

（2）救援列车从车站派出时，必须先清下乘客，然后方准担任救援任务。救援列车从区间担当时，与被救援列车连挂后，待救援列车全列进站，进行清客，司机得到行车调度员赋予的救援车次后，方可继续运行。

（3）若被救援列车、救援列车在同一区间，救援列车乘务员凭行车调度员的口头命令与被救援列车连挂。连挂后的救援列车全列进站，分别清客完毕后，乘务员得到行车调度员赋予的救援车次后，方可继续运行。

6. 救援连挂后的运行及注意事项

（1）救援列车推进被救援列车运行时，前方进路的确认由被救援列车乘务员负责，并用联络设备通知救援列车司机。遇到危及安全的情况，立即通知救援列车司机停车。运行中严守速度，推进运行时速度不得超过 25km/h。

（2）已请求救援的列车，不得擅自移动。故障排除不再需要救援时，应及时与行车调度员联系，得到准许后方可继续运行；如果在区间已发现救援列车开来时，司机必须将行车调度员的口头命令转告救援列车的司机，确认联系妥当后，严格按信号机显示的要求，两列车分组运行。

（3）救援列车推进运行时，按电话闭塞法行车。

（4）途中停车，所有车上人员不得随意下车。

地铁资料

【资料1】地铁建筑物坍塌应急处理程序

地铁建筑物坍塌应急处理程序见表6.2。

表6.2　地铁建筑物坍塌应急处理程序

		负责人员及行动
发现与报告	现场人员	（1）发现建筑物坍塌后，立即报告行车调度员 （2）视情况报告110、120、119
	调度部	（1）接到报告后，按通报程序通报 （2）现场人员没有向110、120、119报告时，由调度部报告 （3）必要时通报市应急指挥中心
	机电、客运中心的调度员、轮值工程师、AFC中央监控员	（1）接到报告后，通知抢险队前往救援 （2）通知各专业保障组织前往现场支援
应急处理	车站	（1）及时组织乘客疏散，并引导外部救援人员进入现场 （2）协助公安隔离现场，设置隔离防护等，严禁非抢险人员进入 （3）外援人员到场后，向其说明有关情况（是否有人被困，供电是否切断等） （4）在安全情况下组织员工抢救伤员 （5）播放安全提示广播，在PIS上显示相应信息
	司机	（1）根据行车指令及时组织乘客疏散 （2）外援人员到场后，向其说明有关情况 （3）在安全情况下组织抢救伤员
	车场	（1）立即组织附近人员疏散 （2）在安全情况下组织员工抢救伤员 （3）协助公安隔离现场，设置隔离防护等，严禁非抢险人员进入 （4）外援人员到场后，向其说明有关情况（是否有人被困，供电是否切断等）
	调度部	（1）若建筑物坍塌影响行车，应立即调整列车运行，放置列车进入事故地点 （2）通知全线运营受阻，做好乘客广播 （3）需要时启动公交接驳预案 （4）安排抢险队进入现场抢修 （5）必要时停止相应区段接触网供电
	专业抢险队	（1）根据现场情况立即制定抢修方案 （2）组织实施建筑物结构抢修工作 （3）对损坏设备进行修理和更换
	公司指挥机构和现场处置机构	（1）指挥和协调公司员工进行应急处理 （2）确定救援抢险方案 （3）协助市应急指挥中心救援抢险

续表

负责人员及行动		
	新闻信息管理组	向有关媒体发布信息
	物资保障组	提供救援抢险所需的物资
	运输保障组	提供救援抢险所需的救援工具
事后调查和清理现场	车站	协助事故调查和清理现场
	司机	协助事故调查和清理现场
	车场	协助事故调查和清理现场
	调度部	按公司突发事件指挥机构的决定组织恢复运营
	专业抢险队	(1) 对抢修后的建筑结构进行评估，确定机构状态 (2) 评估设备、设施状态和损失 (3) 恢复有关设备运行 (4) 负责清理现场 (5) 及时提交物资补充报告
	公司指挥机构和现场处置机构	(1) 协调、指挥清理现场，决定是否恢复运营 (2) 组织各专业人员对事故损失进行评估
	物资保障组	按要求及时采购和补充相关物资
	安技中心	组织事故调查、事故分析，确定责任，并给出处理报告

【资料2】地铁地震应急处理程序

地铁地震应急处理程序见表6.3。

表6.3 地铁地震应急处理程序

负责人员及行动		
发现与报告	现场人员	发现地震后，立即报告调度部及110、120、119
	调度部	(1) 接到报告后，按通报程序通报各级领导 (2) 现场人员没有向110、120、119报告时，由调度部报告 (3) 通报市应急指挥中心及公司各级领导
	机电、客运中心的调度员、轮值工程师、AFC中央监控员	(1) 接报后，通知抢险队前往救援 (2) 通知各专业保障组织前往现场支援
应急处理	车站	(1) 广播通知乘客和员工在较安全的位置紧急避险 (2) 立即组织疏散乘客，乘客疏散完毕后组织员工疏散 (3) 做好防护工作
	司机	(1) 发生地震时，若列车在区间运行，则密切注视前方线路，尽量维持进站 (2) 列车在区间被迫停车，或到站后是否继续运行，按调度指令办理 (3) 因线路受阻不能继续运行时，应及时报告调度部，司机应该根据调度部的指令及时疏散乘客 (4) 乘客疏散完毕后，与调度部保持联系，等候命令，危及人身安全时，司机可自行撤离
	车场	立即组织建筑物内人员疏散

续表

		负责人员及行动
应急处理	调度部	（1）接到报告确认地震后，宣布停止运营服务 （2）了解现场破坏情况 （3）组织区间运行的列车维持进展后疏散乘客 （4）列车在区间被迫停车无法运行时组织隧道疏散 （5）密切监视供电、环控系统运作情况 （6）必要时切断正线所有牵引供电 （7）通知应急处理抢险队立即出动，按震前预定方案分赴重点防护区 （8）密切与市地震局保持联系，得到余震的评估，以便报告领导小组决策是否全线疏散和停运
	专业抢险队	根据现场情况立即制定抢修方案
	公司指挥机构和现场处置机构	（1）指挥和协调公司员工进行抢险救灾 （2）确定救援抢险方案
	新闻信息管理组	向有关媒体发布信息
	物资保障组	提供救援抢险所需的物资
	运输保障组	提供救援抢险所需的救援工具
事后调查和清理现场	车站	（1）协助事故调查和清理现场 （2）开展自救，尽快回复运营 （3）评估设备、设施状态和损失 （4）及时提交物资补充报告
	司机	（1）协助事故调查和清理现场 （2）开展自救，尽快恢复运营 （3）评估设备、设施状态和损失
	车场	（1）协助事故调查和清理现场 （2）开展自救，尽快恢复运营 （3）评估设备、设施状态和损失 （4）及时提交物资补充报告
	调度部	按公司突发事件指挥机构的决定组织恢复运营
	各抢险队	（1）评估设备、设施状态和损失 （2）恢复有关设备运行 （3）负责清理现场 （4）及时提交物资补充报告
	公司指挥机构和现场处置机构	（1）协调、指挥清理现场，决定是否恢复运营 （2）负责协助市应急处理机构调查和评估，记录有关资料 （3）组织各专业人员对事故损失进行评估
	物资保障组	按要求及时采购和补充相关物资
	安技中心	组织事故调查、事故分析，确定责任，并给出处理报告

【资料3】地铁车站发现有毒气体应急处理程序

地铁车站发现有毒气体应急处理程序见表6.4。

表 6.4 地铁车站发现有毒气体应急处理程序

		负责人员及行动
发现与报告	现场人员	发现相继有乘客感觉不适，显示中毒症状，或认为释放毒气、毒气泄漏，立即报告110、120、119
	调度部	（1）接到报告后，按通报程序通报 （2）现场人员没有向110、120、119报告时，由调度部报告 （3）必要时通报市应急指挥中心
	机电、客运中心的调度员、轮值工程师、AFC中央监控员	（1）接到报告后，通知抢险队前往救援 （2）通知各专业保障组前往现场支援
应急处理	车站	（1）各岗位员工戴好防毒面具，执行紧急疏散程序 （2）设置隔离防护区，禁止人员误闯入 （3）引导外援人员到场 （4）播放广播通知乘客疏散 （5）乘客疏散完毕，关闭除紧急出、入口外的其他出、入口 （6）组织员工撤离车站，保持联络通畅 （7）指挥机构到场后，汇报有关情况，协助其工作 （8）线上车站接调度部指令后，向乘客广播发布该站停止服务的信息
	司机	（1）根据调度部指令不停车通过本站或退行回后方站，做好广播安抚乘客工作 （2）线上其他当班司机接到调度部指令后，向乘客广播发布该站停止服务的信息
	调度部	（1）调整列车运行，通知全线运营受阻 （2）按支援专家的意见开启环控排烟模式 （3）检查、监视通风情况 （4）尽可能维持接触网供电
	公司指挥机构和现场处置机构	（1）指挥和协调公司员工进行应急处理 （2）确定应急处理方案
	新闻信息管理组	向有关媒体发布信息
	物资保障组	提供救援抢险所需的物资
	运输保障组	提供救援抢险所需的救援工具
事后调查和清理现场	车站	（1）协助事故调查和清理现场 （2）尽快恢复组织运营 （3）及时提交物资补充报告
	司机	按调度部指令恢复正常运营
	车场	协助事故调查和清理现场
	调度部	按公司突发事件指挥机构的决定组织恢复运营
	专业抢险队	（1）评估设备、设施状态和损失 （2）恢复有关设备运行 （3）及时提交物资补充报告
	公司指挥机构和现场处置机构	（1）协调、指挥清理现场，决定是否恢复运营 （2）根据市权威部门的意见对事故损失进行评估 （3）协助市相关部门调查、记录有关资料
	物资保障组	按要求及时采购和补充相关物资
	安技中心	组织事故调查、事故分析，确定责任，并给出处理报告

【资料4】地铁车站站台火灾应急处理程序

地铁车站站台火灾应急处理程序见表6.5。

表6.5 地铁车站站台火灾应急处理程序

		负责人员及行动
发现与报告	现场人员	（1）发现火灾后，立即安排人员确认 （2）未发生火灾，车站值班员查明原因，报告行车调度员 （3）发生火灾，报告110、120、119、调度部
	调度部	（1）接到报告后，按通报程序通报 （2）现场人员没有向110、120、119报告时，由调度部报告 （3）通报市应急指挥中心 （4）及时扣停相关列车，通知全线司机和车站
	机电、客运中心的调度员、轮值工程师、AFC中央监控员	（1）接到报告后，通知抢险队前往救援 （2）通知各专业保障组织前往现场支援
应急处理	车站	（1）及时组织乘客疏散 （2）在保障人身安全的情况下，车站站长、副站长组织车站员工可尝试灭火 （3）广播疏散乘客，协助伤者离开危险区域 （4）按AFC按钮，通过PIS显示相关信息 （5）开启相应的站台火灾排烟模式 （6）做好消防人员进入灭火现场的引导 （7）站长、副站长负责向消防人员、指挥机构汇报情况，并协助工作
	司机	（1）根据调度部指令不停车通过本站或退行回后方站，做好广播安抚乘客工作 （2）进站后发现着火，转RM模式驶离车站，向调度部报告，做好广播安抚乘客工作 （3）线上其他当班司机接到调度部指令后，向乘客广播发布该站停止服务的信息
	调度部	（1）启动车站火灾预案，通知保险公司 （2）落实110、120、119的支援 （3）远程或车站开启火灾排烟模式，检查、监视通风情况 （4）制定列车调整方案并执行 （5）需要时安排临站人员支援 （6）尽可能维持接触网供电 （7）向全线司机、车站发布该站停止服务的信息
	专业抢险队	接到指令立即进入抢险
	公司指挥机构和现场处置机构	（1）指挥和协调公司员工进行应急处理 （2）负责指挥各部门抢险救灾
	新闻信息管理组	向有关媒体发布信息
	物资保障组	提供救援抢险所需的物资
	运输保障组	提供救援抢险所需的救援工具
事后调查和清理现场	车站	（1）协助事故调查和清理现场 （2）24h内向安技中心提交事故处理报告
	调度部	按公司突发事件指挥机构的决定组织恢复运营

续表

	负责人员及行动	
事后调查和清理现场	专业抢险队	（1）评估设备、设施状态和损失 （2）恢复有关设备运行 （3）及时提交物资补充报告
	公司指挥机构和现场处置机构	（1）协助保险公司现场调查 （2）协调、指挥清理现场，决定是否恢复运营 （3）组织各专业人员对事故损失进行评估
	物资保障组	按要求及时采购和补充相关物资
	安技中心	组织事故调查、事故分析，确定责任，并给出处理报告

【资料5】地铁车站站厅火灾应急处理程序

地铁车站站厅火灾应急处理程序见表6.6。

表6.6 地铁车站站厅火灾应急处理程序

	负责人员及行动	
发现与报告	现场人员	（1）发现火灾后，立即安排人员确认 （2）未发生火灾，车站值班员查明原因，报告行车调度员 （3）发生火灾，报告110、120、119、调度部
	调度部	（1）接到报告后，按通报程序通报 （2）现场人员没有向110、120、119报告时，由调度部报告 （3）通报市应急指挥中心 （4）及时扣停相关列车，通知全线司机和车站
	机电、客运中心的调度员、轮值工程师、AFC中央监控员	（1）接到报告后，通知抢险队前往救援 （2）通知各专业保障组织前往现场支援
应急处理	车站	（1）及时组织乘客疏散 （2）在保障人身安全的情况下，车站站长、副站长组织车站员工可尝试灭火 （3）广播疏散乘客，协助伤者离开危险区域 （4）按AFC按钮，通过PIS显示相关信息 （5）开启相应的站台火灾排烟模式 （6）做好消防人员进入灭火现场的引导 （7）站长、副站长负责向消防人员、指挥机构汇报情况，并协助工作
	司机	（1）根据调度部指令不停车通过本站或退行回后方站，做好广播安抚乘客工作 （2）需要列车前往该站疏散乘客时，按调度部指令在临站清客后前往该站疏散乘客 （3）进站后发现着火，转RM模式驶离车站，向调度部报告，做好广播安抚乘客工作 （4）线上其他当班司机接到调度部指令后，向乘客广播发布该站停止服务的信息

续表

		负责人员及行动
	调度部	（1）启动火灾预案，通知保险公司 （2）落实110、120、119的支援 （3）远程或车站开启火灾排烟模式，检查、监视通风情况 （4）制定列车调整方案并执行 （5）需要时安排临站人员支援 （6）尽可能维持接触网供电 （7）向全线司机、车站发布该站停止服务的信息
	专业抢险队	接到指令立即进入抢险
	公司指挥机构和现场处置机构	（1）指挥和协调公司员工进行应急处理 （2）负责指挥各部门抢险救灾
	新闻信息管理组	向有关媒体发布信息
	物资保障组	提供救援抢险所需的物资
	运输保障组	提供救援抢险所需的救援工具
事后调查和清理现场	车站	（1）协助事故调查和清理现场 （2）24h内向安技中心提交事故处理报告
	调度部	按公司突发事件指挥机构的决定组织恢复运营
	专业抢险队	（1）评估设备、设施状态和损失 （2）恢复有关设备运行 （3）及时提交物资补充报告
	公司指挥机构和现场处置机构	（1）协助保险公司现场调查 （2）协调、指挥清理现场，决定是否恢复运营 （3）组织各专业人员对事故损失进行评估
	物资保障组	按要求及时采购和补充相关物资
	安技中心	组织事故调查、事故分析，确定责任，并给出处理报告

【资料6】地铁列车在站台发生火灾应急处理程序

地铁列车在站台发生火灾应急处理程序见表6.7。

表6.7 地铁列车在站台发生火灾应急处理程序

		负责人员及行动
发现与报告	现场人员	（1）乘务员接到乘客报告火灾后，应问清火势和位置后，立即报告行车调度员 （2）若车站发现火灾，立即报告110、120、119、行车调度员
	调度部	（1）接到报告后，按通报程序通报 （2）向110、120、119市应急指挥中心报告 （3）通知抢险队和相应专业调度 （4）及时扣停相关列车，通知全线司机和车站
	机电、客运中心的调度员、轮值工程师、AFC中央监控员	（1）接到报告后，通知抢险队前往救援 （2）通知各专业保障组织前往现场支援

续表

		负责人员及行动
应急处理	车站	（1）及时组织乘客疏散 （2）在保障人身安全的情况下，车站员工可尝试灭火 （3）广播疏散乘客，协助伤者离开危险区域 （4）按 AFC 按钮，通过 PIS 显示相关信息 （5）开启相应的站台火灾排烟模式 （6）做好消防人员进入灭火现场的引导 （7）站长、副站长负责向消防人员、指挥机构汇报情况，并协助工作 （8）协助站厅层有困难的乘客疏散
	司机	（1）立即广播安抚乘客不要恐慌，引导乘客灭火自救或远离火源 （2）打开车门和安全门，引导乘客疏散 （3）在保障自身安全的前提下尝试灭火，检查乘客疏散完毕，离开列车到安全地方等待救援
	调度部	（1）启动火灾预案，通知保险公司 （2）落实 110、120、119 的支援 （3）远程或车站开启火灾排烟模式，检查、监视通风情况 （4）制定列车调整方案并执行 （5）需要时安排临站人员支援 （6）尽可能维持接触网供电 （7）向全线发布受阻的信息 （8）火灾扑灭后，调整事故列车下线，使用车场备用车上线 （9）如果事故列车不能自行运行，则执行列车救援
	专业抢险队	接到指令立即进入抢险
	公司指挥机构和现场处置机构	（1）指挥和协调公司员工进行应急处理 （2）负责指挥各部门抢险救灾
	新闻信息管理组	向有关媒体发布信息
	物资保障组	提供救援抢险所需的物资
	运输保障组	提供救援抢险所需的救援工具
事后调查和清理现场	车站	（1）协助事故调查和清理现场 （2）24h 内向安技中心提交事故处理报告
	司机	（1）协助事故调查 （2）24h 内向安技中心提交事故处理报告
	调度部	按公司突发事件指挥机构的决定组织恢复运营
	专业抢险队	（1）评估设备、设施状态和损失 （2）恢复有关设备运行 （3）及时提交物资补充报告
	公司指挥机构和现场处置机构	（1）协助保险公司现场调查 （2）协调、指挥清理现场，决定是否恢复运营 （3）组织各专业人员对事故损失进行评估
	物资保障组	按要求及时采购和补充相关物资
	安技中心	组织事故调查、事故分析，确定责任，并给出处理报告

【资料 7】地铁车场火灾应急处理程序

地铁车场火灾应急处理程序见表 6.8。

表 6.8 地铁车场火灾应急处理程序

		负责人员及行动
发现与报告	现场人员	发生火灾立即报告 110、120、119、调度部
	调度部	（1）接到报告后，按通报程序通报 （2）现场人员没有向 110、120、119 报告时，由调度部报告 （3）视情况通报市应急指挥中心
	机电、客运中心的调度员、轮值工程师、AFC 中央监控员	（1）接到报告后，通知抢险队前往救援 （2）通知各专业保障组织前往现场支援
	司机	在保证自身安全和他人安全的情况下，按照抢险要求动车到指定位置
	车场调度部	（1）疏散车场人员 （2）制定车辆疏散和灭火方案 （3）安排人员迎接救援人员 （4）如果发生在露天，则组织灭火；若在库内，则考虑将车辆移出库外 （5）指挥信号楼值班员及时准备进路，确保调车进路的安全
	调度部	（1）跟踪抢险情况，加强与应急指挥中心的联系 （2）适时切断着火区域牵引供电
	专业抢险队	（1）接到指令立即进入抢险，制定抢险方案 （2）对损坏设备进行修理和更换
	公司指挥机构和现场处置机构	（1）立即赶赴现场 （2）指挥和协调公司员工进行应急处理 （3）负责指挥各部门抢险救灾 （4）协助市应急处置机构救援抢险
	新闻信息管理组	向有关媒体发布信息
	物资保障组	提供救援抢险所需的物资
	运输保障组	提供救援抢险所需的救援工具
事后调查和清理现场	司机	协助事故调查和清理现场
	车场	（1）协助事故调查和清理现场 （2）组织恢复正常运营
	调度部	按公司突发事件指挥机构的决定组织恢复运营
	专业抢险队	（1）评估设备、设施状态和损失 （2）恢复有关设备运行 （3）及时提交物资补充报告 （4）清理现场
	公司指挥机构和现场处置机构	（1）协调、指挥清理现场，决定是否恢复运营 （2）组织各专业人员对事故损失进行评估
	物资保障组	按要求及时采购和补充相关物资
	安技中心	组织事故调查、事故分析，确定责任，并给出处理报告

【资料8】地铁列车在区间火灾应急处理程序

地铁列车在区间火灾应急处理程序见表6.9。

表6.9 地铁列车在区间火灾应急处理程序

		负责人员及行动
发现与报告	现场人员	（1）乘务员接到乘客报告火灾后，应问清火势和位置后，立即报告行车调度员，尽可能将列车驶入车站 （2）立即广播安抚乘客不要恐慌，引导乘客灭火自救或远离火源
	调度部	（1）接到报告后，按通报程序通报 （2）向110、120、119市应急指挥中心报告 （3）通知抢险队和相应专业调度 （4）及时扣停相关列车，通知全线司机和车站
	机电、客运中心的调度员、轮值工程师、AFC中央监控员	通知就近各专业保障组织前往相应车站支援
应急处理	车站	（1）按调度发布的信息、指令，加强广播，安抚乘客，准备站台疏散和灭火 （2）事故列车进入站台区，按车站应急程序进行 （3）事故列车停在区间，按调度部指令，戴好个人防护和工具前往事故地点，按隧道疏散程序进行 （4）在保障人身安全的情况下，车站员工可尝试灭火 （5）广播疏散乘客，协助伤者离开危险区域 （6）按AFC按钮，通过PIS显示相关信息 （7）开启相应的站台火灾排烟模式 （8）做好消防人员进入灭火现场的引导 （9）站长、副站长负责向消防人员、指挥机构汇报情况，并协助工作 （10）协助站厅层有困难的乘客疏散
	司机	（1）立即广播安抚乘客不要恐慌，引导乘客灭火自救或远离火源，发动乘客互救 （2）列车在车站时，打开车门和安全门，引导乘客疏散 （3）列车在区间时，立即与调度部联系疏散方向，打开应急疏散门，引导乘客疏散 （4）在保障自身安全的前提下尝试灭火，检查乘客疏散完毕，离开列车到安全地方等待救援
	车场调度	接到调度部命令后，立即通知相关人员将车场备用车整备妥当，等待命令上线运行
	调度部	（1）启动火灾预案，通知保险公司 （2）封锁事故区域线路，若影响邻线，一并封锁 （3）发布事故列车清客指令，若列车在区间，则与司机联系，确定疏散方向，指令相关车站前往列车位置，按列车隧道疏散程序进行 （4）远程或车站开启火灾排烟模式，检查、监视通风情况 （5）调整其他列车驶离事故线路，关断接触网用电，封锁无电区 （6）需要时安排临站人员支援 （7）制定、执行列车调整方案，维持最大运营服务，及时全线通报各车次信息 （8）必要时启动公交接驳方案

续表

	负责人员及行动	
		（9）火灾扑灭后，调整事故列车下线，使用车场备用车上线 （10）如果事故列车不能自行运行，则执行列车救援 （11）火灾导致区间设备、设施严重损坏，危及行车安全时，应按指挥机构的方案组织抢修 （12）事故处理完毕后，接到指挥机构下达的指令后，方可开通线路恢复运营
	专业抢险队	接到指令立即进入抢险
	公司指挥机构和现场处置机构	（1）指挥和协调公司员工进行应急处理 （2）负责指挥各部门抢险救灾
	新闻信息管理组	向有关媒体发布信息
	物资保障组	提供救援抢险所需的物资
	运输保障组	提供救援抢险所需的救援工具
事后调查和清理现场	车站	（1）协助事故调查和清理现场 （2）24h 内向安技中心提交事故处理报告
	司机	（1）协助事故调查 （2）24h 内向安技中心提交事故处理报告
	调度部	（1）协助事故调查 （2）24h 内向安技中心提交事故处理报告
	专业抢险队	（1）协助事故调查 （2）评估设备、设施状态和损失 （3）修复车辆 （4）恢复有关设备运行 （5）及时提交物资补充报告 （6）24h 内向安技中心提交事故处理报告
	公司指挥机构和现场处置机构	（1）协助保险公司现场调查 （2）协调、指挥清理现场，决定是否恢复运营 （3）组织各专业人员对事故损失进行评估
	物资保障组	按要求及时采购和补充相关物资
	安技中心	组织事故调查、事故分析，确定责任，并给出处理报告

【资料9】地铁车站接到爆炸恐吓应急处理程序

地铁车站接到爆炸恐吓应急处理程序见表6.10。

表6.10 地铁车站接到爆炸恐吓应急处理程序

	负责人员及行动	
发现与报告	现场人员	接到明确的恐吓地点电话、信息后立即报告110、120、119、调度部
	调度部	（1）接到报告后，按通报程序通报 （2）现场人员没有向110、120、119报告时，由调度部报告 （3）必要时通报市应急指挥中心
	机电、客运中心的调度员、轮值工程师、AFC中央监控员	（1）接到报告后，通知抢险队前往救援 （2）通知各专业保障组织前往现场支援

续表

负责人员及行动		
应急处理	车站	（1）及时组织乘客疏散，向调度部通报现场情况 （2）发现炸弹源立即隔离现场，设置隔离防护等，严禁非抢险人员进入 （3）公安、指挥人员到场后，向其说明有关情况（是否有人被困，供电是否切断等） （4）通过 CCTV 观察车站情况 （5）播放安全提示广播，在 PIS 上显示相应信息 （6）按公安要求执行相关程序
	司机	（1）根据调度部指令不停车通过本站或退行回后方站，做好广播安抚乘客工作 （2）线上其他当班司机接到调度部指令后，向乘客广播发布该站停止服务的信息
	调度部	（1）通知全线司机，调整列车运行 （2）向全线车站通报事故车站情况，要求各站做好应急准备 （3）按公安要求执行相关程序
	专业抢险队	配合公安等部门工作
	公司指挥机构和现场处置机构	（1）指挥和协调公司员工进行应急处理 （2）确定救援抢险方案 （3）协助市应急指挥中心救援抢险
	新闻信息管理组	向有关媒体发布信息
	物资保障组	提供救援抢险所需的物资
	运输保障组	提供救援抢险所需的救援工具
事后调查和清理现场	车站	（1）协助事故调查和清理现场 （2）尽快组织恢复运营
	司机	按调度指令恢复正常运营
	调度部	按公司突发事件指挥机构的决定组织恢复运营
	公司指挥机构和现场处置机构	（1）协调、指挥清理现场，决定是否恢复运营 （2）组织各专业人员对事故损失进行评估 （3）协助市有关部门做好调查，做好记录
	物资保障组	按要求及时采购和补充相关物资
	安技中心	组织事故调查、事故分析，确定责任，并给出处理报告

任务三　城市轨道交通列车运行应急处理的操作运用案例

【操作运用案例1】城市轨道交通列车运行车辆故障应急处理

1. 实训项目教师工作活页

实训项目教师工作活页　　　　　　　　　　NO:_____

实训项目	城市轨道交通列车运行车辆故障应急处理		
学　时	2	班　级	略
实训场所	城市轨道交通车辆运用演练场		
实训设备	城市轨道交通车辆实物、城市轨道交通列车模拟驾驶装置		

续表

教学目标	专业能力	（1）具备空气压缩机打风不止的应急处理能力 （2）具备全列车紧急制动不缓解的应急处理能力 （3）具备全列车单车常用制动不缓解的应急处理能力 （4）具备全列车停放制动不缓解的应急处理能力 （5）具备全列车车门打不开的应急处理能力 （6）具备全列车车门关不上的应急处理能力 （7）具备全列车牵引无流的应急处理能力
	方法能力	（1）能综合运用专业知识，通过专业书籍、多媒体课件和图片资料获得帮助信息 （2）能根据实训项目学习任务确定实训方案，从中学会表达及展示活动过程和成果
	社会能力	（1）能在实训活动中保持积极向上的学习态度 （2）能与小组成员和教师就学习中的问题进行交流和沟通 （3）能与他人共享学习资源，具有较好的合作能力和团队协作精神
教学活动	略（详见教学活动设计）		
教学评价	学生活动：以8～10人小组为单位开展实训活动，根据本组同学在实训过程中的能力表现及结果进行自评及组内互评；根据其他小组同学在成果展示活动中的表现及结果进行互评 教师活动：教师组织学生开展评价活动和总结；对学生本实训项目单元的成绩做出综合评价		
教学资料	（1）城市轨道交通车辆运用教材 （2）城市轨道交通专业有关参考书 （3）实训项目学生学习活页（附页）		
指导教师		教学时间	年　月　日

2. 实训项目学生学习活页

实训项目学生学习活页　　　　　　　　NO：＿＿＿＿

实训项目1　城市轨道交通列车运行车辆故障应急处理

班级：＿＿＿＿＿＿　姓名：＿＿＿＿＿＿　学号：＿＿＿＿＿＿　时间：＿＿＿＿＿＿

一、实训目标

1. 专业能力目标
（1）具备空气压缩机打风不止的应急处理能力；
（2）具备全列车紧急制动不缓解的应急处理能力；
（3）具备全列车常用制动不缓解的应急处理能力；
（4）具备全列车停放制动不缓解的应急处理能力；
（5）具备全列车车门打不开的应急处理能力；
（6）具备全列车车门关不上的应急处理能力；
（7）具备全列车牵引无流的应急处理能力。

2. 方法能力目标
（1）能综合运用专业知识，通过专业书籍、多媒体课件和图片资料获得帮助信息；
（2）能根据实训项目学习任务确定实训方案，从中学会表达及展示活动过程和成果。

3. 社会能力目标
（1）能在实训活动中保持积极向上的学习态度；

（2）能与小组成员和教师就学习中的问题进行交流和沟通；

（3）能与他人共享学习资源，具有较好的合作能力和团队协作精神。

二、知识总结

    1. 简述空压机打风不止的应急处理办法

    2. 简述全列车常用制动不缓解的应急处理办法

    3. 简述全列车停放制动不缓解的应急处理办法

    4. 简述全列车车门打不开的应急处理办法

    5. 简述全列车牵引无流的应急处理办法。

三、操作运用

    1. 操作紧急开门装置，并叙述全列车客室门打不开的应急处理过程

    2. 演示强泵风按钮的操作，并叙述全列车空压机不能正常启动的应急操作过程

    3. 写出处理列车停放制动不缓解的操作过程，并进行模拟演示

四、实训小结

续表

五、成绩评定

1. 学生评价

评价等级	A—优	B—良	C—中	D—及格	E—不及格
学生自评					
组内互评					
他组互评					

2. 教师评价

评价等级	A—优	B—良	C—中	D—及格	E—不及格
专业能力					
方法能力					
社会能力					
评价结果					

3. 综合评价

评价等级	A—优	B—良	C—中	D—及格	E—不及格
评价结果					

注：按照学生自评占10%、组内互评占10%、他组互评占20%、教师评价占60%的比例计分。其中，A—100分，B—85分，C—75分，D—60分，E—50分。

4. 评价量规

等级	行为表现描述
A	能圆满高效地完成任务的全部内容
B	能顺利完成实训任务的全部内容
C	能完成实训任务的全部内容，但需要一些帮助和指导
D	自己只能完成实训任务的部分内容，但在现场的指导下，已经能完成任务的全部内容
E	不能完成实训任务的全部内容

【操作运用案例2】城市轨道交通列车运行突发事件应急处理

1. 实训项目教师工作活页

实训项目教师工作活页　　　　　　　　NO：_____

实训项目	城市轨道交通列车运行突发事件应急处理			
学　时	2	班　级	略	
实训场所	城市轨道交通车辆运用演练场			
实训设备	城市轨道交通列车模拟驾驶装置			
教学目标	专业能力	（1）能叙述突发事件的概念与种类 （2）能叙述信息通报的内容 （3）能叙述乘务员救援过程中的工作任务、内容 （4）能独立完成一般突发事件的应急处理		
	方法能力	（1）能综合运用专业知识，通过专业书籍、多媒体课件和图片资料获得帮助信息 （2）能根据实训项目学习任务确定实训方案，从中学会表达及展示活动过程和成果		

续表

	社会能力	（1）能在实训活动中保持积极向上的学习态度 （2）能与小组成员和教师就学习中的问题进行交流和沟通 （3）能与他人共享学习资源，具有较好的合作能力和团队协作精神
教学活动	略（详见教学活动设计）	
教学评价	学生活动：以8～10人小组为单位开展实训活动，根据本组同学在实训过程中的能力表现及结果进行自评及组内互评；根据其他小组同学在成果展示活动中的表现及结果进行互评 教师活动：教师组织学生开展评价活动和总结；对学生本实训项目单元的成绩做出综合评价	
教学资料	（1）城市轨道交通车辆运用教材 （2）城市轨道交通专业有关参考书 （3）实训项目学生学习活页（附页）	
指导教师		教学时间　　　　　　年　　月　　日

2. 实训项目学生学习活页

实训项目学生学习活页　　　　　　　　NO：_____

实训项目2　城市轨道交通列车运行突发事件应急处理

班级：_____　姓名：_____　学号：_____　时间：_____

一、实训目标

1. 专业能力目标

（1）能叙述突发事件的概念与种类；

（2）能叙述信息通报的内容；

（3）能叙述乘务员救援过程中的工作任务、内容；

（4）能独立完成一般突发事件的应急处理。

2. 方法能力目标

（1）能综合运用专业知识，通过专业书籍、多媒体课件和图片资料获得帮助信息；

（2）能根据实训项目学习任务确定实训方案，从中学会表达及展示活动过程和成果。

3. 社会能力目标

（1）能在实训活动中保持积极向上的学习态度；

（2）能与小组成员和教师就学习中的问题进行交流和沟通；

（3）能与他人共享学习资源，具有较好的合作能力和团队协作精神。

二、知识总结

1. 能叙述突发事件的概念与种类

2. 能叙述信息通报的内容

3. 能叙述列车救援过程中乘务员的工作内容

续表

三、操作运用

1. 假设隧道前方塌方,演示如何进行信息通报,并写出信息通报的内容

2. 操作演示列车运行中遇前方着火的应急处理,并写出处理程序

3. 演示如何进行救援请求,并写出救援请求的内容

四、实训小结

_____

_____

_____

_____

五、成绩评定

1. 学生评价

评价等级	A—优	B—良	C—中	D—及格	E—不及格
学生自评					
组内互评					
他组互评					

2. 教师评价

评价等级	A—优	B—良	C—中	D—及格	E—不及格
专业能力					
方法能力					
社会能力					
评价结果					

3. 综合评价

评价等级	A—优	B—良	C—中	D—及格	E—不及格
评价结果					

注:按照学生自评占10%、组内互评占10%、他组互评占20%、教师评价占60%的比例计分。其中,A—100分,B—85分,C—75分,D—60分,E—50分。

4. 评价量规

等 级	行为表现描述
A	能圆满高效地完成任务的全部内容
B	能顺利完成实训任务的全部内容
C	能完成实训任务的全部内容,但需要一些帮助和指导
D	自己只能完成实训任务的部分内容,但在现场的指导下,已经能完成任务的全部内容
E	不能完成实训任务的全部内容

思考与练习

1. 简述空压机打风不止的应急处理办法。
2. 简述全列车紧急制动不缓解的应急处理办法。
3. 简述全列车常用制动不缓解的应急处理办法。
4. 简述全列车停放制动不缓解的应急处理办法。
5. 简述全列车车门打不开的应急处理办法。
6. 简述全列车车门关不上的应急处理办法。
7. 简述单个车门关不上的应急处理办法。
8. 简述全列车牵引无流的应急处理办法。
9. 哪些车辆故障要求乘务员立即清客掉线?
10. 哪些车辆故障乘务员可以维持到终点站再清客掉线?
11. 什么是突发事件?有哪些种类?
12. 突发事件的信息通报的内容包括哪些?
13. 乘务员请求救援时,报告的内容有哪些?
14. 乘务员接到车内报警如何应急处理?
15. 乘务员在区间发现人员或有人员伤亡时应如何应急处理?

项目七　城市轨道交通车辆的运用管理

城市轨道交通车辆是城市轨道交通运输中最重要的设备之一，是完成城市轨道交通运输任务的物质基础。只有保证车辆技术状态良好，对车辆进行科学的运用和管理，以及对使用车辆的有关人员进行有效的管理，才能充分发挥车辆的性能和运用人员的工作能动性，从而保证安全、高效地完成城市轨道交通运输任务。

任务一　认知城市轨道交通车辆运用管理的基本知识

学习目标

（1）熟知城市轨道交通车辆管理部门的组织机构及任务；
（2）熟知与城市轨道交通列车运行相关的知识；
（3）熟知与城市轨道交通列车司机作业相关的知识。

学习任务

认知城市轨道交通车辆运用管理的基本知识，主要包括城市轨道交通车辆管理部门的组织机构和任务、列车运行和运用管理的相关知识、列车司机作业相关内容及工作要求等。

工具设备

城市轨道交通车辆运用管理规程文本、车辆运用管理制度文本、司机手账、行车日志、司机报单、多媒体设备课件、图片、示教板、计算机多媒体设备等。

教学环境

城市轨道交通车辆运用演练场或理实一体化教室。

基础知识

一、城市轨道交通车辆管理部门

城市轨道交通的车辆管理部门，通常称为车辆部门或车辆系统，是城市轨道交通运输系统的重要组成部分。

1. 城市轨道交通车辆管理部门的组织构成

城市轨道交通的车辆管理，就是对车辆工作的技术、经济活动组织、分析、监督、指挥和调节工作，这些职能是由一些组织机构来实现的。一般在城市轨道交通系统中设有车辆管理机构及相应的管理人员。生产单位主要为车辆段，在车辆段内主要分设两个组织机构，即：

1）车辆段车辆运用部门

车辆段车辆运用部门，或称车辆运用车间、车辆乘务部等。该部门主要由管理岗位人员（如主任或部长、运用工程师、安全工程师等）和生产工作人员（如车辆调度员、派班员、客运列车司机、工程列车司机等）组成。

2）车辆段车辆检修部门

车辆段车辆检修部门，或称车辆检修车间、车辆机电中心等。该部门主要由管理岗位人员（如主任或部长、转向架工程师、制动工程师、车门工程师、空调工程师、架修工程师等）和生产工作人员（生产调度、工长、车钩检修工、电机检修工、电子电气检修工、总装检修工等）组成。

2. 城市轨道交通车辆管理部门的任务

车辆的管理工作，原则上分为车辆运用和车辆检修两个主要方面。

1）车辆运用工作的主要任务

（1）按照列车运行图科学地编制车辆运用计划。

（2）按照车辆运用计划，为城市轨道交通运输提供质量良好的列车和技术熟练的列车乘务人员（司机、副司机）。

（3）做好车辆的保养工作，合理编排乘务人员的工作计划，充分发挥车辆的效能。与运输部门积极协调，不断提高车辆运用效率和劳动生产率。

（4）采用先进技术及手段实现现代化的管理。

为此，车辆运用人员应具备高度的责任心和务实精神，热爱本职工作，高标准、严要求，对技术精益求精，确保行车安全、正点，能出色地完成列车运行和调车作业任务。

2）车辆检修工作的主要任务

（1）按照计划组织车辆的定期检修，恢复车辆的基本性能，不断改进检修工艺和检修方式，努力缩短在修停留时间并降低检修成本。

（2）提高列车质量，确保列车经常处于良好的技术状态，为完成城市轨道交通运输任务奠定良好的物质基础。

（3）在保证检修质量的同时完成车辆的临修任务。

为此，车辆检修人员应具备高度的职业精神和熟练的职业技能，确保车辆的检修质量，能出色地完成车辆各种检修任务。

二、列车运行交路及运转制

1. 列车运行交路

1）列车运行交路的概念

列车运行交路，简称列车交路。它是指运营列车担当运输任务，在一个固定的运行区段内往复运行，这个运行区段就是列车运行交路，也称列车运行区段。

2）列车运行交路的意义

（1）列车固定在一个区段上工作，使列车乘务员能充分熟悉线路及站场情况，有利于发挥操纵技术和保证行车安全。

（2）有利于为乘务员创造良好的工作和休息条件。

（3）有利于对乘务员进行有效的组织和管理。

（4）有利于及时对列车进行必要的保养。

（5）可以作为确定列车运用指标，考核列车运用工作的基本依据。

3）列车运行交路的种类

城市轨道交通线路一般都比较长，全线的客流分布可能会不太均匀，考虑到早、晚高峰期间的客流量需求和客流分布，以及站间距离等实际情况，为合理的安排列车运营，降低运营成本，列车运行交路可按实际情况分为大运行交路和小运行交路。

2. 列车运转制

列车在交路上从事运行的作业方式称为列车运转制。它是组织列车运用，确定列车整备设备，决定列车周转时间，并影响城市轨道交通运输效率的重要因素。

城市轨道交通列车运转制的主要形式为环形运转制，即列车由车辆段所在站出发（一端站），运行至另一端车站，折返后立即反方向运行返回至车辆段所在站，再次折返后立即出发，如此循环往复在一个交路上，连续运行多个往返。只有在列车需要整备或结束当日运营任务时，列车方回段（场）整备或停留。

三、列车司机的工作及休息

城市轨道交通列车主要运行于城市内部，满足市内居民的出行要求。除应依据市内居民出行的特点及时间段来合理安排列车的运行外，还应采用合理的司机工作及休息制度，以及合理的安排列车司机的工作及休息时间。

1. 列车司机的工作及休息制度

1）列车司机的工作制度

根据列车司机工作的性质和特点，一般采用倒班制度，通常一昼夜时间可分成三个或四个时间段，每个时间段分别由不同的列车乘务组完成工作任务，即所谓的三班或四班工作制，如可采用早、中、晚三班制。

2）列车司机的休息制度

基于工作时间，休息方式一般采用轮乘间休制，司机可根据间休时间的长短自行安排休息，但必须遵守以下规定：

（1）严格遵守车辆段及运用车间安全生产的各项规章制度。

（2）确认下一次乘务的接车时间、地点，防止漏乘，并按规定提前出勤接班。

（3）在站台间休时，必须遵守车站的有关安全规定，不得影响他人的工作。

（4）未经允许一般应禁止离开本地外出。

2. 列车司机的工作及休息时间

为了保证城市轨道交通行车安全及列车司机的身体健康，使他们在工作中精力充沛、注意力集中，安全、正点地完成工作任务，城市轨道交通管理部门除对员工进行定期的体检，保证良好的劳动环境和工作条件外，还应明确规定其工作时间及休息时间。具体规定主要依据以下几个方面。

1）月平均工作时间

列车司机的月标准工作时间（法定工作时间），是按照全年的天数扣除节假日，依据每天工作时间8h的标准确定的，原则上以167h为宜，即：

$$\frac{[365天-(104天+11天)]\times 8h/天}{12月}\approx 167h/月$$

式中　365天——年总天数；

　　　104天——年双休日总天数；

　　　11天——年法定休息总天数；

　　　8h/天——每天工作时间标准；

　　　12月——年总月数。

列车司机工作时间标准也可以按周平均工作时间计算，方法同上。

在实际工作中，应尽量避免超过月标准工作时间，但因工作需要出现少量超过标准也是允许的。

2）连续工作时间

列车司机每次出乘的连续工作时间，是指从出勤开始起到完成工作任务退勤时止所经过的全部时间，其中应包括列车整备作业的时间和等待列车的时间。

列车司机一次连续工作时间，一般应严格控制在标准以内（如8h以内）。超过标准限度就可能超过了正常生理限度，就会造成列车司机难以保证精力集中，难以保证安全生产，严重时会危及行车安全。

3）休息时间

列车司机除工作时间以外的时间为休息时间，应充分保证列车司机的休息时间，严格防止列车司机过于疲劳。在两次乘务工作之间的休息时间最短不应少于前次工作时间的两倍。此外，在每个月还应安排适当次数的大休（如每月1~2次，每次48~72h）。

四、列车司机乘务制

列车司机配备在列车上的方式称为列车司机乘务制。列车司机乘务制通常分为包乘制和轮乘制两种基本形式。具体选择何种方式应以能否保证列车司机的正常休息，最大限度地利用列车的工作时间，保证列车经常处于良好的技术状态为基本原则。

1. 包乘制

包乘制是一列经过车辆编组的列车有固定的列车乘务组（一般为3~4班），该乘务组通常称为包乘组，由包乘组负责本列车的使用并负责日常保养。包乘制的特点：

（1）有利于加强列车保养工作，保证列车经常处于良好的技术状态。

（2）有利于列车司机了解列车性能、特点，便于故障处理和发挥操纵水平。

（3）列车的利用程度和乘务组休息时间存在相互制约与相互影响。

2. 轮乘制

轮乘制是列车不固定乘务组，而由许多乘务组轮流使用，列车司机和检修人员分别负责列车的自检、自修和日常保养工作。轮乘制的优点：

（1）列车乘务组和列车没有固定的配置关系，列车运用不受乘务组作息时间的限制，可以缩短非生产停留时间，有助于提高列车运用效率。

（2）有利于合理掌握乘务员的作息时间，提高乘务员的劳动生产率。

（3）便于列车集中检修，提高检修人员的劳动生产率。

五、列车司机的出勤方式及出乘方式

1. 列车司机的出勤方式

列车司机的出乘方式根据班次不同可分为车辆段（车场）出勤和车站出勤。

1）车辆段（车场）出勤方式

（1）出乘前必须充分休息，保证睡眠，严禁饮酒。

早班列车司机及晚班收车后的列车司机应到车辆段内的公寓休息。在公寓休息的列车司机应严格执行公寓待班管理制度，执行公寓休息签到制度，不准外出（特殊情况除外）。签到后准时熄灯（如在 30min 内），按时作息。

（2）出乘时必须按照列车交路时刻表，按规定时间提前（如提前 60min）到车辆段（车场）派班室登记出勤，并且认真抄阅运行揭示及注意事项，听取派班员的行车指示。

① 列车司机必须清楚所担当任务的列车车次、列车号、停放轨道、是否担当运营等。

② 出乘时要做好行车安全预想，做好行车用品的领用手续。

③ 车辆段（车场）派班员要认真审核《司机日志》所记载的行车指示，符合安全行车要求后签章交还司机，口头传达有关安全注意事项，发放用品，并做好登记。

行车用品包括《列车运营时刻表》、《列车走行公里统计表》、《列车司机报单》、《列车故障记录单》、一套客车钥匙、手持台及笔等。

④ 派班员还要进行"三交三问"。

三交：交领导指示要求、交行车安全事项、交行车用品。

三问：问行车安全情况、问车辆质量情况、问行车规章。

⑤ 办完出乘手续的列车司机到规定地点整备列车，准备出乘。

2）车站出勤方式

正线出乘列车司机需按照列车交路时刻表提前（如提前 15min）在指定车站派班室登记出勤。出勤后，未经指定车站值班员允许不得擅离岗位。正线接车司机在指定车站派班室办好出勤手续后，应在所接列车到达时间之前（如提前 5min）到达指定车站站台，立岗接车。列车到达后，与交车司机进行列车用品、技术状态、行车组织及线路状况、安全事项等的交接，然后准备出乘。

2. 列车司机出乘方式

列车司机如何出乘换班担当列车作业的方式，称为列车司机的出乘方式。根据列车交路情况及连续工作时间标准，列车司机出乘方式主要为立即折返式、中途换班式和随乘式。

1）立即折返式

立即折返式即列车在交路上运行，在两端车站均立即折返后继续运行的方式。列车司机的出勤及退勤均在段内或场内进行。

2）中途换班式

中途换班式即列车在交路运行的中间站进行换班的方式。在适当的中间站设立换班地点，列车司机在此进行交接班。

3）随乘式

随乘式即列车在交路上运行时配备两名司机，一名司机操纵，另一名司机休息，轮流操纵的方式。

六、列车运用的工作指标

列车运用的工作指标，是考察列车运用工作的尺度，也是分析列车运用工作中存在的问题，研究改进列车运用工作的依据。

1. 列车全周转时间

1）列车全周转时间的构成

列车在一个交路上每周转（即往返）一次所消耗的时间，称为列车的基本周转时间。在此基础上列车周转时间有两种概念：列车全周转时间和列车运用周转时间。

（1）列车全周转时间是指列车由车辆段所在站始发开始至列车返回车辆段后再次由车辆段所在站始发为止所经过的时间（$T_{全}$）。

（2）列车运用周转时间是指列车由车辆段所在站始发担当任务开始直至需返回车辆段到达其所在站为止所经过的时间（$T_{运}$）。

（3）全周转时间与运用周转时间的关系为：

$$T_{全}=T_{运}+t_{段}（h）$$

式中，$t_{段}$为列车在车辆段的停留时间。

运用周转时间只能反映列车在车辆段外的工作过程，而全周转时间则能全面反映列车包括车辆段在内的全部工作过程。因此，全面分析全周转时间是研究列车运用工作的基础，详细分析影响列车的时间因素，有助于压缩列车非生产时间，从而找到提高列车运用效率的有效措施。

2）缩短列车全周转时间的主要措施

根据列车全周转时间的构成，缩短列车全周转时间可在压缩运行时间和站停时间上采取措施。

（1）列车区间运行时间主要根据列车性能、列车重量、列车司机驾驶熟练程度等原因确定。因此，可从提高列车性能、降低列车自重、分散客流量和提高乘务员业务能力等方面来压缩列车区间运行时间。

（2）列车站停时间主要由车站上/下车人数、上/下车时间、开/关门时间、车门和屏蔽门的不同步时间、确认车门关闭良好与信号显示时间，以及列车司机的反应时间构成。压缩站停时间，就应该从组织乘客缩短上/下车时间；提高设备性能，减少不同步时间；熟练操作，缩短列车司机的反应时间等方面入手。

2. 技术速度和旅行速度

1）技术速度

列车技术速度（$v_{技}$）是指列车在区段内运行，不计入中间站停留时间时的平均运行速度。平均技术速度可通过公式计算：

$$v_{技} = \frac{L}{t_{运}} \text{（km/h）}$$

式中　L——列车交路的长度（km）；

$t_{运}$——列车在区段上的纯运行时间，包括发车及停车的附加时间、站外停车时间等（h）。

2）旅行速度

列车旅行速度（$v_{旅}$）是指列车在区段内运行，计入中间站停留时间时的平均运行速度。平均旅行速度可通过公式计算：

$$v_{旅} = \frac{L}{t_{运} + t_{停}} \text{（km/h）}$$

式中，$t_{停}$为区段内各中间站总的停留时间（h）。

3. 列车走行公里

1）列车日车公里

列车日车公里是指每列车在一昼夜内走行的公里数。它是综合反映列车工时有效利用程度和列车速度两方面因素的重要指标。

2）列车走行公里

列车走行公里分为生产走行公里（列车在正线上但当运输任务的走行公里）和列车辅助走行公里。列车辅助走行公里又称为非生产走行公里，包括列车在正线上担当运输任务以外的所有走行公里。

列车辅助走行公里与列车走行公里之比为列车辅助工作百分率，从城市轨道交通运营的经济观点来说，应尽可能减小列车辅助工作百分率。

七、行车日志及司机报单

1. 行车日志

行车日志（见图 7.1）要抄写在司机手账上，里面的内容可分为出、退勤证明和行车注意事项两部分。前者一般包括司机姓名、出勤日期、身体状况、派班员签字盖章，以及副司机姓名和下次出勤时间，以此证明司机按时出、退勤和提醒司机下次出勤。行车注意事项一般由前一天的行车注意事项和今天所需要注意的内容组成,以此来帮助司机做好行车之前的预想,保证本次出勤安全运行。

```
                          行车日志
司机姓名:           日期:            身体状况:
派班员出勤盖章:     派班员退勤盖章:   副司机姓名:
下次出勤时间:
                        行车注意事项
(前一天的行车注意事项)
                                         日期
1.(今天所需注意内容)
2.(今天所需注意内容)
3.(今天所需注意内容)
(行车注意事项前一部分为上一天行车注意事项,下半部当日出勤所注意情况)
```

图 7.1　行车日志

2. 司机报单

司机报单(见图 7.2)是统计列车走行和考核乘务员工作的原始单据,是编制各种列车统计报表的主要依据。

(1)司机报单由地铁运营公司统一编号分发给各条线路使用。各条线路应建立保管、交接和检查核对制度,并指定专人负责保管。

(2)列车乘务员必须按规定认真、如实地填写司机报单,做到字迹清楚、内容完整、数字准确。当有数字需要更改时,更改人应盖章证明,严禁错填虚报,确保司机报单的正确、洁净、完整,防止滥用和丢失。

(3)列车调度员负责司机报单的日常发放、收回和登记工作,对司机乘务完毕交回的司机报单,认真审核无误后,在右上角签字并及时移交给统计室;对未能及时交回的司机报单,要及时追回。

司机报单

车次:　　车号:　　股道:　　司机姓名:(由出库司机填写)　　年　月　日

序号	员工号	姓名	车次	始发站	始发时间	到达站	到达时间	列车突发事件信息
1								
2								
3								
4								
5								
6								
7								
8								
9								
10								

图 7.2　司机报单

地铁资料

【资料】地铁公司车辆段乘务部各岗位职责

1. 部长的职责

（1）在客运中心的领导下，执行、制定、完善电客车、工程车及车辆基地内的行车组织管理制度，确保安全、正点、准确运行。

（2）贯彻执行分公司方针，加强职工安全思想教育，制定切实有效的安全措施，做好其他部门的接口工作，搞好工作关系。

（3）强化培训和考核工作，及时了解、掌握员工的思想动态，保持与员工的沟通，合理、正确调配组织好人员。

（4）制订和监督执行生产计划，监督执行电客车服务质量、工作进度，改善工作方式，以达到有效的工作目标。

（5）定期检查"标准作业程序"及各规章的执行情况。

（6）监督、测试员工业务素质，并定期负责与乘务部副部长、司机长等岗位的工作沟通。

（7）组织分析列车故障报告及事故报告会，总结经验教训，做到对事故"四不放过"，防止惯性事故的发生。

（8）定期组织安全工作例会，查找存在的问题，并负责落实整改。

2. 副部长的职责

（1）在部长的领导下，协助部长做好乘务工作。

（2）落实安全生产责任制和岗位责任制，督促执行各项安全规章制度、安全措施，定期参加各种安全生产活动。

（3）定期召开部安全例会，适时组织召开事故分析会，总结经验，查找问题，并针对问题制定措施，及时落实整改。

（4）定期参加各项安全生产检查活动，努力消除乘务部范围内的不安全因素，杜绝安全隐患。对查出的事故隐患及时向部长汇报和落实。

（5）加强班组建设，积极推动班组劳动竞赛，着力培养班组骨干队伍，及时推广典型经验及做法。

（6）深入班组，及时了解、掌握员工的思想动态，正确引导员工的思想，做好深入、细致的思想工作。

（7）强化员工安全意识，定期组织员工进行安全教育培训，贯彻、落实有关行车、消防、治安、人身安全等方面的规章制度。

（8）制定和完善乘务部内各岗位的安全操作规程和安全生产管理制度，并负责组织实施。

3. 培训主任工程师职责

（1）在部长（副部长）的领导下负责员工培训管理工作。

（2）负责编制、修改、重审与发放乘务作业文本。

（3）负责审核乘务部的培训需求，制订培训计划。

（4）负责落实培训计划的实施。

（5）负责制定乘务部培训工作制度，建立考核监督机制。

（6）组织协调好培训工作，做到持证上岗，行使考核权。

（7）进行有关乘务培训统计与分析，协助领导完成工作计划和报告。

（8）负责电客车模拟驾驶器的培训和管理。

（9）负责各岗位员工转岗和调级的申报工作。

4. 培训助理工程师职责

（1）协助培训工程师，开展员工岗位培训的各项工作。

（2）负责编制、修改、重审与发放乘务作业文本。

（3）负责汇总乘务部的培训需求，执行培训计划。

（4）负责落实培训计划的实施。

（5）执行乘务部培训工作制度，建立考核监督机制。

（6）组织协调好培训工作，做到持证上岗，行使考核权。

（7）进行有关乘务培训统计与分析，协助领导完成工作计划和报告。

（8）负责电客车模拟驾驶器的培训和管理。

（9）负责各岗位员工转岗和调级的申报工作。

5. 运用工程师职责

（1）在部长（副部长）的领导下，开展有关乘务技术运用工作，了解上级在各阶段的技术管理目标，建立运用技术台账，实行标准化管理。

（2）负责编写标准化作业程序，并负责标准化作业程序的执行。

（3）在不违反劳动法的前提下制定人员排班原则，并根据运行图编制排班表，提高人员出勤率和劳动生产率。

（4）参与编写符合乘务员实际操作特点的《电客车故障应急处理指南》，并提出修改意见。

（5）紧密联系实际，多渠道收集、整理乘务技术运用情况，根据生产实际，提出合理化建议。

（6）深入生产一线，了解生产情况，收集、分析各岗位在行车方面存在的问题和困难，及时反馈并提出整改措施，负责跟踪相应项目的整改工作。

（7）协助培训工程师开展班组培训工作，提高员工的技能和业务水平。

（8）负责乘务部"劳动竞赛"的配合统计工作。

（9）定期参加安全例会、事故分析会，总结经验，查找问题，及时整改存在的问题。

6. 行车安全工程师职责

（1）在部长（副部长）的领导下，开展有关行车安全方面的工作，实行标准化管理。

（2）负责制定和完善乘务部内部的安全生产管理制度，组织编制乘务部的安全操作手

册，并监督实施。

（3）定期协助乘务部组织开展应急处理演练，协助安技中心制定事故演练预案。

（4）定期协助组织召开安全生产例会，针对问题，分析并制定防范措施。

（5）进行有关安全管理的统计分析，协助领导完成工作计划和报告。

（6）深入生产一线，了解生产情况，收集、分析各岗位在行车安全方面存在的问题和困难，及时反馈并提出整改措施，负责跟踪相应项目的整改工作。

（7）协助培训工程师开展行车安全培训工作。

（8）定期参加安全例会、事故分析会，总结经验，查找问题，及时整改存在的问题。

（9）对其他部门的投诉进行调查、处理，并制定整改措施。

7. 行车安全助理工程师职责

（1）协助行车安全工程师，开展乘务部有关行车安全方面的工作，实行标准化管理。

（2）负责制定和完善乘务部内部的安全生产管理制度，组织编制乘务部的安全操作手册，组织监督实施。

（3）定期协助组织开展应急处理演练，协助安技中心制定事故演练预案。

（4）定期协助组织召开安全生产例会，针对问题，分析并制定防范措施。

（5）进行有关安全管理的统计分析，协助领导完成工作计划和报告。

（6）深入生产一线，了解生产情况，收集、分析各岗位在行车安全方面存在的问题和困难，及时反馈并提出整改措施，负责跟踪相应项目的整改工作。

（7）协助培训工程师开展行车安全培训工作。

（8）定期参加安全例会、事故分析会，总结经验，查找问题，及时整改存在的问题。

8. 电客车司机长职责

（1）在部长的领导下，做好班组的日常管理和安全工作。

（2）负责监督电客车司机的技术作业过程和劳动纪律，确保各项规章制度的落实执行。

（3）督促和指导电客车司机认真学习业务技能，提高操作水平。

（4）详细了解、掌握正线电客车的运营状态，指导司机对突发事件的处理，并将事故原因及处理情况向上级汇报。

（5）定期召开班组会议，对班组成员进行安全思想教育和职业道德教育，掌握班组成员的思想动态，及时与上级沟通。

（6）及时传达分公司、中心、部的指示和要求，客观反映一线生产情况，发挥职工与领导之间的桥梁作用。

（7）定期参加安全例会、事故分析会，总结经验，查找问题，及时整改存在的问题。

9. 车场调度员职责

（1）负责车场内行车运营秩序的组织和指挥；负责车场内电客车、工程车和车场辖区内的行车组织和调车作业；负责车场内突发事件的指挥，审批和办理施工/检修作业，制定试车线计划。

（2）在日勤车场调度员的领导下，组织车场内行车运作及审批各项施工，同时协调有关部门，确保维修计划的顺利实施，合理安排审批车场内各种施工及试车线施工调试计划。

（3）按照列车运行图及运营时刻表的要求，根据车辆部轮值工程师提供的发车、接车计划和临时抽线计划等，合理安排电客车出、入车场，并将发车、接车计划发给行车调度员、轮值工程师、信号楼值班员和派班员。

（4）掌握车场内列车和车辆的停留状况，根据工作需求，正确、及时地编制下达调车作业单，并监督检查计划的实施。

（5）负责车场范围所有计划内和临时性的施工安排，督促施工负责人做好施工区域内的安全防护措施。

（6）指挥信号楼值班员合理安排场内行车运作，布置并监控信号楼值班员的作业，认真执行各项规章制度和作业标准，确保发车、接车及调车作业安全。

（7）严格执行试车线调试的有关规定和作业程序，组织好试车线和车场线路上的调试工作。

（8）严格执行车场内接触网停/送电操作的有关规定，并掌握车场内接触网停/送电状况，及时安排信号楼值班员在微机联锁设备上进行防护。

（9）指挥工程车司机配合各施工部门工作，布置并监控工程车司机的作业流程，认真执行各项规章制度和作业标准。

（10）检查有关行车设备，保管好工具用品，认真执行交接班制度。

（11）配合车辆部按照工程车检修的扣修计划，合理安排工程车作业。

10. 派班员职责

（1）负责安排乘务员的出勤、退勤，编制、实施乘务员的派班计划，遇到突发事件及时安排好乘务员的出勤、派班工作。

（2）根据车场调度员提供的出车、接车计划，负责合理安排乘务员的派班和出、退勤工作。

（3）负责向乘务员传达上级命令、指示、要求及行车安全事项，检查乘务员抄录的行车注意事项和乘务员的精神状态，督促乘务员按列车运营时刻表的规定正点出库；做好行车用品的发放工作。

（4）负责《司机报单》的核对和统计工作，正确统计行驶公里。

（5）负责乘务员考勤工作，按规定办理乘务员调班手续并掌握乘务员的请、销假情况，正确填写乘务员考勤簿，妥善保管好各类请假条。

（6）及时登记各类行车信息，并及时将车辆故障汇总交车辆部和通信信号部进行处理。

（7）与行车调度员、车场调度员、乘务员及有关人员积极配合，确保列车安全、正点运行。

（8）准确、清晰、迅速抄写、传递行车调度员命令，并按规定登记，要求字迹清楚、工整。

11. 电客车司机职责

（1）严格遵守乘务部的各项规章制度和命令。

项目七　城市轨道交通车辆的运用管理

（2）坚持安全生产的方针，牢固树立"安全第一"的思想。按照集中领导、统一指挥的原则，认真执行调度命令。根据列车运行图的要求，安全、准点、快捷、舒适的运送乘客。

（3）列车出库前必须严格按照"司机一次出乘作业标准"，认真检查列车，严禁列车带"病"上线。

（4）出乘时按规定着装，严格按照电客车司机作业标准认真驾驶列车，规范操作，严守作业纪律，值乘时不做与工作无关的事。

（5）严格按照线路信号、标志的指示行车，严禁超速驾驶。

（6）做好行车信息传递工作，遇到问题及时与行车调度员联系，并做好记录。对口交接时必须做到信息的传达无误。

（7）遇到列车故障，应按照《一号线电客车故障应急处理指南》和《二号线电客车故障应急处理指南》的规定，准确、及时、果断处理相关故障，尽快恢复列车运行。

12. 工程车司机职责

（1）服从调度指挥，及时出车，完成调车作业。配合工务、供电等部门的检修工作、救援任务及其他临时任务。认真填写工程车运转记录。发现故障和隐患时及时上报，配合维修人员维修工程车，确保工程车出车完好率达到规定标准。协助工程车司机长搞好班组建设。文明生产，做好特种车库及工程车内的环境卫生。负责随车工具及附件的保管工作。

（2）检查、考核的内容有各项规章制度的执行情况，设备的使用、维护、保养台账和交接班记录，以及本人的业务素质等。自查每周一次，小结每月一次。

（3）敬业爱岗，认真钻研工程车驾驶技术和维护、保养技能及其他相关业务知识。参与技术研究，提供改进计划及避免故障再现。

任务二　认知城市轨道交通车辆运用的安全管理

学习目标

（1）熟知城市轨道交通车辆运用安全管理的方法、员工职责与作业准则；

（2）熟知城市轨道交通事故的应急处理知识；

（3）熟知城市轨道交通事故的分类及责任的判定；

（4）熟知防止城市轨道交通事故的措施。

学习任务

认知城市轨道交通车辆运用的安全管理，主要包括城市轨道交通车辆运用安全管理的方法、员工职责与作业准则、交通事故的应急处理报告及处理原则与内容、交通事故类型的划分与责任的判定、交通事故的防止措施等。

工具设备

城市轨道交通车辆运用管理规程、安全管理规章、应急处理文本、多媒体设备课件、图片、示教板、计算机多媒体设备等。

教学环境

城市轨道交通车辆运用演练场、理实一体化教室或城市轨道交通模拟司机室。

基础知识

安全是指在生产活动过程中，能将人或物的损失控制在可接受的范围。换言之，不管事故是否发生，只要人或物的损失是在人们可以接受的范围之内，就称为安全；反之，则为不安全。安全管理是管理科学的一个重要分支，它是为实现安全目标而进行的有关决策、计划、组织和控制等方面的活动；主要是运用现代安全管理原理、方法和手段，分析和研究各种不安全因素，从技术上、组织上和管理上采取有力的措施，解决和消除各种不安全因素，防止事故的发生。

城市轨道交通行车安全是城市轨道交通运输的永恒主题，保证城市轨道交通行车安全是每个城市轨道交通人的首要职责。除设备及环境条件等因素外，安全主要取决于管理。

一、安全管理方法、安全职责与安全准则

对于防止事故的发生，地铁公司一般都会根据当地有关部门或本公司的具体情况制定车辆运用安全管理基本方法及员工安全职责，按照制定的规章制度来要求员工和管理各部门。

1. 安全管理基本方法

（1）各岗位人员必须进行相应的理论培训，并考试合格。

（2）各岗位人员必须取得本岗位的职业资格证书。

（3）脱离本岗位工作三个月及以上的，在重返本岗位工作时必须重新熟悉本岗位设备性能、操作办法及新改动部分的知识，经考试合格后方准继续担当本岗位工作。

（4）各岗位人员要保持对本岗位知识的持续性学习，定期参加本部门举行的岗位考试。

2. 安全管理员工职责

（1）严格执行安全生产规章制度，服从命令，不违章作业，及时劝阻和制止他人违章作业。

（2）严格执行技术操作规程和工艺要求。

（3）接受安全教育和培训，具备事故预防和应急处理能力。

（4）了解本岗位及作业场所的危险因素，防范及应急措施。

（5）正确佩戴和使用劳动防护用品。

（6）按要求巡查作业场所，发现异常及时处理。

（7）发现异常情况，必须立即按程序报告。

（8）熟悉逃生路线和程序，一旦发生火险，立即进行先期处理，并组织他人疏散。

（9）保持作业场所整洁，妥善保管和正确使用各种工、器具，搞好文明生产。

（10）支持及参与安全活动，建立良好的安全文化氛围。

3. 作业安全准则

作为城市轨道交通列车乘务员应具备高尚的职业道德、强烈的责任感和较高的安全意识，以确保列车运行、调试作业和车厂内调车作业的安全。在正常情况下，要求列车乘务员的操作应确保"准确"，在非正常情况下确保"安全"，所有操作均须动作紧凑，快速、正确并且符合安全准则的规定。一般城市轨道交通列车乘务员作业安全准则可通过以下内容进行规定。

1）三严格

① 严格遵守各种规章制度，正确执行各种作业程序，确保列车运行安全。

② 严格按照运营时刻表及信号显示行车，工作时严守岗位，不得擅自离岗。

③ 严格遵守动车前确认行车的三要素：信号、道岔、凭证。

2）八严禁

① 在配有副司机的情况下，严禁副司机在没有司机的监督下擅自操纵列车。

② 列车运行严格按照规章中规定的速度运行，严禁超速运行。

③ 受电弓升起后，严禁进行地沟检查、触摸电气带电部分及攀登车顶，严禁跨越地沟。

④ 当班时严禁带私人通信工具、便携式音响、游戏机等娱乐工具及与工作无关的书籍上车。

⑤ 严禁擅自修改目的地、车次号。

⑥ 非正常情况下行车组织，服从行车调度员的指挥，严禁无凭证开车。在人工驾驶模式下动车时，要得到行车调度员的同意。

⑦ 封锁及原路折返时严禁未得到车厂值班员或行车调度员的同意并确认好道岔位置就盲目动车。

⑧ 严禁擅自带无关人员进入司机室，因工作需要登乘列车司机室时必须确认其登乘证，人员包括司机在内不得超过5人。

3）九必须

① 列车司机必须经考试合格，并取得《司机驾驶证》后，方准独立驾驶客车。

② 列车司机必须严格执行安全规章制度，服从行车调度员的指挥，按照列车时刻表的时刻要求，安全、正点地为乘客提供快捷、舒适的优质服务。

③ 遇到《行车组织规则》中规定的鸣笛时机时，必须鸣笛。

④ 升弓前，必须确认接触网有电，所有人员均在安全区域，方可鸣笛升弓。

⑤ 发生交路错乱时，必须要确保有车必有人，必要时服从正线轮值员及派班员的安排。

⑥ 使用旁路开关时，必须到现场确认安全后，经行车调度员同意方可使用旁路开关动车。司机必须要密切留意列车的运行状态，发现异常情况立即采取紧急停车措施。

⑦ 行车调度员发布的口头命令，列车司机必须认真、逐句复诵，领会命令内容，记录在《司机日记》上，并向同一班组人员传达，做好交班。

⑧ 接班前做好行车预想，交班后做好总结。对于行车工作中发生的车辆故障或行车事故/事件，做到准确判断、及时处理、准确汇报。退勤时必须全面、如实反映，便于有关

人员的调查。使用事故/事件表、好人好事登记表进行填写。

⑨ 列车在车站发生故障需要在站推进运行时，司机必须要在车站有引导员资格证的人员上车、交接清楚、具备动车条件后才能开车。

4）人身安全准则

① 升弓或合上集电靴前，必须确认所有人员均在安全区域，以及列车停留位置满足升弓或合上集电靴条件。

② 严禁擅自带无关人员进入司机室，因工作需要登乘列车司机室时必须确认其登乘证。

③ 在正线或出入厂线，禁止未经行车调度员同意擅自进入线路，避免触电。

④ 列车在隧道内因故障需要清客时，必须在确认所在区域供电停止且车站人员上车后才能进行。

5）整备作业安全准则

① 整备作业前必须了解列车停放位置及列车状态。

② 检查列车走行部时，必须确认列车已降下受电弓。

③ 严禁跨越地沟。进行车底检查时，戴好安全帽，应注意空间位置，避免碰伤。

④ 受电弓升起后，严禁触摸电气带电部分、进行地沟检查及攀登车顶。

⑤ 检查列车时必须佩戴检查灯、螺丝笔，并严格按要求整备列车。列车没有经过整备严禁动车。

⑥ 车库内动车前，必须确认地沟无人后方可动车。

6）列车运行安全准则

① 司机在取得《电客车司机驾驶证》并经鉴定合格后，方准独立驾驶列车（副司机必须在司机的监督下才能操纵列车）。

② 严格遵守各种规章制度，按照要求操作、使用设备，正确执行各项作业程序，确保列车运行安全。

③ 严格按列车时刻表动车，动车前必须确认行车凭证和动车"三要素"（进路、信号、道岔）。

④ 乘务员在接班前应注意休息，接班前 8h 内严禁喝酒。工作时精力集中，保持不间断瞭望。严禁在列车运行中打盹、看书或做与工作无关的事。

⑤ 在列车进站过程中严禁接听电话。

⑥ 操作各旁路开关前，必须确认符合安全条件，并取得行车调度员的授权。

⑦ 行车调度员发布调度命令或行车指示时，司机必须认真、逐句复诵并领会命令内容。

⑧ 当班时严禁带私人通信工具、便携式音响、游戏机等娱乐工具上车。

7）折返作业安全准则

① 严格遵守交接班制度，坚持"有车必有人"。

② 换司机台前必须确认前端驾驶台关钥匙，且××秒后方可激活本端司机台。

③ 换端开门前必须确认屏蔽门已经打开。

④ 关门前必须确认进路防护信号机已开放。
⑤ 动车前应确认所有人员均在安全区域。

8）站台作业安全准则

① 人工开、关屏蔽门或车门时，必须严格执行"一确认、二呼唤，跨半步、再开门"的作业程序。

② 列车在站台停稳后，应先确认列车停在规定的范围内（如沈阳地铁停车标±30cm内），然后开启屏蔽门，最后再开启客室门。

③ 跨出站台屏蔽门、车门时，应注意列车与站台间的空隙，避免摔伤。

④ 关闭屏蔽门、车门前应先确认进路防护信号机开放，然后再关闭屏蔽门、车门。

⑤ 关闭屏蔽门时，应注意确认所有屏蔽门都关闭，屏蔽门上方指示灯灭。关闭车门时应确认司机室内"车门关"指示灯亮，且确认屏蔽门、车门无夹人、夹物。

⑥ 动车前，司机、副司机或屏蔽门操作员应再次确认屏蔽门、车门状态，观察屏蔽门与车门间的空隙无人、无物，方可动车。

二、城市轨道交通事故的应急处理

（一）城市轨道交通事故的应急报告

当事故（事件）发生时，作为事件的第一发现人，要在第一时间做出判断，为后续救援工作节省时间，这就要求与列车运行相关的人员必须清楚如何做事故应急报告。事故应急报告一般由报告对象和报告内容两部分组成，只有在清楚事故发生后应该向谁报告、如何报告和报告什么，才能准确、迅速地做出判断，为控制事故的蔓延抢出时间。

1. 报告对象

报告对象应根据事故（事件）发生的位置不同向不同部门汇报。

（1）发生在正线时，由列车司机向行车调度员报告。

（2）发生在车辆段（车场）时，由列车司机报告车辆段（车场）调度员，再由车辆段（车场）调度员向行车调度员报告。

2. 报告内容

报告内容通常应包括以下几项：

（1）报告人姓名、部门、员工号；

（2）事故发生的时间、地点（区间以百米标为准）、车号、车次；

（3）车辆损坏情况及对运营影响程度；

（4）人员伤亡情况；

（5）其他必须说明的内容。

（二）城市轨道交通事故的应急处理

在事故发生初期要尽量控制事故的影响范围和破坏程度，并且要避免次生事故的发生。在事故发生后，事故列车司机在及时汇报事故应急报告的同时还必须严格按照行车调度员、车辆段（车场）调度员或现场指挥人员的命令执行，按先期处理原则和处理内容进行处理。

1. 事故应急处理的原则

（1）尽量避免停在区间或关键处所的原则。在正线运行时，列车司机应尽可能使列车运行至前方站，如果不能到达前方站，应尽可能在平直线路上停车。在车场内运行时，应尽量将事故列车停于库内，如果不能停于库内，则尽量避免将列车停于道岔、平交道口和转换轨处等。

（2）疏散时以保证乘客安全为原则。

（3）列车司机进行初期处理时以避免引发次生伤害为原则。列车司机在初期处理过程中要保持通信畅通，及时将现场情况通知行车调度员。正线运行时，列车司机的初期应急处置应尽量缩短时间（如不超过 3min，强迫救援时间不超过 6min）。列车司机要充分把握时间，将事故的影响尽可能降低。

2. 事故先期处理的内容

（1）根据人员伤亡情况及时抢救受伤乘客和员工。

（2）根据事故影响范围及时封锁线路。

（3）根据情况决定接触网是否停电。

（4）及时下达事故列车乘客疏散指令，做好疏散乘客工作。

（5）通知相关专业人员确认设备情况，做好抢修救援准备。

三、城市轨道交通事故分类及责任判定

（一）城市轨道交通事故分类

1. 行车事故

1）行车事故的产生

在城市轨道交通运营生产过程中，凡因违反规章制度、违反劳动纪律、技术设备不良及其他原因，造成人员伤亡、经济损失、影响正常行车或危及行车安全的，均构成行车事故（事件）。

2）行车事故的构成

根据行车事故（事件）引发的原因，其构成主要来自三个方面：

① 由于人的行为失误，或因轨道交通系统的设备故障，而产生危及列车在正线上正常运行的事故（事件）。

② 车站、车辆基地内所有与行车、调车作业有关的危及人身安全和设备安全的各类事故（事件）。

③ 列车运行过程中（包括运行途中和停车期间），危及乘客安全的事故（事件）。

3）行车事故的分类

按照事故（事件）损失及对运营生产造成的影响和危害程度，如事故造成的人员死亡和重伤、造成的直接经济损失、造成的线路停运时间等，行车事故一般分为特别重大事故、重大事故、较大事故、一般事故、险性事件、一般事件和事件苗头。

2. 客运事故

凡是在车站的站厅（指收费区内）、站台上、客运列车车厢内发生的危及乘客人身安全的事件，均属于客运事故。客运事故主要由列车车门、屏蔽门、自动扶梯、列车站停时站台边缘与列车间的间隙、列车进出站等原因所造成的乘客伤害。

3. 自然灾害事故

由于自然因素引起的事故与灾害，如水害、风害、雷击或地震等。对此，城市轨道交通在建设时应有良好的预防监测措施，在遭遇此类事故时，应及时统一指挥组织乘客疏散转移，组织现场抢救。

（二）行车事故的责任判定

行车事故按照责任的承担分为我方责任事故、双方责任事故和无责任事故。我方责任事故、双方责任事故均属于责任事故。按照行车事故责任的承担比重进一步分为全部责任、主要责任、次要责任和一定责任等。事故（事件）的责任一般可按下列比重进行划分。

（1）全部责任：负有事故（事件）损失及不良影响100%的责任。

（2）主要责任：负有事故（事件）损失及不良影响70%~90%的责任。

（3）次要责任：负有事故（事件）损失及不良影响20%~30%的责任。

（4）一定责任：负有事故（事件）损失及不良影响10%的责任。

（5）同等责任：各方均负有占事故（事件）损失及不良影响相同比例的责任。

若事故（事件）由多方原因造成，按各责任方承担责任比例进行划分。

四、城市轨道交通行车事故的防止措施

安全是指在生产活动过程中，能将人或物的损失控制在可接受的范围。换言之，不管事故是否发生，只要人或物的损失是在人们可以接受的范围之内，就称为安全；反之，则为不安全。对于防止事故发生的措施，地铁公司可根据当地有关部门或本公司的具体情况制定车辆运用安全管理基本要求及员工安全职责，按照制定的规章制度来要求员工和管理各部门，以此减少甚至避免事故的发生，将事故控制在可接受的范围。

1. 防止行车事故的基本要求

（1）出乘前应充分休息、睡眠，出乘后思想集中、精力充沛。

（2）列车出库前认真检查整备，保证列车技术状态良好。

（3）开车前认真确认行车凭证、出站及发车信号显示、呼唤应答。

（4）严格按照信号显示要求和规定的速度行车，严禁臆测行车、超速行车。

（5）遇到信号显示不明、显示不正确、无信号、天气不良等特殊情况时必须及时采取减速或停车措施。

2. 建立健全和落实基本制度

城市轨道交通车辆部门还应建立健全和落实下列基本制度：

（1）车辆段、运用车间安全例会制度。

（2）干部安全管理工作及考核制度。

（3）列车安全装置管理制度。
（4）添乘安全管理制度。
（5）列车司机待乘休息管理制度。
（6）列车司机一次乘务作业标准。
（7）瞭望及呼唤应答制度。
（8）电气化轨道安全制度。

3. 制定落实安全措施

除建立健全和落实基本制度外还应制定落实以下安全措施：
（1）防止冒进信号措施。
（2）防止列车追尾措施。
（3）防止火灾措施。
（4）防止溜逸措施。
（5）雨天、雾天行车安全措施。

作为城市轨道交通列车司机应加强学习，注重积累行车经验，在工作中有针对性的做好安全预想、预防。只有具备了一身过硬的技术本领和良好的职业精神，才能在工作中有效地防止事故的发生或遇事能够冷静地处理，将事故危害降低到最低程度。

地铁资料

【资料1】地铁安全管理

（一）电客车司机的安全管理

（1）必须通过本部门举行的上岗资格考试后方可进行独立作业。
（2）见习电客车司机或调试司机如果进行驾驶任务，必须在司机的监护情况下进行。
（3）严格遵守各项规章制度，按照要求操作、使用设备，正确执行各项作业程序，确保电客车运行安全。
（4）必须严格服从行车调度员或车场调度员的命令，严禁擅自动车。
（5）作业过程中必须按照电客车司机一次作业标准执行，严禁简化作业程序。
（6）严格按列车运行图行车，维护运行秩序。坚守岗位，不得擅自离岗、串岗。
（7）在接班前应注意休息，按班前 8h 内严禁饮酒。当班时精力集中，保持不间断瞭望。严禁在列车运行中打盹、看书或做与工作无关的事。
（8）关闭安全门、车门后，应注意车门与安全门的空隙，避免夹人、夹物。
（9）车辆在行驶过程中必须严格按区间限速行驶，严禁超速。
（10）操作门旁路开关、制动不缓解旁路开关、紧急运行按钮、停放制动旁路开关、警惕按钮旁路开关等安全按钮前，必须要保证车上人员及设备的安全，并取得行车调度员的授权。
（11）行车调度员发布调度命令或行车指示时，受令司机必须认真、逐句复诵，领会命令内容，并做好记录，以备向接班司机进行交接。

（12）严格遵守交接班制度，坚持"有车必有人"的原则（无人自动折返除外）。

（13）车场内动车时要确保所有人员在安全区域。

（二）工程车司机的安全管理

（1）必须通过本部门举行的上岗资格考试后方可进行独立作业。

（2）动车前必须做好制动试验，确保制动性能良好；动车前必须确认所有人员均在安全区域，方可鸣笛动车。

（3）司机必须严格按章操作，运行中发现异常（响）时，必须在处理妥当后才能再次动车。

（4）行车调度员发布的口头命令，驾驶司机必须认真、逐句复诵，领会命令内容，做好记录并向同一班组人员传达。

（5）接班前做好行车预想，交班后做好总结。对于行车工作中发生的行车事故/事件，必须及时处理、准确汇报。退勤时必须全面、如实反映，便于有关人员的调查。

（6）司机在行车过程中必须要密切关注机车车辆的运行状态，发现异常情况时立即采取紧急停车措施。

（7）出勤前8h内禁止饮酒，保证精力充沛，精神集中。

（8）随车人员登乘工程车不得超过4人。运行中严禁与司机交谈或出现影响司机驾驶、瞭望的行为。任何人不得飞乘、飞降列车。

（9）运行中必须戴安全帽、穿荧光服，必要时戴防护手套或防扎鞋。司机应做好监督，不得擅自离开列车。

（10）司机在值乘中应集中精力，谨慎驾驶，不间断地细心瞭望，并确认各种行车信号，严格按规定速度运行，不超速、不臆测运行。

（三）信号楼值班员的安全管理

（1）严格执行一人操作，一人监护的原则，严禁擅自离岗。

（2）接发列车时必须要对车号、车次、时间、轨道号认真核对确认。

（3）对于车场调度员或行车调度员下达的命令必须认真复诵并领会内容，做好记录。

（4）信号楼值班员下达的命令要做到准确无误。

（5）要对有施工的区段做好防护。

（6）信号楼值班员要时刻监视ATS，发现问题要第一时间汇报抢修。

（四）行车调度员的安全管理

（1）行车调度员对正线的情况必须时刻监控，时刻掌握正线动态，发现问题必须在第一时间处理。

（2）遇到突发事件时，行车调度员必须严格按照《应急信息报告规定》中的程序处理。

（3）行车调度员发布的命令必须准确、清晰。

（4）准确记录当班期间的各项事宜，做好交接。

（五）机车车辆的安全管理

（1）投入运营的车辆必须经过车辆部确认车辆状态良好，无影响运营故障存在。

（2）司机出车前要认真核对车辆信息，并按照要求进行静检、动检，发现故障及时处理或报告。

（3）司机在驾驶过程中要对车辆状态时刻监控，发现故障及时处理、报告。

（4）对发生严重影响运营质量故障的车辆，必须查明故障原因，原因不清的严禁投入运营。

【资料2】地铁行车事故管理规则（摘要）

（一）地铁行车事故管理原则

（1）为贯彻"安全第一，预防为主"的安全生产方针和执行党、政、工、团齐抓共管的原则，各级领导要把安全工作当做首要任务来抓，加强安全管理和安全思想教育，强化职工安全意识。严肃劳动纪律和作业纪律，教育职工自觉执行各项规章制度。

（2）做好职工技术培训，提高技术业务水平。加强安全检查，及时消除各类隐患。搞好设备维修保养，提高设备质量。深入开展安全正点、优质服务的竞赛活动，确保地铁安全运营。

（3）发生行车事故时，要积极采取措施，迅速抢救，尽快恢复运营，尽量减少损失。

（4）事故发生后，要按照"三不放过"的原则（即事故原因分析不清不放过，责任者和群众没有受到教育不放过，没有制定防范措施不放过）处理事故，找出原因，分清责任，吸取教训，制定措施，防止同类事故再次发生。

（5）对事故责任者，应根据事故性质和情节分别予以严肃的批评教育、经济惩罚，直至纪律处分、法律制裁。对事故性质情节严重的要逐级追究领导责任。

（6）对事故分析处理拖延、推脱责任、姑息纵容、隐瞒不报或不如实反映事故情况者，应予以严肃批评教育或纪律处分。

（二）地铁行车事故分类

按照事故（事件）损失及对运营生产造成的危害程度、波及范围、影响力大小、人员伤亡，分为特别重大事故、重大事故、较大事故、一般事故、险性事件、一般事件和事件苗头。

1）特别重大事故

（1）客运列车发生冲突、脱轨、火灾或爆炸等事故，造成下列后果之一时：

① 人员死亡3人，或死亡、重伤5人及以上者；

② 客车中破一辆；

③ 中断正线（上、下行正线之一）行车180min及以上者，或影响本列车满180min。

（2）其他列车发生冲突、脱轨、火灾或爆炸等事故，造成下列后果之一时：

① 人员死亡3人，或死亡、重伤5人及以上者；

② 内燃机车大破一辆或轨道车报废一辆；

③ 中断正线（上、下行正线之一）行车180min及以上者。

（3）调车作业（包括整备作业）发生冲突或脱轨，造成（1）和（2）各项后果之一时。

（4）由于地铁技术设备、其他临时设备破损或工程车货物装载不良致使地铁技术设备破损，造成（1）和（2）各项后果之一时。

2）大事故

（1）客运列车发生冲突、脱轨、火灾或爆炸等事故，造成下列后果之一时：

① 人员死亡1人或重伤2人及以上者；

② 中断正线（上、下行正线之一）行车120min及以上者，或影响本列车满120min；

③ 客车小破一辆。

（2）其他列车发生冲突、脱轨、火灾或爆炸等事故，造成下列后果之一时：

① 人员死亡1人或重伤2人及以上者；

② 中断正线（上、下行正线之一）行车120min及以上者；

③ 内燃机车中破一辆或轨道车大破一辆。

（3）调车作业（包括整备作业）发生冲突、脱轨，造成（1）和（2）各项后果之一时。

（4）由于地铁技术设备、其他临时设备破损或工程车（轨道车）等货物装载不良，致使地铁技术设备破损，造成（1）和（2）各项后果之一时。

3）险性事故（凡事故性质严重，但未造成损害后果或损害后果不够重大事故、大事故的为险性事故）

① 列车冲突；

② 列车脱轨；

③ 列车分离；

④ 向占用区段发出列车；

⑤ 未准备好进路接发列车；

⑥ 向占用线接入列车；

⑦ 列车错开车门、运行途中开门、车未停稳开门；

⑧ 列车冒进信号或越过警冲标；

⑨ 列车夹人开车；

⑩ 在实行站间行车法等人工组织行车办法时，未办或错办手续发车；机车、车辆溜入区间或站内；未拿或错拿行车凭证发车。

4）一般事故（凡事故性质及损害后果不够重大事故、大事故及险性事故的为一般事故）

① 调车冲突；

② 调车脱轨；

③ 挤岔；

④ 应停列车在站通过；

⑤ 列车运行中，因车辆部件脱落或施工列车装载不良刮坏技术设备；

⑥ 因设备故障或其他原因中断正线（上、下行正线之一）行车 30min 及其以上；

⑦ 因行车有关人员违反劳动纪律漏乘、出务迟延耽误列车运行；

⑧ 错误办理行车凭证耽误列车；

⑨ 漏发、漏传、错发、错传调度命令耽误列车。

5）凡因其他原因严重危及行车安全，公司安全委员会认为有必要时可定为事故。同时，公司安全委员会也有权对事故重新认定。

（三）地铁行车事故报告程序

（1）报告原则：

在区间发生时，由司机立即报告行车调度员。在车站内或车厂发生时，由车站值班站长或车厂调度员报告行车调度员。

（2）正线发生重大事故、大事故报告程序：

① 报告程序按规定流程。

② 控制中心值班主任接到报告后，应立即报告下列有关人员。

a. 维修工程部生产调度、车厂控制中心；

b. 公司总经理、党委书记、主管安全副总经理及相关公司领导；

c. 地铁公安分局；

d. 安全监察室负责人；

e. 公司有关部门领导。

③ 如发生列车冲突、脱轨或其他严重事故，当时虽不能判明是否为重大事故、大事故，也应按上述规定报告。

（3）正线发生险性及一般事故报告程序：

① 报告程序按规定流程。

② 控制中心值班主任接到报告后，应报告下列有关人员。

a. 车务部、车辆部、维修工程部等有关部门；

b. 安全监察室；

c. 主管安全副总经理。

（4）车厂发生重大事故、大事故报告程序：

① 报告程序按规定流程。

② 车厂控制中心接到报告后，应立即报告下列有关人员。

a. 控制中心行车调度员、维修工程部生产调度员；

b. 公司总经理、党委书记、主管安全副总经理及相关公司领导；

c. 地铁公安分局；

d. 安全监察室负责人；

e. 公司有关部门领导。

③ 如发生列车冲突、脱轨或其他严重事故，当时虽不能判明是否为重大事故、大事故，也应按上述规定报告。

（5）车厂发生险性及一般事故报告程序：

① 报告程序按规定流程。

② 车厂控制中心接到报告后，应报告下列有关人员。

a. 车务部、车辆部、维修工程部等有关部门；

b. 安全监察室；

c. 主管安全副总经理。

（6）发生人员伤亡、火灾、爆炸、毒气袭击等事故，需要报告119（火警）、120（急救中心）或公安分局时，由值班站长、事故现场或目击者在第一时间内报告。如果没有电话直接报告（如列车司机），则立即报告控制中心，由控制中心立即报告119、120或公安分局。

报告事项如下：

① 发生时间（月、日、时、分）；

② 发生地点（区间、百米标和上、下行正线）；

③ 列车车次、车组号、关系人员姓名、职务；

④ 事故概况及原因；

⑤ 人员伤亡情况及车辆、线路等地铁设备损坏情况；

⑥ 是否需要救援；

⑦ 是否影响邻线运行；

⑧ 其他必须说明的内容及要求。

（7）行车调度员接到事故报告后，应做到：

① 积极设法防止事故扩大，积极组织救援。同时，按照 Q/GDY 6 相关规定，维持最大限度的运营。

② 立即报告控制中心值班主任；

③ 按照"先通后复"的原则组织指挥事故处理；

④ 行车调度员应将每件行车事故及时填写《行车事故概况》，报告安全监察室和车务部。

【资料3】地铁电气化铁道安全知识

（1）在电气化铁路上，接触网的各导线及其相连接部件，通常均带有高压电，因此禁止直接或间接（通过任何物件，如棒条、导线、水流等）与上述设备接触。

（2）当接触网的绝缘不良时，在其支柱、支撑结构及金属结构上，在回流线与钢轨的接点上，都可能出现高电压，因此平时应避免与上述部件接触。当接触网绝缘损坏时，禁止与之接触。

（3）发现接触网断线及其部件损坏或在接触网上有线头、绳子等物时，均不准与之接触，要立即通知供电分部或电力调度派人处理。在接触网检修人员达到以前，在该处加以防护，任何人员均应距离已断导线10m以外。

（4）当接触网停电并接地前，禁止攀登到车顶上，或在车顶上进行任何作业；禁止使用胶皮软管冲刷车辆上部。

（5）一切车辆通过铁路平交道口时，货物装载高度（从地面算起）不得超过4.5m，不得触动限界门的活动横板。

（6）在装载高度超过2m的货物上，通过道口时严禁坐人；待车辆通过道口后，再上车乘坐。

（7）当行人持有木棒、竹竿、彩旗等高、长物件，经过道口走近接触网时，不准高举、挥动，必须使物件保持水平状态走过道口。

【资料4】地铁员工安全守则与作业安全守则

（一）地铁员工安全守则

1．"五注意"

（1）注意警示标志，谨防意外。

（2）注意扶梯运作，谨防夹伤。

（3）注意地面积水、积油，谨防滑倒。

（4）注意高空坠物，谨防砸伤。

（5）注意设备异常现象，及时发现、及时排除，谨防发生事故。

2．"六必须"

（1）必须坚守岗位，遵章守纪。

（2）必须按规定正确使用劳保用品。

（3）跨越线路时必须一站、二看、三通过。

（4）施工前做好防护，施工后必须清理现场，出清线路。

（5）堆放物品必须整齐、稳固。

（6）发现违章操作必须坚决加以制止。

3．"七不准"

（1）不准在线路附近舞动绿色、黄色、红色物品。

（2）不准在站台边缘与安全线之间坐卧、行走、堆放物品。

（3）不准发出违章指令。

（4）不准在现场追逐打闹、打架斗殴。

（5）不准使用有安全隐患的工具、设备。

（6）不准臆测行车。

（7）不准当班饮酒、看书刊杂志、聊天和打盹。

4．"八严禁"

（1）严禁擅自跳下站台和进入隧道。

（2）严禁携带易燃、易爆、剧毒等危险品进站上车。

（3）严禁上下行驶的车辆。
（4）严禁擅自进入行车部位和主要设备场所。
（5）严禁擅自触动任何设备、设施。
（6）严禁攀登机车、车辆和车载货物顶部。
（7）严禁擅自移动、改换防护装置、警示标志。
（8）顺着线路走时，严禁走道心、枕木、轨面和道岔尖轨。

（二）地铁作业安全守则

1. 基本安全生产制度和作业纪律

维修作业人员在生产作业过程中，应认真执行"三不动"、"三不离"、"四不放过"、"了解故障三清"、"三懂三会"和"三级施工安全措施"等安全制度。

1）三不动
（1）未联系登记好不动。
（2）对设备性能、状态不清楚不动。
（3）对正在使用中的设备未经授权的不动。

2）三不离
（1）检修完，不复查试验好不离开。
（2）影响正常使用的设备未修好不离开。
（3）发现异响、异声的，不查明原因不离开。

3）四不放过
（1）事故原因没有查清不放过。
（2）事故责任者没有严肃处理不放过。
（3）广大职工没有受到教育不放过。
（4）防范措施没有落实不放过。

4）了解故障要三清：
（1）时间清。
（2）地点清。
（3）原因清。

5）三懂三会
（1）懂设备结构，会使用。
（2）懂设备性能，会维修。
（3）懂设备原理，会排除故障。

6）三级施工安全措施

施工前的准备措施、施工中的单项作业措施、施工后的检查试验措施、预防人为故障措施和发生故障时的应急措施。

2. 通用作业安全

（1）凡进行危险性较大、影响行车和人身安全的作业时，必须事先拟定技术安全措施，并由施工负责人组织施工，派专人进行防护。

（2）雷雨或暴风时，禁止在电杆上作业；正在打雷时，禁止修理避雷器、地线。

（3）挖坑、沟时，应与有关部门联系，了解地下设备情况。土质松软处所应设防护和加固措施，以防坍塌。坑、沟一般不过夜，不得已时，必须采取防护措施。

（4）装卸或搬运长、大、笨重器材，多人同时作业时，要有专人指挥，统一行动，对使用的工具认真检查，防止滑动和折断。装载要牢固，禁止在车辆运行中或未停稳前进行装卸。

（5）抬笨重物品时，每人负重一般不应超过50kg。两人抬物品时，应同肩、同步、同起、同落，相互配合，呼唤应答。

（6）各种设备、仪表的漏电保护器、熔断器及其他保安装置，应符合标准，不应任意改动，并应定期检查、测试。

（7）对易燃、易爆和有毒的材料，应由专人负责，隔离存放，妥善保管。

（8）行灯的电压不能超过36V；金属容器及潮湿场所电压不能超过12V。

（9）电钻或电镐等手持电动工具，在使用前应采取保护性接地或接零的措施。

（10）发生大量蒸汽、气体、粉尘的工作场所，要使用密闭式的电气设备；有爆炸危险气体或粉尘的工作场所，要使用防爆性的电气设备。

（11）用手动弯管器弯管时，要注意力集中，操作人员应错开所弯的管子，以免弯管器滑脱伤人。

（12）用手动弯管器时，操作位置应选择开阔的地方。

（13）削线头时，线头要向外。削线时不能过猛，防止削在手上。

（14）在带电设备附近工作时，禁止使用金属卷尺测量。

（15）使用梯子时，不准垫高使用，梯子与地面之间的夹角以60°为宜。

（16）在配电房内搬运梯子、管子时，应由两人放倒搬运，并与带电部分保持足够的安全距离。

（17）未经调度命令，未经车站请点登记，不得擅入隧道或区间作业。在隧道或区间中作业时，应穿荧光服，在作业区域放置红闪灯。作业前，工作负责人应向有关部门请点；工作结束后，工作负责人应向有关部门消点。

（18）作业结束后，工作人员应清扫、整理现场。工作负责人应进行周密检查，确认后方可离开。

（19）设备、物资进行吊装时，吊装物下方2m范围内不准站人，工作人员应面对吊装物，禁止背向或侧向吊装物。

（20）进行设备检查和维修前，应先确认设备已断电，机械部分完全停止，才可进行设备检查和维修。

（21）维修用工器具及安全防护用品，必须经常保持完好，发现不良的，应立即停用，并及时维修或更换。检修人员每次工作前必须检查一次，班组每月检查测试一次（包括绝缘工具），各分部每年检查测试一次。

（22）高空作业或进入风室等危险场所作业时，应系好安全带，需有监护人协助作业。

（23）平板车装载设备不得超过车辆限界。装有高度超过距轨面 3800mm 的货物进入隧道时，接触网应停电。

（24）客车在车厂内运行时严禁其受电弓在分段绝缘器位置停车。

（25）工作中要保持场地整洁，通道畅通，配件、原材料、工器具要堆放整齐。下班前，要关闭风、水、电、气等开关，工具、材料要收拾整齐，打扫周围环境，做到工完、料净、场地清。

（26）在轨行区作业时：

① 在站内作业时要注意瞭望列车的运行，可根据站场线路布置建立安全岛；在岔群处及瞭望困难处作业时，须设专人防护。

② 在区间道床上行走或工作时，应不断前后瞭望；经批准在正线上作业时，须设专人防护。

③ 横过车辆段及地面站线路时，须执行"一站、二看、三通过"制度。禁止爬乘行驶中的机车和列车，禁止在行驶中的机车和列车上跳上、跳下。禁止抢道、抓车、钻车，徒手在停留列车、车辆前部或尾部通过时，应与其保持 3m 以上的距离。

④ 禁止在钢轨、枕木和车辆下部休息。

（27）接发列车及调车作业安全规定：

① 当区段内接触网停电接地时，不得向该区段接发电客车；当司机发现接触网异常或故障时，要立即停车和降下受电弓。

② 在带电的接触网线路上进行调车时，禁止登上敞车行走或使用手制动；在平板车上使用手制动机时，不准踏在高于手制动机踏板台的车帮上或货物上。

③ 两辆带受电弓的列车（车厢）之间沿线路方向的距离不得少于 22m，以避免导线抬高量超出线岔标准范围造成打弓、钻弓事故的发生。

④ 在车辆运输过程中，装载货物最高点与接触网带电体距离不得少于 200mm，否则必须停电通过。

（28）设备房、机房及其他所属设备房内应保持清洁，通风良好，禁止烟火，并做好以下防火、灭火工作：

① 室内应备有效果良好的灭火措施，并按检修周期巡视设备，发现异状时必须及时报告、处理。

② 室内不得存放易燃、易爆物品，并不得用易燃油擦洗地面和设备。

③ 禁止用汽油、酒精等易燃液体擦洗运用中的设备的电气接点。

（29）地铁线路附近有关安全规定：

① 为保证人身安全，除专业人员按规定作业外，任何人员所携带的物件（包括长杆、扶梯等）与接触网带电部位需保持 1m 以上的距离。

② 在距接触网带电部位不到 1m 的建筑物上作业时，接触网必须停电。

③ 在距接触网带电部位 1～2m 的导线、支柱、房顶及其他设施上施工时，接触网可不停电，但必须有接触网工或经专门训练的人员在场监护。

④ 发现接触网断线及其部件损坏，或在接触网上挂有线头、绳索等物时，均不准与之接触，要立即通知维修工程部生产调度员或接触网工段派人处理。在接触网检修人员到

达以前，在该处加以防护，任何人员均应距已断导线接地处 10m 以上的距离。

⑤ 在接触网支柱及接触网带电部分 4m 范围以内的金属结构上均须装设接地线。天桥及跨线桥靠近跨越接触网的地方，必须设置安全栅网。

⑥ 悬挂有接触网或与接触网相连的支柱及金属结构上，接地线已损坏时，禁止与之接触。

⑦ 支柱及金属结构的接地线，应由接触网工装设。当更换钢轨或进行养路工作需设临时接地线时，应由接触网工或工务部门受过专门训练的人员进行。

（30）装卸作业和押运人员安全规定：

① 在带电的接触网下，不准进行机械装卸作业，不准进行用长杆、竹竿等物测量货物装载高度等靠近接触网的作业。

② 装卸作业在材料库线或指定的线路（无接触网）上进行，如果必须在有接触网的线路上装卸货物时，则应按程序办理停电手续，在作业中严禁碰触接触网设备。

③ 押运、随车装卸施的工人员，在进入带接触网的区段内，禁止坐在车顶上、作业平台上或装载的货物上。

④ 装载车在进入电气化区段前，押运人员应仔细检查货物装载状态，不可有超出限界的额外突出物，对飘动的篷布、绳索应予以紧固。

（31）全体员工必须掌握触电急救知识：

① 使触电者迅速脱离电源。发现者迅速把就近电源开关切断或用绝缘钳、木柄斧切断电源线，或用绝缘物将触电者与带电体分离。

② 在切断电源的同时，要考虑防止触电者脱离电源后摔伤的措施。

③ 触电者脱离电源后，应就地迅速对其进行人工呼吸。如果需要送医院抢救，在送往医院途中也不能停止人工呼吸。

任务三　城市轨道交通车辆运用管理的操作运用案例

【操作案例1】城市轨道交通行车日志及司机报单的填写

1. 实训项目教师工作活页

实训项目教师工作活页　　　　　　　　　　NO:_____

实训项目	城市轨道交通行车日志及司机报单的填写		
学　时	2	班　级	略
实训场所	城市轨道交通专业实训场或城市轨道交通车辆模拟驾驶室		
实训设备	行车日志、司机报单等		
教学目标	专业能力	（1）能说出行车日志所包含的内容 （2）能够理解行车日志在司机出勤时的作用 （3）能说出司机报单所包含的内容 （4）能够理解司机报单的作用 （5）能根据模拟情景，正确填写司机报单及抄写行车日志	

项目七 城市轨道交通车辆的运用管理

续表

教学目标	方法能力	（1）能综合运用专业知识，通过专业书籍、多媒体课件和图片资料获得帮助信息 （2）能根据实训项目学习任务确定实训方案，从中学会表达及展示活动过程和成果
	社会能力	（1）能在实训活动中保持积极向上的学习态度 （2）能与小组成员和教师就学习中的问题进行交流和沟通 （3）能与他人共享学习资源，具有较好的合作能力和团队协作精神
教学活动	略（详见教学活动设计）	
教学评价	学生活动：以8~10人小组为单位开展实训活动，根据本组同学在实训过程中的能力表现及结果进行自评及组内互评；根据其他小组同学在成果展示活动中的表现及结果进行互评 　教师活动：教师组织学生开展评价活动和总结；对学生本实训项目单元的成绩做出综合评价	
教学资料	（1）城市轨道交通车辆运用教材 （2）城市轨道交通专业有关参考书 （3）实训项目学生学习活页（附页）	
指导教师		教学时间	年　月　日

2. 实训项目学生学习活页

实训项目学生学习活页　　　　　　　　　　　　　　NO：____

实训项目1　城市轨道交通行车日志及司机报单的填写

班级：_____　姓名：_____　学号：_____　时间：_____

一、实训目标

1. 专业能力目标

（1）能说出行车日志所包含的内容；

（2）能够理解行车日志在司机出勤时的作用；

（3）能说出司机报单所包含的内容；

（4）能够理解司机报单的作用；

（5）能根据模拟情景，正确填写司机报单及抄写行车日志。

2. 方法能力目标

（1）能综合运用专业知识，通过专业书籍、多媒体课件和图片资料获得帮助信息；

（2）能根据实训项目学习任务确定实训方案，从中学会表达及展示活动过程和成果

3. 社会能力目标

（1）能在实训活动中保持积极向上的学习态度；

（2）能与小组成员和教师就学习中的问题进行交流和沟通，具有较好的合作能力和团队协作精神；

（3）通过完成实训项目，让学生具备问题的分析处理能力，学会总结问题，获得新知识的方法。

二、知识总结

1. 简述行车日志与司机报单应包含的内容

2. 简述行车日志和司机报单的作用

3. 简要说出对于司机报单管理和填写的一些注意和要求

三、操作运用

1. 抄写行车日志

指导教师设计不同的出勤时间和不同的注意内容，要求学生根据要求和格式填写行车日志。

```
                         行车日志
司机姓名：            日期：              身体状况：
派班员出勤盖章：      派班员退勤盖章：    副司机姓名：
下次出勤时间：
                        行车注意事项
（前一天的行车注意事项）
                                              日期
1.（今天所需注意内容）
2.（今天所需注意内容）
3.（今天所需注意内容）
（行车注意事项前一部分为上一天行车注意事项，下半部为当日出勤所注意情况）
```

2. 填写司机报单

指导教师设计不同的出勤时间、地点、车辆编号和停放股道号等，要求学生根据情景和填写要求及格式填写司机报单。

司机报单

车次：　　　车号：　　　股道：　　　司机姓名：　　　　　　年　　月　　日

序号	员工号	姓名	车次	始发站	始发时间	到达站	到达时间	列车突发事件信息
1								
2								
3								
4								
5								
6								
7								
8								
9								
10								

四、实训小结

_____

_____

_____

五、成绩评定

1. 学生评价

评价等级	A—优	B—良	C—中	D—及格	E—不及格
学生自评					
组内互评					
他组互评					

续表

2. 教师评价

评价等级	A—优	B—良	C—中	D—及格	E—不及格
专业能力					
方法能力					
社会能力					
评价结果					

3. 综合评价

评价等级	A—优	B—良	C—中	D—及格	E—不及格
评价结果					

注：按照学生自评占10%、组内互评占10%、他组互评占20%、教师评价占60%的比例计分。其中，A—100分，B—85分，C—75分，D—60分，E—50分。

4. 评价量规

等　级	行为表现描述
A	能圆满高效地完成任务的全部内容
B	能顺利完成实训任务的全部内容
C	能完成实训任务的全部内容，但需要一些帮助和指导
D	自己只能完成实训任务的部分内容，但在现场的指导下，已经能完成任务的全部内容
E	不能完成实训任务的全部内容

【操作案例2】城市轨道交通事故的应急处理

1. 实训项目教师工作活页

实训项目教师工作活页　　　　　　　　NO：_____

实训项目	城市轨道交通事故的应急处理		
学　时	2	班　级	略
实训场所	城市轨道交通专业实训场或城市轨道交通车辆模拟驾驶室		
实训设备	安全管理规程、规章、应急文本、城市轨道交通事故案例等		
教学目标	专业能力	（1）能说出城市轨道交通事故的类型 （2）能判定城市轨道交通事故责任 （3）能说出城市轨道交通应急报告所需的内容 （4）能说出城市轨道交通应急处理的原则及处理内容 （5）能根据城市轨道交通事故分析出事故的原因及防止措施	
	方法能力	（1）能综合运用专业知识，通过专业书籍、多媒体课件和图片资料获得帮助信息 （2）能根据实训项目学习任务确定实训方案，从中学会表达及展示活动过程和成果	
	社会能力	（1）能在实训活动中保持积极向上的学习态度 （2）能与小组成员和教师就学习中的问题进行交流和沟通 （3）能与他人共享学习资源，具有较好的合作能力和团队协作精神	
教学活动	略（详见教学活动设计）		

续表

教学评价	学生活动：以 8~10 人小组为单位开展实训活动，根据本组同学在实训过程中的能力表现及结果进行自评及组内互评；根据其他小组同学在成果展示活动中的表现及结果进行互评。 教师活动：教师组织学生开展评价活动和总结；对学生本实训项目单元的成绩做出综合评价			
教学资料	（1）城市轨道交通车辆运用教材 （2）城市轨道交通专业有关参考书 （3）实训项目学生学习活页（附页）			
指导教师		教学时间		年 月 日

2. 实训项目学生学习活页

实训项目学生学习活页　　　　　　　NO：_____

实训项目 2　城市轨道交通事故的应急处理

班级：_____ 姓名：_____ 学号：_____ 时间：_____

一、实训目标

　1. 专业能力目标

（1）能说出城市轨道交通事故的类型；

（2）能判定城市轨道交通事故责任；

（3）能说出城市轨道交通应急报告所需的内容；

（4）能说出城市轨道交通应急处理的原则及处理内容；

（5）能根据城市轨道交通事故分析出事故的原因及防止措施。

　2. 方法能力目标

（1）能综合运用专业知识，通过专业书籍、多媒体课件和图片资料获得帮助信息；

（2）能根据实训项目学习任务确定实训方案，从中学会表达及展示活动过程和成果

　3. 社会能力目标

（1）能在实训活动中保持积极向上的学习态度；

（2）能与小组成员和教师就学习中的问题进行交流和沟通，具有较好的合作能力和团队协作精神；

（3）通过完成实训项目，让学生具备问题的分析处理能力，学会总结问题，获得新知识的方法。

二、知识总结

1. 简要说出城市轨道交通事故的类型

2. 说出城市轨道交通应急报告所需的内容

3. 说出城市轨道交通应急处理的原则及处理内容

三、操作运用

上海地铁 10 号线列车追尾事件

续表

2011年9月27日下午2点45分左右，由于10号线新天地站设备发生故障，交通大学至南京东路上、下行采用电话闭塞法行车，列车限速运行。2点51分，豫园至老西门下行区间两列车不慎发生追尾。事故造成260人受伤，无重伤，无死亡。

1. 根据案例说出事故的类型与事故的责任

2. 根据案例写出事故应急报告

3. 通过分析案例，阐述事故先期的处理

四、实训小结

_____
_____
_____

五、成绩评定

1. 学生评价

评价等级	A—优	B—良	C—中	D—及格	E—不及格
学生自评					
组内互评					
他组互评					

2. 教师评价

评价等级	A—优	B—良	C—中	D—及格	E—不及格
专业能力					
方法能力					
社会能力					
评价结果					

3. 综合评价

评价等级	A—优	B—良	C—中	D—及格	E—不及格
评价结果					

注：按照学生自评占10%、组内互评占10%、他组互评占20%、教师评价占60%的比例计分。其中，A—100分，B—85分，C—75分，D—60分，E—50分。

4. 评价量规

等　级	行为表现描述
A	能圆满高效地完成任务的全部内容
B	能顺利完成实训任务的全部内容
C	能完成实训任务的全部内容，但需要一些帮助和指导
D	自己只能完成实训任务的部分内容，但在现场的指导下，已经能完成任务的全部内容
E	不能完成实训任务的全部内容

思考与练习

1. 城市轨道交通车辆运用工作的主要任务是什么？
2. 什么是城市轨道交通列车交路？主要种类有哪些？
3. 什么是城市轨道交通列车运转制？主要形式是什么？
4. 城市轨道交通列车司机工作及休息方式有哪些？
5. 城市轨道交通列车司机的乘务制度有哪些？它们的特点是什么？
6. 城市轨道交通列车司机出勤方式有哪些？
7. 城市轨道交通列车司机出乘方式有哪些？
8. 城市轨道交通列车运用工作指标有哪些？
9. 什么是列车全周转时间和列车运用周转时间？
10. 城市轨道交通事故如何分类？
11. 城市轨道交通行车事故的责任是如何判定的？
12. 城市轨道交通行车事故的构成有哪些？
13. 城市轨道交通行车事故的防止措施有哪些？
14. 城市轨道交通应急事故报告的内容有哪些？
15. 城市轨道交通应急事故先期处置的内容有哪些？